Vorträge für das WP-Examen

Typische Vortragsthemen – Mustervorträge – Tipps für die Prüfungssituation

Von

Anja Chalupa, Diplom-Kauffrau,
Wirtschaftsprüferin und Steuerberaterin,

Maren Hunger, Diplom-Wirtschaftsjuristin (FH),
Wirtschaftsprüferin und Steuerberaterin,

Alexandra Langusch, Diplom-Ökonomin,
Wirtschaftsprüferin und Steuerberaterin

und

Eva Romatzeck Wandt, Internationell Ekonom,
Wirtschaftsprüferin und Steuerberaterin

3., neu bearbeitete und erweiterte Auflage

ERICH SCHMIDT VERLAG

Bibliografische Information der Deutschen Nationalbibliothek
Die Deutsche Nationalbibliothek verzeichnet diese Publikation
in der Deutschen Nationalbibliografie; detaillierte bibliografische Daten
sind im Internet über http://dnb.d-nb.de abrufbar.

Weitere Informationen zu diesem Titel finden Sie im Internet unter
ESV.info/978 3 503 16524 7

1. Auflage 2012
2. Auflage 2013
3. Auflage 2015

Gedrucktes Werk: ISBN 978 3 503 16524 7
eBook: ISBN 978 3 503 16525 4

Alle Rechte vorbehalten
© Erich Schmidt Verlag GmbH & Co. KG, Berlin 2015
www.ESV.info

Dieses Papier erfüllt die Frankfurter Forderungen
der Deutschen Nationalbibliothek und der Gesellschaft für das
Buch bezüglich der Alterungsbeständigkeit und entspricht
sowohl den strengen Bestimmungen der US Norm
Ansi/Niso Z 39.48-1992 als auch der ISO-Norm 9706.

Druck und Weiterverarbeitung: Difo-Druck, Bamberg

Vorwort zur 3. Auflage

Während wir uns auf unsere mündliche Prüfung für das Wirtschaftsprüferexamen vorbereiteten, wurde die Bedeutung des Vortrags von den Anbietern der Vorbereitungslehrgänge wiederholt betont. Schließlich ist der Vortrag der Einstieg in die mündliche Prüfung, bei dem die Prüfungskommission den ersten Eindruck vom Kandidaten bekommt. Jedoch stellten wir schnell fest, dass die Unterlagen der Anbieter spärlich ausfallen und es selten Leitfäden oder Muster zu den Vorträgen gibt.

Wir haben eine Arbeitsgruppe gebildet, einen Leitfaden für die Gestaltung von Vorträgen erarbeitet und eine Reihe von Vorträgen entworfen. Diese dienten uns als Vorlagen für Prüfungssimulationen, die einen wesentlichen Bestandteil unserer Vorbereitung ausmachten.

Mit diesem Buch stellen wir unsere Vorträge anderen WP-Kandidaten zur Verfügung. Erfreulicherweise wurden die beiden ersten Auflagen sehr positiv aufgenommen. Mit der 3. Auflage bieten wir auch diesjährigen WP-Kandidaten aktualisiere Vorträge und haben den Inhalt um weitere interessante Themen ergänzt.

Der Schwerpunkt liegt weiterhin im Prüfungsgebiet „Wirtschaftliches Prüfungswesen, Unternehmensbewertung und Berufsrecht". Daneben sind einige Themen aus den Prüfungsgebieten „Wirtschaftsrecht" und „Angewandte Betriebswirtschaftslehre, Volkswirtschaftslehre" enthalten. Vorträge aus dem Prüfungsgebiet „Steuerrecht" haben wir nicht thematisiert.

Unser besonderes Anliegen ist, dass WP-Kandidaten – mit oder ohne Arbeitsgruppe – hilfreiche Hinweise für die Übung ihrer Vorträge und einige Muster erhalten, die die eigene Ausarbeitung von weiteren Themen erleichtern sollen. Ziel ist es, möglichst viele Themen als Vorträge auszuarbeiten, um die Wahrscheinlichkeit zu erhöhen, eines dieser Themen in der Prüfung zur Auswahl zu bekommen. Natürlich freuen wir uns auch über weitere interessierte Leser, die auf den Punkt gebrachte Zusammenfassungen der wesentlichen Aspekte von aktuellen Themen im Studium oder Beruf nutzen wollen.

Hamburg, im Juni 2015

    Anja Chalupa   Maren Hunger

    Alexandra Langusch   Eva Romatzeck Wandt

Inhaltsverzeichnis

Vorwort zur 3. Auflage 5

Die Autorinnen 11

Abkürzungsverzeichnis 13

Der Vortrag als integrierter Bestandteil in der Examensvorbereitung 17

Formelle Grundlagen und Ablauf der mündlichen Prüfung 21
1. Formelle Grundlagen des WP-Examens 21
2. Ablauf der mündlichen Wirtschaftsprüferprüfung 27
Technik der Vorbereitung und Präsentation des Vortrags 33
1. Technik der Vorbereitung 33
2. Präsentation des Vortrages 34

Ausgearbeitete Vorträge 37
1. Wirtschaftliches Prüfungswesen, Unternehmensbewertung und Berufsrecht 39
1.1 Vergleich der Stellung und der Bedeutung des True and Fair View im HGB und IFRS 39
1.2 Die Ausschüttungssperre 43
1.3 Rückstellungsbilanzierung nach HGB und IFRS 47
1.4 Die Prüfung von Abschlüssen für einen speziellen Zweck, von Finanzaufstellungen oder von deren Bestandteilen 51
1.5 Unabhängigkeit des Abschlussprüfers 56
1.6 Skalierte Prüfungsdurchführung 60
1.7 Die Prüfung von Compliance Management Systemen 65
1.8 Nahe stehende Unternehmen und Personen im Abschluss 69
1.9 Die Prüfung von latenten Steuern im Jahresabschluss 73
1.10 Zusammenarbeit des Abschlussprüfers mit dem Aufsichtsrat ... 77

1.11	Die Due Diligence-Prüfung	81
1.12	Netzwerke im Handelsgesetzbuch	84
1.13	Auswirkungen einer Abkehr von der Going-Concern-Prämisse auf den Jahresabschluss	88
1.14	Grundsätze für die Erstellung von Fairness Opinions	92
1.15	Berufsaufsicht	97
1.16	Der Eigenkapitalspiegel	102
1.17	Einschränkung und Versagung des Bestätigungsvermerks	106
1.18	Ereignisse nach dem Bilanzstichtag	110
1.19	Die Prüfung des Eigenkapitals	114
1.20	Die MaBV-Prüfung	118
1.21	Anforderungen an die Wirtschaftsprüferpraxis durch das Geldwäschegesetz	123
1.22	Aufstellung von Einzelabschlüssen nach IFRS – Erleichterungsvorschriften für den handelsrechtlichen Jahresabschluss	128
1.23	Die Prüfung von Finanzanlagevermittlern	132
1.24	Besonderheiten der Abschlussprüfung kleiner und mittelgroßer Unternehmen	136
1.25	Die handelsrechtliche Bilanzierung von Bewertungseinheiten	140
1.26	Zweckgesellschaften und deren Konsolidierung nach deutschem Handelsrecht	144
1.27	Nichtigkeit des Jahresabschlusses	148
1.28	Die Prüfung des Finanzanlagevermögens	152
1.29	Auf- und Abzinsung von Forderungen und Verbindlichkeiten	156
1.30	Erstellung des Jahresabschlusses durch den Wirtschaftsprüfer	160
1.31	Die Prüfung von geschätzten Werten in der Rechnungslegung einschließlich von Zeitwerten	164
1.32	Die Liquidationseröffnungsbilanz	168
1.33	Bilanzierung von Zuschüssen und Beihilfen	172
1.34	Der Transparenzbericht nach § 55c WPO	176
1.35	Allgemeine Grundsätze der Unternehmensbewertung	179

1.36	Anforderungen an die Erstellung von Sanierungskonzepten	183
1.37	Das Bilanzrichtlinie-Umsetzungsgesetz (BilRUG)	187 ✗
✓ 1.38	Die Bilanzierung von langfristigen Fertigungsaufträgen nach HGB und IFRS	191
1.39	Die Drohverlustrückstellung in der Handelsbilanz	195
1.40	Plausibilitätsbeurteilungen bei der Erstellung von Jahresabschlüssen durch den Wirtschaftsprüfer	199
1.41	Die Beurteilung des Vorliegens von Insolvenzeröffnungsgründen	202
1.42	Prüfung von Eröffnungsbilanzwerten im Rahmen von Erstprüfungen	207
1.43	Neuerungen des IAS 17 Leasing aus der Perspektive des Leasingnehmers	211
1.44	Risikoorientierter Prüfungsansatz – Umsetzung in der Praxis	216
1.45	Grundsätze zur Bewertung von Immobilien durch den Wirtschaftsprüfer	221
1.46	Micro-Richtlinie – Erleichterung für Kleinstunternehmen	226
2.	Wirtschaftsrecht	231
2.1	Möglichkeiten der Kreditsicherung	231
2.2	Minderheitenschutz bei Personengesellschaften	235
2.3	Das Kaduzierungsverfahren im GmbH-Recht	239
2.4	Das Partnerschaftsgesellschaftsgesetz	242
2.5	Beraterverträge mit Aufsichtsratsmitgliedern einer Aktiengesellschaft	245
2.6	Schweigen im Rechtsverkehr	249
3.	Angewandte Betriebswirtschaftslehre, Volkswirtschaftslehre	253
3.1	Prognoseinstrumente für Managemententscheidungen	253
3.2	Aufbau und Methoden eines Risikomanagementsystems	257
3.3	Auswirkungen von Steuern auf Finanzierungsentscheidungen	261
3.4	Die Zinsschranke im Rahmen der Unternehmensfinanzierung	265
3.5	Basel III	269
3.6	Abgrenzung von internem und externem Rechnungswesen	273
3.7	Outsourcing	277

Vortragsthemen in Stichpunkten 281
1. Die Haftung des Wirtschaftsprüfers 283
2. Das Konsolidierungspaket IFRS 10, IFRS 11 und IFRS 12 285
3. Entwicklung der Corporate Governance 287
4. Die Währungsumrechnung im Abschluss 289
5. Vorjahreszahlen im handelsrechtlichen Jahres- und
   Konzernabschluss 291
6. Wesentlichkeit bei der Abschlussprüfung 293
7. Die Bürgschaft 295
8. Organe der EU – Zuständigkeiten und Aufgaben bzgl. der
   Finanz- und Steuerpolitik 297
9. c.i.c. und pVV 299
10. Instrumente der strategisch orientierten Kosten- und
    Leistungsrechnung 301
11. Corporate Governance Reporting 303
12. Break-Even Analyse 306

Literaturverzeichnis 309

Die Autorinnen

Die Autorinnen sind Wirtschaftsprüferinnen und Steuerberaterinnen in Hamburg. Sie haben langjährige Praxiserfahrung bei der Prüfung und Beratung von Unternehmen verschiedener Branchen und Gesellschaftsformen.

Anja Chalupa, Diplom-Kauffrau, betreut auf dem Gebiet der Wirtschaftsprüfung und steuerlichen Gestaltungsberatung überwiegend mittelständische Unternehmen in der Preißer von Rönn Schultz-Aßberg Partnerschaft und verfügt zudem über praktische Erfahrung in der Unternehmensberatung.

Maren Hunger, Diplom-Wirtschaftsjuristin (FH), sammelte ihre praktischen Erfahrungen bei der Wirtschaftsprüfungs- und Steuerberatungsgesellschaft Ausborn & Partner in Hamburg. Sie betreut überwiegend kleine und mittelständische Unternehmen.

Alexandra Langusch, Diplom-Ökonomin, ist in eigener Praxis tätig. Sie hat sowohl in einer der Big Four als auch in kleinen Wirtschaftsprüfungsgesellschaften Erfahrungen gesammelt. Zudem war sie im Rahmen der Internen Revision eines Fortune 500 Unternehmens weltweit im Einsatz.

Eva Romatzeck Wandt, Internationell Ekonom aus Schweden, ist in eigener Praxis tätig. Zuvor arbeitete sie viele Jahre in einer Wirtschaftsprüfungsgesellschaft und in der internationalen Konzernrevision. Als langjährige Trainerin und Seminarleiterin gehören Vorträge zu ihrem Berufsalltag.

Abkürzungsverzeichnis

Abs.	Absatz
Abschn.	Abschnitt
AEUV	Vertrag über die Arbeitsweise der Europäischen Union
a.F.	alte Fassung
AktG	Aktiengesetz
Art.	Artikel
BaFin	Bundesanstalt für Finanzdienstleistungsaufsicht
BFH	Bundesfinanzhof
BGB	Bürgerliches Gesetzbuch
BGH	Bundesgerichtshof
BilMoG	Bilanzrechtsmodernisierungsgesetz
BilRUG	Bilanzrichtlinie-Umsetzungsgesetz
BMJ	Bundesministerium der Justiz
BRAO	Bundesrechtsanwaltsordnung
BS WP/vBP	Berufssatzung für Wirtschaftsprüfer/vereidigte Buchprüfer
bspw.	beispielsweise
bzw.	beziehungsweise
CMS	Compliance Management System
COSO	The Committee of Sponsoring Organizations of the Treadway Commission
COSO ERM	Enterprise Risk Management – Integrated Framework
DCGK	Deutscher Corporate Governance Kodex
d.h.	das heißt
DIIR	Deutsches Institut für Interne Revision e.V.
DRS	Deutscher Rechnungslegungsstandard
DSR	Deutscher Standardisierungsrat
DVStB	Verordnung zur Durchführung der Vorschriften über Steuerberater, Steuerbevollmächtigte und Steuerberatungsgesellschaften
EBITDA	Earnings before Interest, Taxes, Depreciation and Amortisation
EGHGB	Einführungsgesetz zum Handelsgesetzbuch
EStG	Einkommensteuergesetz
EU	Europäische Union
EWR	Europäischer Wirtschaftsraum
f.	folgende
ff.	fortfolgende
FinVermV	Verordnung über die Finanzanlagenvermittlung

Abkürzungsverzeichnis

GbR	Gesellschaft bürgerlichen Rechts
GebO WPK	Gebührenordnung der Wirtschaftsprüferkammer Körperschaft des öffentlichen Rechts
gem.	gemäß
GewO	Gewerbeordnung
GewStG	Gewerbesteuergesetz
ggf.	gegebenenfalls
GmbH	Gesellschaft mit beschränkter Haftung
GmbHG	Gesetz betreffend die Gesellschaft mit beschränkter Haftung
GoB	Grundsätze ordnungsmäßiger Buchführung
GuV	Gewinn- und Verlustrechnung
GwG	Geldwäschegesetz
HFA	Hauptfachausschuss
HGB	Handelsgesetzbuch
IAS	International Accounting Standard
IASB	International Accounting Standards Board
i.d.R.	in der Regel
IDW	Institut der Wirtschaftsprüfer in Deutschland e.V., Düsseldorf
IDW EPS	Entwurf IDW Prüfungsstandard
IDW ES	Entwurf IDW Standard
IDW FN	IDW Fachnachrichten
IDW PH	IDW Prüfungshinweis
IDW PS	IDW Prüfungsstandard
IDW RS	IDW Stellungnahmen zur Rechnungslegung
IDW S	IDW Standard
IFRS	International Financial Reporting Standards
i.H.v.	in Höhe von
IKS	Internes Kontrollsystem
i.L.	in Liquidation
InsO	Insolvenzordnung
ISA	International Standards on Auditing
i.S.d.	im Sinne des
IT	Informationstechnologie
i.V.m.	in Verbindung mit
KG	Kommanditgesellschaft
KMU	kleine und mittelständische Unternhmen
Kodex	Deutscher Corporate Governance Kodex
KonTraG	Gesetz zur Kontrolle und Transparenz im Unternehmensbereich
KStG	Körperschaftsteuergesetz
LCR	Liquidity Coverage Ratio
LLP	Limited Liability Partnership

MaBV	Makler- und Bauträgerverordnung
Merkblatt WPK	Merkblatt der Prüfungsstelle für das Wirtschaftsprüfungsexamen bei der Wirtschaftsprüferkammer
MicroBilG	Kleinstkapitalgesellschaften-Bilanzrechtsänderungsgesetz
Mio.	Millionen
n.F.	neue Fassung
NSFR	Net Stable Funding Ratio
OHG	Offene Handelsgesellschaft
p.a.	per anno
PartGG	Gesetz über Partnerschaftsgesellschaften Angehöriger Freier Berufe
PartGmbB	Partnerschaftsgesellschaft mit beschränkter Berufshaftung
RMS	Risikomanagementsystem
Rn.	Randnummer
sog.	sogenannte
StB	Steuerberater
StGB	Strafgesetzbuch
TransPuG	Gesetz zur weiteren Reform des Aktien- und Bilanzrechts, zu Transparenz und Publizität
Tz.	Textziffer
u.a.	unter anderem
US GAAP	United States Generally Accepted Accounting Principles
USA	United States of America
VFE-Lage	Vermögens-, Finanz- und Ertragslage
VG	Verwaltungsgericht
vgl.	vergleiche
WiPrPrüfV	Wirtschaftsprüferprüfungsverordnung
WP	Wirtschaftsprüfer/-in
WP-Examen	Wirtschaftsprüfungsexamen bei der Wirtschaftsprüferkammer
WPg	Die Wirtschaftsprüfung
WPK	Wirtschaftsprüferkammer
WPO	Gesetz über eine Berufsordnung der Wirtschaftsprüfer (Wirtschaftsprüferordnung)
WpÜG	Wertpapiererwerbs- und Übernahmegesetz
z.B.	zum Beispiel
zzgl.	zuzüglich

Der Vortrag als integrierter Bestandteil in der Examensvorbereitung

Dem Vortrag und seiner Vorbereitung wird im Rahmen der gesamten Examensvorbereitung oftmals spät Aufmerksamkeit gewidmet, da er erst Bestandteil der mündlichen Prüfung ist. Im Rahmen der Vorbereitung auf die schriftlichen Klausuren wird der Vortrag regelmäßig außer Acht gelassen. Die Autorinnen zeigen Möglichkeiten auf, die gesamte Examensvorbereitung effizienter zu gestalten und Kurzvortragsthemen bereits in das Lernen für die schriftlichen Prüfungen zu integrieren.
Der Vortrag behandelt in der Regel einen abgegrenzten Themenbereich, wie z.b. Ausführungen zu einem IDW Prüfungsstandard. Wenn Kandidaten schon zur Vorbereitung der Klausuren darauf achten, dass manche bearbeitete Sachgebiete gute Vortragsthemen darstellen und Zusammenfassungen oder Stichpunkte zu diesen Themen so auf Karteikarten bringen, dass sie später ein gutes Konzeptpapier für den Vortrag in der mündlichen Prüfung darstellen, können sie mit wenig Mehraufwand eine gute Grundlage für die Vorbereitung der mündlichen Prüfung schaffen, die bereits beim Abschluss des schriftlichen Teils vorliegt.
Auf diese Weise ist der Karteikartenkasten schnell mit möglichen Vortragsthemen gefüllt und der Kandidat kann sich in seiner weiteren Vorbereitung zur mündlichen Prüfung mehr auf Rhetorik und den Präsentationsstil konzentrieren, als seine Zeit mit der – größtenteils nochmaligen – fachlichen Ausarbeitung von Themen zu verbringen. Die Vorträge sind im Idealfall nur noch durch weitere Themen aus den Protokollen zur mündlichen Prüfung oder neuesten Entwicklungen zu ergänzen.

Für viele Kandidaten ist es schwierig, sich nach der schriftlichen Prüfung für die Vorbereitung auf die mündliche Prüfung zu motivieren. Eigentlich möchte der Kandidat eine Pause. Vor allem weiß er nicht, wie er bei der schriftlichen Prüfung abgeschnitten hat und das Versanddatum der Briefe mit den Ergebnissen ist noch ein paar Wochen hin.

In diesem Motivationstief ist es hilfreich, wenn bereits eine Arbeitsgruppe gebildet ist. Der positive Gruppenzwang hilft, sich zum Lernen zu motivieren. Die Gruppe trifft sich nach den Klausuren einfach weiter. Das einzige, das sich ändert, ist der Inhalt der Treffen. Wurden vorher z.B. bearbeitete Übungsklausuren besprochen, werden nun gegenseitig Vorträge gehalten.

Die Autorinnen waren eine solche Arbeitsgruppe und haben sich einmal die Woche getroffen. Sie haben sich im Rahmen der Vorbereitung überlegt, dass es sinnvoll sei, wenn sie möglichst realitätsnah die Vorträge üben. Also bekam eine wöchentlich die Aufgabe, drei Vortragsthemen – eines aus jedem Fachbereich – auszuwählen und Mustervorträge vorzubereiten. Die Themen wurden beim nächsten Treffen zur Auswahl vorgelegt und die anderen in der Arbeitsgruppe hatten jeweils 30 Minuten Zeit, das gewählte Thema auszuarbeiten. Die Themen wurden der Reihe nach voreinander vorgetragen.

Mit dieser Methode wurden gleich mehrere wesentliche Elemente geübt. Diejenige, die die Vorträge ausgearbeitet hatte, hat selbst eine gute Übersicht über die drei Themen bekommen. Diejenigen, die jeweils ein Thema aussuchten, vorbereiteten und vortrugen, haben gelernt, mit den vorgegebenen 30 Minuten auszukommen, ein möglichst brauchbares Konzept zu Papier zu bringen und den Vortrag in zehn Minuten zu präsentieren.

Nachdem alle vorgetragen hatten, wurde gegenseitig Feedback gegeben. Zum einen fachlicher Natur, ob das gewählte Thema korrekt und möglichst vollständig – unter Berücksichtigung der zur Verfügung stehenden Zeit – ausgearbeitet wurde und zum anderen hinsichtlich der Präsentation, wie z.B. Tempo und Lautstärke beim Vortragen, Blickkontakt mit den Zuhörern und Körpersprache. Da es zusätzlich den direkten Vergleich zu den anderen Vortragenden gab, konnten die Autorinnen sich zudem selbst einschätzen.

Die Vortragszeit wurde stets gestoppt. Bei einigen Treffen wurden die Vorträge mit einer Kamera aufgezeichnet, um eine Betrachtung aus der Position des Zuhörers zu erhalten.

Insgesamt ist ein gemeinsames Üben der Vorträge zu empfehlen, da die Erfahrung zeigt, dass gerade den Vorträgen nicht viel Aufmerksamkeit von den Kursanbietern zur Vorbereitung auf die mündliche Prüfung gewidmet wird. Obwohl die Autorinnen sich bereits längere Zeit durch die Vorbereitungskurse kannten, war das Halten der Vorträge eine „stressige" Situation. Mit der Zeit stellte sich jedoch eine gewisse Routine ein und alle gewannen nach und nach an Sicherheit.

Am Tag der mündlichen Prüfung waren alle natürlich nervös. Die Gewissheit, dass sie grundsätzlich in der Lage sind, ein Thema zu strukturieren und anschließend sachkundig vorzutragen, ließ sie jedoch etwas ruhiger in die mündliche Prüfung gehen.

Formelle Grundlagen und Ablauf der mündlichen Prüfung

1. Formelle Grundlagen des WP-Examens

Wirtschaftsprüfer oder Wirtschaftsprüferinnen[1] (Berufsangehörige) sind gem. § 1 Abs. 1 WPO Personen, die als solche öffentlich bestellt sind. Die Bestellung setzt den Nachweis der persönlichen und fachlichen Eignung im Zulassungs- und staatlichen Prüfungsverfahren voraus.[2]

Die Prüfung als Wirtschaftsprüfer ist im Gesetz über eine Berufsordnung der Wirtschaftsprüfer (Wirtschaftsprüferordnung) und in der Wirtschaftsprüferprüfungsverordnung geregelt. Allgemeine Hinweise zum Wirtschaftsprüfungsexamen und Erläuterungen zur Zulassung, zur Prüfung und zum Prüfungsverfahren enthält das Merkblatt[3] der Prüfungsstelle für das Wirtschaftsprüfungsexamen bei der Wirtschaftsprüferkammer, das von der Website der WPK heruntergeladen werden kann.

Die Wirtschaftsprüferkammer in Berlin ist bundesweit für das Prüfungsverfahren zuständig. Die WPK hat eine „Prüfungsstelle für das Wirtschaftsprüfungsexamen bei der Wirtschaftsprüferkammer" (Prüfungsstelle) eingerichtet.[4] Für die schriftlich einzureichenden Anträge auf Zulassung[5] und für die praktische Durchführung der schriftlichen und mündlichen Prüfungen ist die Prüfungsstelle unter Einbeziehung der sechs Landesgeschäftsstellen der WPK[6] zuständig. Der Zulassungsantrag ist schriftlich, ansonsten formlos, grundsätzlich an die Landesgeschäftsstelle der WPK zu richten, in deren Zuständigkeitsbereich der Kandidat wohnt.[7] Das WP-Examen wird zweimal im Jahr mit Beginn im Februar und im August durchgeführt.

---

[1] Im Folgenden wird „Wirtschaftsprüfer" oder die Abkürzung WP aus Gründen der Lesbarkeit für Wirtschaftsprüfer und Wirtschaftsprüferinnen verwendet.
[2] Vgl. § 1 Abs. 1 Satz 2 WPO.
[3] URL: http://www.wpk.de/uploads/tx_templavoila/Merkblatt-WPK.pdf (Stand: 10.09.2014) (Abrufdatum: 16.03.2015).
[4] Vgl. § 5 Abs. 1 WPO, URL: http://www.wpk.de/nachwuchs/pruefungsstelle/ (Abrufdatum: 16.03.2015).
[5] Vgl. § 7 WPO.
[6] URL: http://www.wpk.de/wpk/organisation/haupt-und-landesgeschaeftsstellen/ (Abrufdatum: 16.03.2015).
[7] Vgl. Abschn. II Nr. 2 Merkblatt WPK.

Auf Antrag erteilt die Prüfungsstelle eine verbindliche Auskunft über die Erfüllung einzelner Voraussetzungen für die Zulassung zur Prüfung, für die Befreiung von Zulassungsvoraussetzungen und für die Anrechnung von Prüfungsleistungen.[8] Für eine erteilte verbindliche Auskunft erhebt die WPK eine Gebühr in Höhe von 50 EUR[9].

Für alle Zulassungs- und Prüfungsverfahren und für erfolglose Widerspruchsverfahren sind Gebühren an die WPK zu zahlen.[10] Die Zulassungsgebühr für das WP-Examen beträgt 500 EUR, die Prüfungsgebühr beträgt 3.000 EUR.[11] Die Gebühren sind mit der Antragstellung fällig. Die Zulassungsgebühr ermäßigt sich im Fall der Antragsrücknahme auf die Hälfte; die Prüfungsgebühr wird in voller Höhe erstattet.[12]

Der Zulassungsantrag kann bis zur Entscheidung über die Zulassung durch die Prüfungsstelle zurückgenommen werden, ohne dass die Rücknahme als ein nicht bestandenes WP-Examen gem. § 21 Abs. 1 WiPrPrüfV gilt. Das rechtsverbindliche Prüfungsverfahren beginnt mit der Zulassung, die zugleich die Ladung zur schriftlichen Prüfung ist. Die Ladung erfolgt spätestens drei Wochen vor Beginn des jeweiligen Prüfungstermins.[13]

Tritt ein Kandidat nach der Zulassung ohne nachzuweisenden triftigen Grund von der Prüfung zurück, gilt die gesamte Prüfung nach § 21 Abs. 1 WiPrPrüfV als nicht bestanden,[14] damit ist einer von den insgesamt drei möglichen Versuchen verwirkt.[15] Als Rücktritt gilt, wenn der Kandidat an einer Aufsichtsarbeit nicht teilnimmt oder sich der mündlichen Prüfung oder Teilen derselben nicht unterzieht oder sich nicht innerhalb der Jahresfrist[16] zur Ablegung der Ergänzungsprüfung meldet.

---

[8] Vgl. § 6 WPO.
[9] Vgl. § 3 Abs. 1 Nr. 1 GebO WPK (Stand 15./16.05.2014).
[10] Vgl. § 14a Satz 1, 1. Halbsatz WPO.
[11] Vgl. § 3 Abs. 1 Nr. 2, 3 GebO WPK.
[12] Vgl. Abschn. II Nr. 3 Merkblatt WPK.
[13] Vgl. Abschn. III Nr. 4.1 Merkblatt WPK.
[14] Zu beachten ist der wesentliche Unterschied zur Prüfungsordnung für StB. Gem. § 21 DVStB kann der StB-Kandidat bis zum Ende der Bearbeitungszeit der letzten Aufsichtsarbeit von der Prüfung zurücktreten. Als Rücktritt gilt auch das Nichterscheinen. In diesem Fall gilt die StB-Prüfung als nicht abgelegt und verwirkt keinen Versuch. Gem. WiPrPrüfV gilt hingegen der Rücktritt nach Zulassung oder Nichterscheinen als nicht bestandenes WP-Examen.
[15] Vgl. § 22 WiPrPrüfV.
[16] Vgl. § 19 Abs. 3 WiPrPrüfV.

Die Prüfung gliedert sich in einen schriftlichen und in einen mündlichen Teil und wird vor einer Prüfungskommission abgelegt.[17] An alle Bewerber sind ohne Rücksicht auf ihren beruflichen Werdegang gleiche Anforderungen zu stellen. Sofern die Voraussetzungen erfüllt sind, sind verkürzte Prüfungen möglich.[18]

Die Prüfungsgebiete sind in § 4 WiPrPrüfV definiert und umfassen[19]

- Wirtschaftliches Prüfungswesen, Unternehmensbewertung und Berufsrecht mit
  - zwei schriftlichen Aufgaben und
  - zwei mündlichen Prüfungsabschnitten

- Angewandte Betriebswirtschaftslehre, Volkswirtschaftslehre mit
  - zwei schriftlichen Aufgaben und
  - einem mündlichen Prüfungsabschnitt

- Wirtschaftsrecht mit
  - einer schriftlichen Aufgabe und
  - einem mündlichen Prüfungsabschnitt

- Steuerrecht mit
  - zwei schriftlichen Aufgaben und
  - einem mündlichen Prüfungsabschnitt

Die Aufgaben für die schriftlichen Aufsichtsarbeiten sind aus der Berufsarbeit der Wirtschaftsprüfer und Wirtschaftsprüferinnen zu entnehmen.[20] Es werden bundesweit dieselben Aufsichtsarbeiten, die durch die Aufgabenkommission[21] gestellt werden, geschrieben. Die Kommission entscheidet auch über die zugelassenen Hilfsmittel. Mit der Ladung zur schriftlichen Prüfung werden die Hilfsmittel bekanntgegeben.

---

[17] Vgl. §§ 12 WPO, 5 WiPrPrüfV.
[18] Vgl. §§ 8a, 13, 13b WPO, § 6 WiPrPrüfV.
[19] Vgl. § 7 Abs. 2, 15 Abs. 1 WiPrPrüfV.
[20] Vgl. § 7 Abs. 1 WiPrPrüfV.
[21] URL: http://www.wpk.de/nachwuchs/examen/aufgaben-und-widerspruchskommission/ (Abrufdatum: 16.03.2015).

Im Merkblatt WPK werden die Hilfsmittel[22] für die schriftliche Prüfung erläutert:

„Werden Gesetzessammlungen zugelassen, sind diese vom Bewerber mitzubringen. **Sie dürfen als Eigeneintragung nur farbliche Hervorhebungen mit sog. Textmarkern und Unterstreichungen enthalten. Ebenso sind farbige Haftnotizen (sog. Fähnchen) als Register zulässig, die jedoch nicht beschriftet sein dürfen. Auf keinen Fall ist es zulässig, den Gesetzestext durch Gesetzesquerverweise durch entsprechende Paragraphenangaben, eigene Erläuterungen oder erläuternde Hinweise (wie z.B. Plus- oder Minuszeichen, Frage- oder Ausrufezeichen) verständlicher zu machen.** Die Aufgabenkommission behält sich weitere Änderungen zu den zugelassenen Eintragungen und sonstigen Kenntlichmachungen in den Hilfsmitteln vor. Änderungen werden frühzeitig bekannt gegeben. Wird als Hilfsmittel ein netzunabhängiger Taschenrechner zugelassen, darf dieser nicht programmierbar sein und nicht über eine Textausgabe verfügen. **Über die zugelassenen Hilfsmittel werden die Kandidaten mit der Ladung zu der schriftlichen Prüfung informiert.**"

Die mitgebrachten Gesetzessammlungen werden regelmäßig im Rahmen der schriftlichen Prüfung auf Markierungen und Notizen kontrolliert.

Jede Aufsichtsarbeit ist von zwei Mitgliedern der Prüfungskommission, die nicht an der mündlichen Prüfung teilnehmen müssen, eigenständig zu bewerten. Weichen die Bewertungen einer Arbeit voneinander ab, so gilt der Durchschnitt der Bewertungen.[23] Die Noten der schriftlichen Prüfung werden in der Regel mit der Ladung zur mündlichen Prüfung mitgeteilt.[24]

Für die schriftliche Prüfung wird eine Gesamtnote gebildet. Gesamtnoten errechnen sich aus der Summe der einzelnen Noten, die sechs Notenstufen ggf. mit halben Zwischennoten[25] umfassen, geteilt durch deren Zahl.[26] Mit einer Gesamtnote von mindestens 5,00 wird der Kandidat zur mündlichen Prüfung zugelassen. Weitere Voraussetzung ist, dass die Aufsichtsarbeiten aus

---

[22] Abschn. III Nr. 4.3 Merkblatt WPK.
[23] Vgl. § 12 WiPrPrüfV.
[24] Vgl. Abschn. III Nr. 4.6 Merkblatt WPK.
[25] Vgl. § 11 Abs. 1 Satz 3 WiPrPrüfV.
[26] Vgl. § 11 Abs. 2 Satz 2 WiPrPrüfV.

dem Gebiet Wirtschaftliches Prüfungswesen, Unternehmensbewertung und Berufsrecht im Durchschnitt mindestens mit der Note 5,00 bewertet sind.[27] Wenn die Gesamtnote von 5,00 und die Durchschnittsnote aus dem Gebiet Wirtschaftliches Prüfungswesen, Unternehmensbewertung und Berufsrecht von 5,00 nicht erreicht werden, ist der Kandidat von der mündlichen Prüfung ausgeschlossen und die Prüfung ist nicht bestanden.[28]

Vor Beginn der mündlichen Prüfung findet eine Vorberatung der Prüfungskommission statt, zu der sämtliche Prüfungsunterlagen vorliegen.[29] Die bei der mündlichen Prüfung mitwirkenden Mitglieder der Prüfungskommission haben das Recht, die schriftlichen Arbeiten einzusehen.[30]

Die mündlichen Prüfungen beginnen in der Regel im Mai bzw. im November, die Ladung erfolgt möglichst drei Wochen vorher.[31] In der Ladung zur mündlichen Prüfung werden die Ergebnisse des schriftlichen Teils der Prüfung sowie die voraussichtliche Zusammensetzung der Prüfungskommission an dem Prüfungstag bekanntgegeben.

Die mündliche Prüfung besteht aus einem kurzen Vortrag und Prüfungsabschnitten aus den jeweiligen Prüfungsgebieten. Werden für die mündliche Prüfung Gesetzessammlungen zugelassen, werden diese von der Prüfungsstelle bereitgestellt. Sie stehen dem Bewerber für die Vorbereitung des Vortrags und für die weitere mündliche Prüfung im Prüfungsraum zur Verfügung.[32] Es erfolgt keine vorherige Mitteilung, welche Gesetzessammlungen zugelassen werden.

Die Prüfung beginnt mit dem Vortrag, für den jeweils ein Thema aus den relevanten Prüfungsgebieten zur Wahl gestellt wird. Die Vorbereitungszeit beträgt eine halbe Stunde und die Dauer des Vortrags soll zehn Minuten nicht überschreiten.[33] Im Anschluss daran folgen die Prüfungsabschnitte.

In der mündlichen Prüfung werden der kurze Vortrag und die Prüfungsabschnitte jeweils gesondert bewertet. Die Noten werden auf Vorschlag der jeweils prüfenden Person von der Prüfungskommission festgesetzt. Für die mündliche Prüfung wird eine Gesamtnote gebildet.[34]

---

[27] Vgl. § 13 WiPrPrüfV.
[28] Vgl. § 13 Abs. 2, 3 WiPrPrüfV.
[29] Vgl. § 14 WiPrPrüfV.
[30] Vgl. § 12 Abs. 1 Satz 4 WiPrPrüfV.
[31] Vgl. Abschn. III Nr. 5 Merkblatt WPK.
[32] Vgl. Abschn. III Nr. 5 Merkblatt WPK.
[33] Vgl. § 15 Abs. 2 WiPrPrüfV.
[34] Vgl. § 16 WiPrPrüfV.

Aus der Gesamtnote der schriftlichen Prüfung und der Gesamtnote der mündlichen Prüfung ist eine Prüfungsgesamtnote zu bilden.[35] Dabei wird die Gesamtnote der schriftlichen Prüfung mit 6/10 gewichtet und die Gesamtnote der mündlichen Prüfung mit 4/10. Die Prüfungskommission entscheidet im Anschluss an die mündliche Prüfung über das Prüfungsergebnis und gibt dem Kandidaten die Entscheidung bekannt. Er erhält bei bestandener Prüfung eine Bescheinigung. Die Prüfung ist bestanden, wenn mindestens die Note 4,00 auf jedem Prüfungsgebiet erreicht wird. Der kurze Vortrag ist dem Prüfungsgebiet zuzurechnen, dem er entnommen ist.[36]

Folgende weitere Prüfungsergebnisse sind möglich:

- Ergänzungsprüfung[37]:
  Eine Prüfungsgesamtnote von mindestens 4,00 wurde erreicht, die Note 4,00 wurde jedoch nicht auf allen einzelnen Prüfungsgebieten erzielt. Auf einem oder mehreren Prüfungsgebieten mit einer schlechteren Note als 4,00 ist die Ergänzungsprüfung abzulegen, die eine schriftliche und eine mündliche Prüfung ohne kurzen Vortrag umfasst. Die formlose Meldung zur Ergänzungsprüfung muss innerhalb eines Jahres nach dem Tag der Mitteilung des Prüfungsergebnisses erfolgen.

- Nicht bestanden:
  Die Note 4,00 wurde nicht auf jedem Prüfungsgebiet erreicht und die Ablegung einer Ergänzungsprüfung kommt nicht in Frage. Die Prüfung kann nach erneuter Zulassung zweimal wiederholt werden.[38]
  Die allgemeinen Antragsfristen gem. Merkblatt WPK sind auch bei der Wiederholung der Prüfung zu beachten. Zur Prüfung zugelassene Kandidaten, die sich für den Fall des Nichtbestehens der Prüfung die Möglichkeit offen halten möchten, die Prüfung unmittelbar bereits nach einem halben Jahr in dem nächstfolgenden Prüfungstermin zu wiederholen, müssen daher vorsorglich einen zweiten Zulassungsantrag stellen.[39]

---

[35] Vgl. § 17 WiPrPrüfV.
[36] Vgl. § 18 WiPrPrüfV.
[37] Vgl. § 19 WiPrPrüfV.
[38] Vgl. § 22 WiPrPrüfV.
[39] Vgl. Abschn. II Nr. 2 Merkblatt WPK.

2. Ablauf der mündlichen Wirtschaftsprüferprüfung

Der Ablauf der mündlichen Prüfung ergibt sich zum großen Teil aus den formellen Grundlagen, wie sie gerade dargestellt wurden. So nüchtern, wie die Prüfung in Gesetzen und Merkblättern beschrieben wird, wird sie allerdings von den meisten Kandidaten nicht erlebt. Aus den formellen Grundlagen bleiben einige praktische aber durchaus wichtige Fragen offen, die wir hier beantworten wollen.

– Wann kommt die Ladung zur mündlichen Prüfung?

Die Ladung erfolgt möglichst drei Wochen vor dem Prüfungstag, das heißt ab Mitte April bzw. ab Mitte Oktober.

Die Ladungen werden häufig zeitlich versetzt zugestellt, damit die Vorbereitungszeit, in der auch die Zusammensetzung der Prüfungskommission bekannt ist, für alle Kandidaten gleich lang ist. Üblicherweise werden Kandidaten mit verkürzten Prüfungen am Anfang geladen und Kandidaten, die das gesamte WP-Examen ablegen, werden zum Schluss geladen.

– Wo findet die Prüfung statt?

Die mündliche Prüfung findet am Sitz der zuständigen Landesgeschäftsstelle der WPK statt. Die eigenen Räume der Landesgeschäftsstellen werden in der Regel genutzt. Der genaue Ort ist in der Ladung zur mündlichen Prüfung angegeben.

Für die Kandidaten steht ein Wartebereich zur Verfügung, wo sie sich vor der Vorbereitung des Vortrages, in den Pausen und während der Notenberatung nach Abschluss der Prüfungsabschnitte aufhalten. Wasser wird angeboten und häufig auch Kaffee. Wer etwas essen möchte, muss selber etwas mitbringen. Weiter steht ein getrennter Raum für die Vortragsvorbereitung zur Verfügung. Die Prüfungskommission sitzt in einem dritten Raum, wo der Vortrag und die Prüfungsabschnitte stattfinden.

- Wann muss ich da sein?
  Die genaue Uhrzeit ist in der Ladung zur mündlichen Prüfung angegeben. Normalerweise findet eine Prüfung am Vormittag ab ca. 8 Uhr und eine weitere am Nachmittag ab ca. 12 Uhr statt. Die Kandidaten werden i.d.R. 15 Minuten versetzt geladen, da die Prüfung mit dem Vortrag, den der Kandidat allein vor der Kommission hält, beginnt.

- Wie ist der Zeitplan am Prüfungstag?
  In aller Regel finden zwei mündliche Prüfungen an einem Prüfungstag statt, eine Prüfung am Vormittag und eine am Nachmittag. Der Zeitplan für den Tag liegt im Wartebereich aus. Die Zeiten für die Vortragsvorbereitung, Vorträge, Prüfungsabschnitte und Pausen sind minutengenau eingetragen und der Zeitplan wird meist streng eingehalten.
  Die Dauer der einzelnen Prüfungsabschnitte richtet sich nach der Anzahl der Kandidaten. Die in § 15 Abs. 3 WiPrPrüfV vorgegebene Prüfungsdauer von zwei Stunden bzw. nach den geltenden Bestimmungen der Ausführungsverordnung zu § 8a oder § 13b WPO je Kandidat wird auf die Prüfungsabschnitte verteilt.

- Welche Hilfsmittel muss ich mitbringen?
  Keine. Eigene Gesetze und andere Hilfsmittel sind in der mündlichen Prüfung nicht zugelassen. Das bedeutet für den Kandidaten, dass er – anders als in der schriftlichen Prüfung – ohne jegliche Markierungen und Fähnchen in die mündliche Prüfung gehen muss.

- Welche Gesetzessammlungen werden bereitgestellt?
  Es wird nicht vorher bekanntgegeben, welche Gesetze bereitgestellt werden. Der Kandidat kann jedoch relativ sicher davon ausgehen, dass zumindest BGB, HGB, IFRS und WPO bereitgestellt werden. Gesetze sind sowohl in dem Raum für die Vortragsvorbereitung als auch im Prüfungsraum vorhanden.

- Werden auch die IDW Prüfungsstandards bereitgestellt?
  Nein. In keinem uns bekannten Fall wurden die IDW Prüfungsstandards bereitgestellt.

– Wie viele Kandidaten sind in der Prüfung?
Das variiert zwischen einem und vier Kandidaten unserer Erfahrung nach. Die übliche Anzahl ist wohl zwei Kandidaten während der gesamten Prüfung. In einem oder mehreren Prüfungsabschnitten können zusätzliche Kandidaten teilnehmen, die die Ergänzungsprüfung ablegen.

– Wie behalte ich die 30 Minuten Vorbereitungszeit für den Vortrag im Blick?
In dem Raum für die Vortragsvorbereitung ist eine Uhr vorhanden. Es ist aber von großer Bedeutung, bereits in der Vorbereitungsphase auf die mündliche Prüfung auf die Vorbereitungszeit zu achten, damit ein Gefühl für die Zeit entwickelt wird.

– Sollte ich Karteikarten für den Vortrag mitbringen?
Nein. Eigene Karteikarten sind nicht zugelassen. DIN A4 Papier wird zur Verfügung gestellt.

– Weiß man, wer in der Kommission sitzt?
Ja. Die voraussichtliche Zusammensetzung der Prüfungskommission wird in der Ladung zur mündlichen Prüfung bekanntgegeben. Der Kandidat kann somit im Vorfeld einiges über die Mitglieder der Prüfungskommission in Erfahrung bringen und das sollte er auch unbedingt tun. Nicht nur die Protokolle aus den Prüfungen der Vorjahre gehören zur Pflichtlektüre in der Vorbereitungsphase. Es empfiehlt sich zu recherchieren, ob die Mitglieder beispielsweise kürzlich fachliche Beiträge veröffentlich haben. Auch sollte sich der Kandidat über die beruflichen Schwerpunkte der Mitglieder der Kommission informieren. Die Wahrscheinlichkeit, dass Vortragsthemen und Fragen in diesen für die Kommission aktuellen Themenkreisen gestellt werden, ist sehr hoch.

Auch die Prüfungskommission bereitet sich vor und kennt den Kandidaten und seine schriftlichen Ergebnisse aus den Prüfungsunterlagen. Der erste persönliche Kontakt zwischen Kandidat und den Mitgliedern der Prüfungskommission findet statt, wenn der Kandidat zum ersten Mal in den Prüfungsraum tritt, um seinen Vortrag zu halten. Der Vorsitzende der Prüfungskommission begrüßt den Kandidaten, findet in der Regel ein paar auflockernde Worte und bittet dann den Kandidaten, mit seinem Vortrag zu beginnen.

- Wie halte ich am besten die 10 Minuten für den Vortrag ein?

   Im Prüfungsraum ist eine Uhr. Auch in diesem Punkt ist es unerlässlich, viele Vorträge in der Vorbereitungsphase zu üben, um ein Gefühl für die Zeit zu bekommen und dafür, welchen Gliederungsumfang man in der gegebenen Zeit schaffen kann. Es wird auch in der Regel nicht verlangt, dass der Vortrag präzise 10 Minuten umfasst. Sollte der Vortrag etwas zu kurz geraten, damit meinen wir weniger als 6 Minuten, halten sich die Notenabzüge erfahrungsgemäß in Grenzen, sofern das Thema vollständig dargestellt wurde. Ein zu langer Vortrag, gemeint sind mehr als 11 Minuten, bringt grundsätzlich eher mehr Abzüge.

   Über die Noten im Laufe des Prüfungstags zu grübeln, stört die erforderliche Konzentration für die kommenden Prüfungsabschnitte. Wie der Vortrag tatsächlich bewertet wird, erfährt der Kandidat nach Abschluss der gesamten mündlichen Prüfung.

- In welcher Reihenfolge werden die Gebiete geprüft?

   Nach dem Vortrag ist bei der nach § 13 WPO verkürzten Prüfung die übliche Reihenfolge: Wirtschaftliches Prüfungswesen, Unternehmensbewertung und Berufsrecht, danach angewandte Betriebswirtschaftslehre, Volkswirtschaftslehre und abschließend Wirtschaftsrecht.

   Nach jedem abgeschlossen Prüfungsabschnitt ist das Ziel, sich auf den nächsten Prüfungsabschnitt zu konzentrieren. Es bringt nichts, darüber nachzudenken, was man alles gesagt und nicht gesagt hat, ob das richtig oder falsch war oder was der Prüfer tatsächlich hören wollte.

- Wann erhalte ich die Ergebnisse?

   Am Prüfungstag, nach Abschluss aller Prüfungsabschnitte und nach der Beratung der Prüfungskommission, die erfahrungsgemäß etwa 10 bis 15 Minuten dauert. Die Noten des Vortrags und der einzelnen Prüfungsabschnitte werden auf Wunsch mitgeteilt und der Kandidat hat die Möglichkeit, Fragen zu seiner Bewertung zu stellen. Auch die Prüfungsgesamtnote wird bekanntgegeben.

   Bei bestandener Prüfung erhält der Kandidat eine Bescheinigung, bei Auflegung einer Ergänzungsprüfung und bei nicht bestandener Prüfung werden die Ergebnisse mündlich bekanntgegeben.

- Welche Noten brauche ich, um zu bestehen?
  Die Prüfungsgesamtnote und die Note in jedem einzelnen Prüfungsgebiet muss jeweils 4,00 oder besser sein. Die Noten aus der schriftlichen Prüfung sind bekannt und der Kandidat kann unter Berücksichtigung der Gewichtung ausrechnen, welche Noten in der mündlichen Prüfung erreicht werden müssen.
  Hierzu ein Beispiel: Im Wirtschaftsrecht wurde eine schriftliche Note von 4,50 erreicht. Die Note wird mit 6/10 gewichtet. Um eine Gesamtnote im Gebiet Wirtschaftsrecht von 4,00 zu erreichen, muss unter Berücksichtigung der Gewichtung 4/10 in der mündlichen Prüfung rechnerisch eine erforderliche Note von 3,25 erzielt werden. Die Prüfung wird jedoch nur mit ganzen Noten oder halben Zwischennoten bewertet. Somit muss eine 3,00 in der mündlichen Prüfung erreicht werden, damit der Kandidat eine Gesamtnote (4,50 zu 6/10 zzgl. 3,00 zu 4/10 = 3,90) von mindestens 4,00 erhält.

Die Hürde für die Zulassung zur mündlichen Prüfung ist mit einer Gesamtnote in der schriftlichen Prüfung von 5,00 verhältnismäßig niedrig und statistisch gesehen schaffen die meisten Kandidaten diese Hürde[40]. Um zu bestehen, muss sich der Kandidat jedoch um eine volle Note auf 4,00 in der mündlichen Prüfung verbessern – und das bei einer Gewichtung von 4/10. Das bedeutet, dass die mündliche Prüfung mit einer Gesamtnote von 2,50 oder besser abgelegt werden muss. Das ist definitiv keine leichte Aufgabe.

Wenn der Einstieg in die mündliche Prüfung gut gelingt und das hohe Niveau bis zum Ende durchgehalten werden kann, ist die Aufgabe jedoch nicht unmöglich. Die Voraussetzung und der Schlüssel zum Erfolg ist unserer Meinung nach der Vortrag.

---

[40] Vgl. URL: http://www.wpk.de/nachwuchs/pruefungsstelle/ergebnisse/ (Abrufdatum: 16.03.2015).

Technik der Vorbereitung und Präsentation des Vortrags

1. Technik der Vorbereitung

Der Vortrag wird am Anfang der mündlichen Prüfung gehalten. Er ist somit der erste Eindruck, den die Prüfungskommission vom Kandidaten bekommt. Damit dieser erste Eindruck möglichst positiv ist, sollte jeder Kandidat unbedingt einige Regeln beachten.

Der Kandidat sollte sich dem Anlass entsprechend kleiden. Wer bislang noch keinen guten Business-Anzug besitzt, hat jetzt also einen guten Grund, sich einen zu kaufen.

Vor Beginn der Prüfung bekommen die Kandidaten 30 Minuten Zeit, ihre Vorträge vorzubereiten. Sie werden hierfür in einen separaten Raum gebeten, in dem alle zugelassenen Hilfsmittel bereitstehen. Konzeptpapier ist ebenfalls vorhanden. Es empfiehlt sich jedoch, seinen eigenen Stift mitzubringen.

Wenn das Blatt mit den zur Auswahl stehenden Themen vorliegt, sollte sich der Kandidat möglichst zügig für das Thema entscheiden, das ihm am besten liegt. Diese Entscheidung sollte nicht mehr rückgängig gemacht werden, da der Kandidat sonst in arge Zeitnot gerät, was sich wiederum auf die ohnehin starke Nervosität auswirkt.

Die Entscheidung sollte nicht primär unter taktischen Gesichtspunkten erfolgen. Es sollte grundsätzlich das Thema gewählt werden, in dem sich der Kandidat am sichersten fühlt.

Die Vorbereitung des Vortrags beginnt idealerweise mit der Erstellung der Gliederung. Hierbei geht man am besten über allgemeine Vorbemerkungen auf den Kernbereich des Themas ein, bevor man entweder mit einem Fazit oder einem Ausblick abschließt.

Im nächsten Schritt werden die Gliederungspunkte auf eigene Konzeptpapiere übertragen und um die für den Vortrag notwendigen Stichworte ergänzt. Hierbei sollte der Kandidat die Zeit im Auge behalten und darauf achten, dass es sich nur um Stichpunkte handelt und nicht etwa um ausformulierte Sätze. Denn fertige Formulierungen dauern in aller Regel zu lange und verleiten im Vortrag dazu, dass der gesamte Text vom Papier abgelesen wird. Die freie Rede geht dadurch verloren.

Allerdings kann es durchaus sinnvoll sein, den ersten und den letzten Satz auszuformulieren. So stehen der Einstieg und der Abschluss bereits zum Vortragsbeginn fest und das beruhigt die meisten Kandidaten.

Bereits jetzt muss der Kandidat die veranschlagte Vortragszeit von maximal 10 Minuten berücksichtigen. Sollte es schwierig sein, genügend Stichpunkte zu dem Thema zu finden und so die Gefahr bestehen, dass der Vortrag zu kurz wird, empfiehlt es sich, die Vollständigkeit noch einmal kritisch zu überdenken. Sind alle wesentlichen Aspekte des Themas im Konzeptpapier enthalten, können Beispiele eingebaut werden. Sollte der Kandidat in der Lage sein, das Thema sehr umfangreich auszuführen und somit die Gefahr bestehen, dass der Vortrag zu lang wird, müssen unbedingt Schwerpunkte gesetzt werden.

Die Vorbereitungszeit sollte so eingeteilt werden, dass der Vortrag einmal komplett, zumindest im Schnelldurchlauf, durchgegangen werden kann. Der „rote Faden" des Vortrags wird dadurch noch einmal verinnerlicht und Ergänzungen, die dem Kandidaten eventuell im zweiten Durchlauf einfallen, können noch ins Konzept eingefügt werden.

2. Präsentation des Vortrages

Der Vortrag sollte im Stehen gehalten werden. Dabei positioniert sich der Kandidat im Prüfungsraum idealerweise so, dass Blickkontakt mit allen Mitgliedern der Kommission während des Vortrags möglich ist. Es sollte in jedem Fall dem Impuls widerstanden werden, durchgängig auf das Konzept zu schauen.

Während des Vortrags ist die Nervosität in aller Regel viel zu hoch, um sich selbst zu kontrollieren. Dennoch sollte darauf geachtet werden, den Prüfern freundlich zugewandt und gerade zu stehen.

Die Vortragsweise sollte klar und deutlich sein, nicht zu laut und nicht zu leise. Um sich nicht in Bandwurmsätzen zu verstricken, ist eine möglichst einfache Satzstruktur zu wählen. Füllwörter sind zu vermeiden, damit ein sicherer Eindruck hinterlassen wird. Das Sprechtempo sollte nicht zu schnell sein, um es den Zuhörern zu ermöglichen, das Gesagte zu erfassen. Nach Absätzen oder vor jedem neuen Gliederungspunkt werden Sprechpausen eingelegt. So können die Prüfer der vorangestellten Gliederung besser folgen.

Wahrscheinlich stellt jeder Vortragende nach ein bis zwei Minuten fest, dass er sich in Form redet. Ist die Vortragsweise anfangs noch holprig, so wird sie von Minute zu Minute flüssiger.

Die Sprechzeit sollte zwischen 8 und 10 Minuten liegen. Zur Kontrolle steht entweder im Prüfungsraum eine Uhr bereit oder der Vortragende kann seine Armbanduhr vor sich auf den Tisch legen. Der Vortrag sollte nicht kürzer sein und darf auf keinen Fall die vorgesehene Zeit überschreiten. Schlimmstenfalls wird der Vortrag nach ca. 10 Minuten von dem Vorsitzenden der Prüfungskommission abgebrochen.

Ist der Vortrag beendet, wird der Kandidat gebeten, den Raum zu verlassen. Sind alle geladenen Kandidaten mit Vortragen fertig, beginnt der erste mündliche Prüfungsabschnitt (Prüfungswesen). Die Bewertung des Vortrages wird erst zum Schluss der mündlichen Prüfung bekanntgegeben.

Ausgearbeitete Vorträge

Die folgenden Vorträge sind bewusst in gesprochener, vortragsfähiger Sprache geschrieben. Sie stellen Vorschläge für einen gelungenen Vortrag dar. Für Übungszwecke ist es möglich, die ausgearbeiteten Vorträge vorzulesen, um ein Gefühl für die Zeit und den Aufbau zu bekommen und daraus den eigenen, individuellen Vortragsstil zu entwickeln.

Die Autorinnen haben die Vorträge so zu Papier gebracht, wie sie ihre jeweiligen Vorträge auch sprechen. Es ergeben sich somit vier Beispiele für mögliche Vortragsstile, die als Orientierung bei der eigenen Stilfindung der Kandidaten dienen können.

Die Vorträge sind so gestaltet, wie sie unter den zeitlichen Bedingungen in der Prüfung aussehen können. Wesentliche Gliederungspunkte sind enthalten und bedeutende Aspekte werden ausgeführt. Schwerpunkte sind gesetzt worden und zusätzliche Punkte, die vertieft werden könnten, werden lediglich kurz erwähnt. Bei einer Vorbereitungszeit von 30 Minuten und einem Vortrag, der die Dauer von zehn Minuten nicht überschreiten soll, ist diese Gestaltung sinnvoll und kaum anders möglich.

Die Gliederung ist in Fließtext dargestellt, die Gliederungspunkte sind fett markiert. Übergänge zu den nächsten Gliederungspunkten sind grundsätzlich durch Leerzeilen kenntlich gemacht. Kurze Sprechpausen sind durch eingerückte Absätze erkennbar.

Um fließende Übergänge zu ermöglichen, wurde größtenteils auf Überschriften und Aufzählungen verzichtet.

Lediglich zentrale Vorschriften aus Gesetzen und Verlautbarungen werden in den ausgearbeiteten Vorträgen zitiert, um den Redefluss nicht zu behindern. Zur Vertiefung und zum Nachschlagen sind die relevanten Fundstellen in den Fußnoten dargestellt.

1. Wirtschaftliches Prüfungswesen, Unternehmensbewertung und Berufsrecht

1.1 Vergleich der Stellung und der Bedeutung des True and Fair View im HGB und in den IFRS

Guten Tag, sehr geehrte Kommission,

für meinen Vortrag habe ich das Thema „Vergleich der Stellung und der Bedeutung des True and Fair View im HGB und in den IFRS" gewählt. Der Vortrag ist wie folgt gegliedert: als Einleitung werden die relevanten **Begriffe** erläutert und im Anschluss erhalten Sie einen Überblick über die **Stellung und Bedeutung** in den jeweiligen Regelwerken. Die **Bestätigung** des True and Fair View im Abschluss wird in der gebotenen Kürze dargestellt und zum Schluss **fasse** ich das Thema kurz **zusammen**.

Das Thema an sich birgt eine Herausforderung, da der **Begriff** True and Fair View weder im HGB noch in den IFRS zu finden ist. Die etwas unhandliche Umschreibung für die Darstellung der tatsächlichen Verhältnisse im Jahres- und Konzernabschluss im HGB ist die sog. Generalnorm gem. §§ 264 Abs. 2 bzw. 297 Abs. 2 HGB: Der Abschluss hat unter Beachtung der Grundsätze ordnungsmäßiger Buchführung ein den tatsächlichen Verhältnissen entsprechendes Bild der Vermögens-, Finanz- und Ertragslage – oder kurz VFE-Lage – zu vermitteln.

Der entsprechende Begriff im IAS 1.15 ist fair presentation. Die deutsche Übersetzung lautet: Vermittlung eines den tatsächlichen Verhältnissen entsprechenden Bildes der VFE-Lage sowie des Cashflows.

Die Aussagen zu den drei Bestandteilen der VFE-Lage sind grundsätzlich gleichrangig, wobei die Vermögenslage bilanzorientiert ist und aussagt, wie „reich" das Unternehmen ist. Die Finanzlage stellt bilanz- oder GuV-orientiert die Mittelherkunft und -verwendung dar und die GuV-orientierte Ertragslage informiert über die Veränderungen des Reinvermögens. Für alle drei Darstellungen können auch Angaben im Anhang oder Lagebericht die Aussagekraft erheblich erhöhen.

Der Cashflow wird zwar im Gegensatz zu den IFRS nicht spezifisch in der Generalnorm des HGB genannt, ist jedoch unter GoB, d.h. unter den Grundsätzen ordnungsmäßiger Buchführung, zu subsumieren[41] und Bestandteil des Konzernabschlusses[42]. Der Cashflow stellt Zahlungsströme dar und gibt darüber Auskunft, wie Finanzmittel erwirtschaftet wurden und welche zahlungswirksamen Investitions- und Finanzierungsmaßnahmen vorgenommen wurden.

Der True and Fair View ist im Endeffekt sowohl im HGB als auch in den IFRS wortgleich. Die **Stellung und Bedeutung** sind jedoch differenziert zu betrachten. Die jeweiligen Ziele und Funktionen der Abschlüsse sind hierfür zunächst von Bedeutung.

Das HGB hat eine Informationsfunktion und verfolgt die Ziele der Rechenschaft, der Gewinnermittlung und der Ausschüttungsbemessung. Von besonderer Bedeutung ist seit jeher der Gläubigerschutz. Adressaten sind in erster Linie die Gesellschafter, die Gläubiger und auch Behörden[43].

Im HGB sind Inhalt und Umfang des Abschlusses aus den einschlägigen kodifizierten Einzelvorschriften oder aus den nicht kodifizierten GoB herzuleiten. Overriding, d.h. das Außerkraftsetzen von Einzelvorschriften mit Verweis auf die Generalnorm, ist im deutschen Bilanzrecht nicht zulässig[44]. An dieser Stelle soll auf die Besonderheit der stillen Reserven hingewiesen werden, die aus der Diskrepanz zwischen gesetzlich geregelten Werten, wie z.B. Anschaffungskosten als Höchstwert für Grundstücke, und einem höheren tatsächlichen Wert, sprich dem Marktwert, entstehen. Die Generalnorm kann hier nur eingeschränkt erfüllt werden, da der Gesetzgeber keine Aufdeckung von stillen Reserven gewollt hat und das spezifische Gesetz Vorrang hat[45]. HGB-Kritiker meinen, dass der True and Fair View grundsätzlich nur eingeschränkt dargestellt wird, und das hat sich auch nach Reformen wie z.B. BilMoG nur bedingt geändert.

---

[41] Vgl. § 342 Abs. 2 HGB i.V.m. DRS 21 Kapitalflussrechnung.
[42] Vgl. § 297 Abs. 1 HGB.
[43] Vgl. Winkeljohann/Schellhorn, Beck'scher Bilanzkommentar, 9. Auflage, 2014, § 264, Tz. 35 f.
[44] Vgl. WP Handbuch 2012, Band 1, Kapitel F, Tz. 78 ff.
[45] Vgl. Winkeljohann/Schellhorn, Beck'scher Bilanzkommentar, 9. Auflage, 2014, § 264, Tz. 44.

Die Generalnorm hat somit subsidiären Charakter im HGB, hinter gesetzlichen Regelungen und den GoB. Sie ist jedoch bei der Auslegung des gesetzgeberischen Willens und zur Verhinderung von missbräuchlicher Anwendung heranzuziehen.[46]

Die grundlegende Annahme ist, dass ein nach Gesetz und GoB aufgestellter Abschluss auch ein den tatsächlichen Verhältnissen entsprechendes Bild der VFE-Lage vermittelt. Führen jedoch besondere Umstände dazu, dass diese Vermutung widerlegt und ein erheblich verkehrtes Bild im Abschluss vermittelt wird, so sind Angaben im Anhang[47] oder, sofern die voraussichtliche Entwicklung betroffen ist, im Lagebericht[48] zu machen.

In den IFRS steht die Informationsfunktion des Abschlusses im Vordergrund und der Abschluss wird definiert als eine strukturierte Abbildung der VFE-Lage eines Unternehmens. Die Zielsetzung ist, nützliche Informationen für wirtschaftliche Entscheidungen eines breiten Spektrums von Adressaten bereitzustellen. Das Management legt weiter Rechenschaft über die Ergebnisse ab.[49]

Nach IFRS hat das Prinzip der fair presentation eine primäre Stellung als sog. overriding principle. Es ist zwar restriktiv anzuwenden, hat aber vorrangige Bedeutung, wenn die grundlegende Annahme nicht zutrifft und fair presentation trotz korrekter Anwendung der IFRS, ggf. ergänzt um zusätzliche Angaben, nicht im Abschluss gegeben ist.[50]

Um Konflikte mit den Zielsetzungen des Rahmenkonzepts und irreführende Angaben im Abschluss zu vermeiden, ist in solchen – angeblich äußerst – seltenen Fällen von einzelnen Regelungen der IFRS abzuweichen[51], sofern rechtlich möglich, und in den Notes anzugeben.

---

[46] Vgl. Beck'scher Bilanzkommentar, 9. Auflage, 2014, Winkeljohann/Schellhorn § 264, Tz. 32 ff., Förschle/Kroner § 297, Tz. 186.
[47] Vgl. §§ 264 Abs. 2 Satz 2, 297 Abs. 2 Satz 3 HGB.
[48] Vgl. §§ 289 Abs. 1, 315 Abs. 1 HGB.
[49] Vgl. IAS 1.9.
[50] Vgl. WP Handbuch 2012, Band 1, Kapitel N, Tz. 46 ff.
[51] Vgl. IAS 1.19 ff.

Die Bedeutung des True and Fair View wird im HGB durch eine **Bestätigung** hervorgehoben, die in relevanten Fällen zusätzlich zur Unterzeichnung des Abschlusses[52] abzugeben ist. Die gesetzlichen Vertreter haben bei Unterzeichnung des Jahres- bzw. Konzernabschlusses den sog. Bilanzeid zu leisten, d.h. schriftlich zu versichern, dass nach bestem Wissen der Abschluss den True and Fair View enthält[53].

Die Bestätigung setzt voraus, dass ein angemessenes und wirksames rechnungslegungsrelevantes internes Kontrollsystem, das auch Risikomanagement Aspekte umfasst, implementiert ist. Die Wirksamkeit des internen Kontrollsystems muss allerdings nicht explizit bestätigt, sondern lediglich im Lagebericht beschrieben werden[54].

Eine ähnliche Regelung ist in den IFRS[55] zu finden, nach denen ein Unternehmen im Anhang ausdrücklich und uneingeschränkt erklären muss, dass der Abschluss mit sämtlichen Anforderungen der IFRS im Einklang steht.

Zusammenfassend halten wir fest, dass der wortgleich kodifizierte True and Fair View im HGB und in den IFRS durchaus unterschiedliche Stellung und Bedeutung haben.

Ein HGB-Abschluss ist nach kodifizierten Einzelvorschriften und nach nicht kodifizierten GoB aufzustellen. Die Generalnorm hat dabei subsidiären Charakter und ein unzutreffendes Bild der VFE-Lage ist im Anhang bzw. im Lagebericht zu erläutern.

In den IFRS hingegen ist der fair presentation ein restriktiv anzuwendendes overriding principle und – sofern erforderlich und möglich – ist von Regelungen der IFRS abzuweichen.

Die Bedeutung in beiden Regelwerken wird dadurch verdeutlicht, dass der True and Fair View in den Abschlüssen durch eine Art Bilanzeid bestätigt wird.

Damit schließe ich meinen Vortrag und bedanke mich für Ihre Aufmerksamkeit.

Eva Romatzeck Wandt

---

[52] Vgl. §§ 245 i.V.m. 331 HGB.
[53] Vgl. §§ 264 Abs. 2 Satz 3, 297 Abs. 2 Satz 4 HGB.
[54] Vgl. §§ 289 Abs. 5, 315 Abs. 2 Nr. 5 HGB.
[55] Vgl. IAS 1.16.

1.2 Die Ausschüttungssperre

Guten Tag, sehr geehrte Kommission,

für meinen Vortrag habe ich das Thema „die Ausschüttungssperre" gewählt. Ich habe meinen Vortrag wie folgt gegliedert: Zunächst gehe ich auf die **Grundlagen** für die Ausschüttungssperre ein. Im Anschluss werden die **Anwendung und die Funktion** der Ausschüttungssperre erläutert. Danach gehe ich auf zwei wesentliche **Besonderheiten** ein und zum Schluss **fasse** ich die Thematik kurz **zusammen**.

Die Ausschüttungssperre ist im Handelsgesetzbuch **verankert**. Sie ist im § 268 Abs. 8 HGB geregelt. Die Vorschrift wird durch § 301 AktG ergänzt, wo die sog. Abführungssperre geregelt ist.

Die Ausschüttungssperre besagt, dass die frei verfügbaren Rücklagen die ausschüttungsgesperrten Beträge decken müssen. Oder mit anderen Worten: Gewinne dürfen nur ausgeschüttet werden, wenn die nach der Ausschüttung verbleibenden frei verfügbaren Rücklagen mindestens den ausschüttungsgesperrten Beträgen entsprechen. Bei der Berechnung sind Gewinn- und Verlustvorträge zu berücksichtigen, wie auch die passiven latenten Steuern, die sich aus den relevanten Sachverhalten ergeben.

Die Ausschüttungssperre umfasst Sachverhalte, die einen hohen Grad an Unsicherheit beinhalten und schwer zu objektivieren sind.[56] Hierzu gehören die Aktivierungswahlrechte im HGB. Es handelt sich zum einen um die Aktivierung von selbst geschaffenen immateriellen Vermögensgegenständen des Anlagevermögens[57] und zum anderen um den Ansatz eines Aktivüberhangs von latenten Steuern[58].

---

[56] Vgl. Ellrott/Huber, Beck'scher Bilanzkommentar, 9. Auflage, 2014, § 268, Tz. 140.
[57] Vgl. § 248 Abs. 2 HGB.
[58] Vgl. § 274 Abs. 1 Satz 2 HGB.

Weiter wird eine Bilanzierungspflicht von der Ausschüttungssperre umfasst. Es handelt sich dabei um das sog. Deckungsvermögen[59], das zweckexklusiv in Verbindung mit Altersversorgungsverpflichtungen steht. Das Deckungsvermögen ist zum beizulegenden Zeitwert[60] zu bewerten und durchbricht somit ggf. das Anschaffungskosten-[61] sowie das Vorsichtsprinzip[62]. Sofern der beizulegende Zeitwert des Deckungsvermögens dessen Anschaffungskosten übersteigt, ist der übersteigende Betrag ausschüttungsgesperrt.

Die Ausschüttungssperre ist in den ergänzenden Vorschriften für Kapitalgesellschaften geregelt, die auch für sog. haftungsbeschränkte Personenhandelsgesellschaften gem. § 264a HGB gelten – hierbei handelt es sich typischerweise um GmbH & Co. KG.

Für Kapitalgesellschaften findet die Ausschüttungssperre unstritig **Anwendung**. Bei den haftungsbeschränkten Personenhandelsgesellschaften ist allerdings zu beachten, dass regelmäßig keine freien Rücklagen vorhanden sind und Gewinnverwendungsbeschlüsse nicht erforderlich sind. Hier greifen die Regelungen zum Wiederaufleben der Haftung[63] bei überhöhten Entnahmen der Kommanditisten. Eine zusätzliche Ausschüttungssperre ist somit nicht erforderlich.

Weiter ist zu beachten, dass Kapitalgesellschaften, die als Tochterunternehmen in einen Konzernabschluss einbezogen werden, grundsätzlich von der Anwendung der ergänzenden Rechnungslegungsvorschriften für Kapitalgesellschaften befreit sind.[64] Für die Ausschüttungssperre greift diese Befreiung jedoch nach herrschender Meinung nicht, da es sich um eine **Regelung zur Kapitalerhaltung** handelt und nicht um eine Vorschrift zur Rechnungslegung.[65]

Für Tochterunternehmen ist auch zu beachten, dass die Abführungssperre nach § 301 AktG greifen kann. Dies ist der Fall, sofern ein Gewinnabführungsvertrag, Beherrschungsvertrag oder eine andere Vereinbarung zur Gewinnabführung getroffen worden ist. Die Abführungssperre wird ähnlich berechnet wie die Ausschüttungssperre und berücksichtigt auch die gesetzlichen Rücklagen.

---

[59] Vgl. § 246 Abs. 2 Satz 2 HGB.
[60] Vgl. § 253 Abs. 1 Satz 4 HGB.
[61] Vgl. § 253 Abs. 1 Satz 1 HGB.
[62] Vgl. § 252 Abs. 1 Nr. 4, 2. Halbsatz HGB.
[63] Vgl. § 172 Absatz 4 HGB.
[64] Vgl. § 264 Absatz 3 HGB.
[65] Vgl. Marx/Dallmann, Problembereiche und Anwendungsfragen der außerbilanziellen Ausschüttungssperre des § 268 Abs. 8 HGB, Die Steuerberatung 10/2010, Seite 455.

Die Ausschüttungssperre und deren Zusammensetzung werden in einer außerbilanziellen Nebenrechnung festgehalten, die im Anhang zu erläutern ist.[66] Der ausschüttungsgesperrte Betrag ist außerbilanziell fortzuschreiben und in jedem Abschluss neu zu berechnen.

Zwei **Besonderheiten** sollen an dieser Stelle erläutert werden. Nach dem Wortlaut des Gesetzes ergibt sich unter Umständen eine Doppelerfassung der passiven latenten Steuern bei der Berechnung der Ausschüttungssperre. Passive latente Steuern sind bei der Ermittlung der ausschüttungsgesperrten Beträge stets von aktivierten selbst geschaffenen immateriellen Vermögensgegenständen des Anlagevermögens sowie vom Differenzbetrag des Deckungsvermögens abzuziehen. Diese passiven Steuerlatenzen werden jedoch auch bei der Ermittlung des aktiven Überhangs der Steuerlatenzen berücksichtigt. Sofern das Aktivierungswahlrecht des Überhangs ausgeübt wird, mindern die passiven Steuerlatenzen die Ausschüttungssperre somit doppelt. Dieser Effekt ist vom Gesetzgeber nicht gewollt und durch entsprechende Korrekturen zu vermeiden.[67]

Die zweite Besonderheit betrifft das Deckungsvermögen für Altersversorgungsverpflichtungen. Wie erläutert, wird das Deckungsvermögen zum beizulegenden Zeitwert bewertet.[68] Sollte der Zeitwert abzüglich passiver latenter Steuern die Anschaffungskosten des Deckungsvermögens übersteigen, ist der Differenzbetrag ausschüttungsgesperrt. Es handelt sich um ausgewiesene, aber noch nicht realisierte Gewinne, die für Ausschüttungszwecke gesperrt sind.

Hiervon zu unterscheiden ist der Betrag, der in der Bilanz als „aktiver Unterschiedsbetrag aus der Vermögensverrechnung"[69] gesondert auszuweisen ist. Der aktive Unterschiedsbetrag ergibt sich, wenn der Zeitwert des Deckungsvermögens die Schulden aus Altersversorgungsverpflichtungen übersteigt.[70]

Da die für die Ausschüttungssperre relevanten Anschaffungskosten des Deckungsvermögens in der Regel von den rückstellungsrelevanten Schulden für die Altersversorgung abweichen, ergeben sich hier zwei verschiedene Beträge.

---

[66] Vgl. § 285 Nr. 28 HGB.
[67] Vgl. Ellrott/Huber, Beck'scher Bilanzkommentar, 9. Auflage, 2014, § 268, Tz. 143.
[68] Vgl. § 253 Abs. 1 Satz 4 HGB.
[69] Vgl. § 266 Abs. 2 Buchstabe E. HGB.
[70] Vgl. § 246 Abs. 2 Satz 3 HGB.

Zusammenfassend ist festzuhalten, dass die Ausschüttungssperre eine erhöhte Unsicherheit beinhaltet, genau wie die Sachverhalte, die damit in Verbindung stehen. Durch die Ausübung von Wahlrechten nach HGB kann der Bilanzierende die Ausschüttungssperre beeinflussen, die Entwicklung der zu bilanzierenden Zeitwerte kann jedoch nicht gesteuert werden. Eine vertiefte Prüfung der Ausschüttungssperre ist in jedem Abschluss erforderlich.

Vielen Dank für Ihre Aufmerksamkeit.

Eva Romatzeck Wandt

1.3 Rückstellungsbilanzierung nach HGB und IFRS

Guten Morgen, sehr geehrte Kommission,

für meinen Vortrag habe ich das Thema „Rückstellungsbilanzierung nach HGB und IFRS" gewählt und meinen Vortrag wie folgt gegliedert: Zunächst gehe ich auf die wesentlichen **gesetzlichen Grundlagen** ein. Dann wird die **Rückstellungsbilanzierung nach HGB** erläutert und anschließend die **Bilanzierung nach IFRS**. Zum Schluss gehe ich in aller Kürze auf **latente Steuern** ein.

Was sind Rückstellungen? Es handelt sich grundsätzlich um Verpflichtungen gegenüber Dritten, die dem Grunde nach bereits entstanden sind. Die Höhe der Verpflichtung und bzw. oder die Fälligkeit ist jedoch noch ungewiss.[71]
Der Ansatz nach HGB wird abschließend im § 249 HGB und die Bewertung im § 253 HGB geregelt. Diese **Vorschriften** gelten für alle Kaufleute und auch für den Konzernabschluss.[72] Der Ausweis der Rückstellungen ist in den ergänzenden Vorschriften für Kapitalgesellschaften und sog. haftungsbeschränkte Personenhandelsgesellschaften[73] im § 266 HGB geregelt. Andere bilanzierende Gesellschaften können diese Vorschrift freiwillig anwenden.
Ansatz und Bewertung von Rückstellungen nach IFRS sind vor allem im IAS 37 geregelt, der von weiteren Standards flankiert und ergänzt wird, wie z.B. Regelungen für Altersversorgungspläne nach IAS 26 und Leistungen an Arbeitnehmer nach IAS 19.

Im **HGB Abschluss** sind Rückstellungen für ungewisse Verbindlichkeiten und für drohende Verluste aus schwebenden Geschäften zu bilden. Weiter sind unterlassene Aufwendungen für Instandhaltung – somit eine Innenverpflichtung – passivierungspflichtig, soweit sie in den ersten drei Monaten des Folgejahres nachgeholt werden. Auch Gewährleistungen, die ohne rechtliche Verpflichtung erbracht werden, sind zu passivieren.[74]
Rückstellungen dürfen nur aufgelöst werden, soweit der Grund für die Rückstellung entfallen ist.[75]

---

[71] Vgl. § 249 Abs. 1 HGB, IAS 37.7.
[72] Vgl. §§ 298 Abs. 1 i.V.m. 249, 253 HGB.
[73] Vgl. § 264a HGB.
[74] Vgl. § 249 Abs. 1 HGB.
[75] Vgl. § 249 Abs. 2 Satz 2 HGB.

Die Bewertung erfolgt grundsätzlich zum Erfüllungsbetrag, der nach vernünftiger kaufmännischer Beurteilung notwendig ist.[76] Hierbei sind hinreichend konkretisierte Erwartungen für künftige Kostensteigerungen, Preis- oder Lohnentwicklungen zu berücksichtigen.

Eine Ausnahme vom Bewertungsgrundsatz stellen wertpapiergebundene Pensionszusagen dar. Die Rückstellung wird in diesem Fall zum beizulegenden Zeitwert der Wertpapiere bewertet, sofern der Zeitwert den garantierten Mindestbetrag der Pensionszusagen übersteigt.[77]

Rückstellungen mit einer Restlaufzeit von mehr als einem Jahr sind mit dem laufzeitkongruenten Zinssatz abzuzinsen. Der anzuwendende Zinssatz wird von der Deutschen Bundesbank bekanntgegeben und stellt den durchschnittlichen Marktzinssatz der letzten 7 Jahre dar.[78] Für Pensionsrückstellungen kann aus Vereinfachungsgründen eine pauschale Restlaufzeit von 15 Jahren angenommen werden[79], was streng genommen eine Durchbrechung des Grundsatzes der Einzelbewertung[80] darstellt.

Rückstellungen werden auf der Passivseite der Bilanz ausgewiesen, jeweils gesondert in den Positionen Pensionsrückstellungen, Steuerrückstellungen und sonstige Rückstellungen.[81] Das Verrechnungsgebot für Pensionsrückstellungen mit einem zweckgebundenen Deckungsvermögen[82] ist hierbei zu beachten und im Anhang anzugeben.[83]

Im Anhang sind weiter die angewandten Bilanzierungs- und Bewertungsmethoden anzugeben[84] wie auch grundlegende Annahmen, Berechnungsverfahren und Zusammensetzung[85] der jeweiligen Positionen. Bei besonderen Vorgängen oder Risiken kann zusätzlich eine Berichtspflicht im Lagebericht bestehen.

---

[76] Vgl. § 253 Abs. 1 Satz 2 HGB.
[77] Vgl. § 253 Abs. 1 Satz 3 HGB.
[78] Vgl. § 253 Abs. 2 Satz 1 i.V.m. Satz 4 HGB.
[79] Vgl. § 253 Abs. 2 Satz 2 HGB.
[80] Vgl. § 252 Abs. 1 Nr. 3 HGB.
[81] Vgl. § 266 Abs. 3 Buchstabe B. HGB.
[82] Vgl. § 246 Abs. 2 Satz 2 HGB.
[83] Vgl. §§ 285 Nr. 25, 314 Nr. 17 HGB.
[84] Vgl. §§ 284 Abs. 2 Nr. 1, 313 Abs. 1 Nr. 1 HGB.
[85] Vgl. §§ 285 Nr. 12, Nr. 24, 314 Abs. 1 Nr. 16 HGB.

Im **IFRS-Abschluss** sind Rückstellungen anzusetzen, wenn aus einem Ereignis der Vergangenheit eine gegenwärtige Verpflichtung entstanden ist und der Abfluss von Ressourcen wahrscheinlich ist. Voraussetzung ist, dass die Verpflichtung verlässlich bewertet werden kann.[86] Aufwandsrückstellungen[87] und Eventualverbindlichkeiten[88] dürfen nicht angesetzt werden.

Weiter sind Rückstellungen für belastende Verträge[89] wie auch für Restrukturierungsmaßnahmen anzusetzen, sofern eine faktische Verpflichtung bereits entstanden[90] ist.

Die Bewertung erfolgt zum Erfüllungsbetrag nach der bestmöglichen Schätzung,[91] die laufend zu überprüfen und ggf. gem. IAS 8 prospektiv[92] anzupassen ist.

Bei wesentlichen Zinseffekten sind die Rückstellungen mit dem Barwert anzusetzen. Die Abzinsung erfolgt mit dem aktuellen Marktzins unter Berücksichtigung von spezifischen Risiken.[93]

Der Ausweis erfolgt nach den allgemeinen Grundsätzen, wobei Rückstellungen in einem gesonderten Posten der Bilanz darzustellen sind.[94] Zusätzlich erfolgt eine Einstufung der einzelnen Rückstellungen in kurz- oder langfristige Posten.[95]

Die ausführlichen Angaben und Erläuterungen zu den Rückstellungen im Anhang[96] sind zu beachten.

In beiden Regelwerken sind **latente Steuern** zu berücksichtigen. Beide Regelwerke arbeiten nach dem sog. temporary concept, d.h. latente Steuern werden für Unterschiede zwischen handelsbilanziellen und steuerlichen Werten gebildet, sofern sich die Unterschiede im Laufe der Zeit voraussichtlich abbauen werden. Bei Rückstellungen ist das grundsätzlich der Fall.

---

[86] Vgl. IAS 37.14.
[87] Vgl. IAS 37.20.
[88] Vgl. IAS 37.27.
[89] Vgl. IAS 37.66 ff.
[90] Vgl. IAS 37.70 ff.
[91] Vgl. IAS 37.36, 37.
[92] Vgl. IAS 8.36.
[93] Vgl. IAS 37.47.
[94] Vgl. IAS 1.54 Buchstabe (l).
[95] Vgl. IAS 1.69 ff.
[96] Vgl. IAS 37.84 ff.

Durch mehrere abweichende Regelungen im Handels- und Steuerrecht zu Ansatz, Bewertung und Abzinsung von Rückstellungen ergibt sich die Notwendigkeit der Berücksichtigung von latenten Steuern im HGB-Abschluss.[97] Zu beachten ist, dass es sich bei passiven latenten Steuern um eine Pflichtbilanzierung im Jahres- und Konzernabschluss handelt, während die Bildung von aktiven latenten Steuern ein Wahlrecht im Jahresabschluss und eine Pflicht im Konzernabschluss darstellt.

Im IFRS-Abschluss existieren ebenfalls viele Unterschiede zum Steuerrecht, für die IAS 12 Anwendung findet.

Als **Fazit** ist festzuhalten, dass die Bilanzierung von Rückstellungen ein komplexes Thema mit unterschiedlichen Regelungen nach HGB und IFRS ist, das hohe Anforderungen an Bilanzierende und an Prüfer stellt.

Vielen Dank für Ihre Aufmerksamkeit.

Eva Romatzeck Wandt

---

[97] Vgl. §§ 274, 306 HGB.

1.4 Die Prüfung von Abschlüssen für einen speziellen Zweck, von Finanzaufstellungen oder von deren Bestandteilen

Guten Morgen, sehr geehrte Kommission,

für meinen Vortrag habe ich das Thema „Die Prüfung von Abschlüssen für einen speziellen Zweck, von Finanzaufstellungen oder von deren Bestandteilen" gewählt.

Meinen Vortrag habe ich wie folgt gegliedert: zunächst erhalten Sie einen **Überblick** des Themas, danach gehe ich auf die **Auftragsannahme, Planung und Durchführung** der Prüfung ein. Im Anschluss wird der **Prüfungsvermerk** erläutert und ich schließe meinen Vortrag mit einen kurzen **Fazit**.

In der Praxis gibt es immer mehr **Prüfungsaufträge** außerhalb der klassischen Abschlussprüfung. Es kann sich dabei um Abschlüsse für spezielle Zwecke, um einzelne vergangenheitsorientierte Finanzaufstellungen oder um deren jeweilige Bestandteile handeln.

Abschlüsse, die insbesondere nach HGB oder IFRS für allgemeine Zwecke aufgestellt sind, dienen den gemeinsamen Informationsbedürfnissen einer Vielzahl unterschiedlicher Adressatengruppen.

Demgegenüber sind Abschlüsse, die für einen speziellen Zweck aufgestellt sind, darauf ausgerichtet, den Informationsbedürfnissen spezifischer Adressaten gerecht zu werden.

Ein Abschluss besteht aus mehreren Finanzaufstellungen, d.h. aus strukturierten Darstellungen vergangenheitsorientierter Finanzinformationen, ggf. mit dazugehörenden Angaben[98]. Spezielle Zwecke in diesem Sinne können z.B. gesellschaftsvertragliche Auseinandersetzungen oder Umwandlungsschlussbilanzen sein. Ein weiteres Bespiel ist die Jahresrechnung in der Sozialversicherung[99].

---

[98] Vgl. IDW PS 480 Prüfung von Abschlüssen, die nach Rechnungslegungsgrundsätzen für einen speziellen Zweck aufgestellt wurden (Stand: 28.11.2014), Tz. 12.
[99] Vgl. § 77 Abs. 1a SGB IV.

Beispiele für Bestandteile, Konten oder Posten einer Finanzaufstellung umfassen z.b. das Inventar, Forderungen, immaterielle oder materielle Vermögenswerte, Investitionen zur Erlangung von Fördermitteln oder Geschäftsführergehälter[100].

Ein Anhang oder sonstige Angaben stellen grundsätzlich keine Finanzaufstellungen dar, sondern entweder einen zusätzlichen Bestandteil eines Abschlusses oder einen integralen Bestandteil der im Abschluss enthaltenen Finanzaufstellungen. Auch der Lagebericht stellt keine Finanzaufstellung dar.

Die gesetzlichen Vertreter können in Abschlüssen für spezielle Zwecke Rechnungslegungsgrundsätze wählen, die je nach Rechtsform, Größe und Geschäftstätigkeit des Unternehmens mit dem verfolgten Zweck im Einklang stehen. Diese müssen vertretbar sein, sofern sie nicht vorgeschrieben sind, und der Abschluss muss einen Hinweis auf die angewandten Rechnungslegungsgrundsätze umfassen, der verständlich und zutreffend ist, oder die Grundsätze müssen angemessen beschrieben sein[101].

Beispiele hierzu sind Grundsätze für die Steuerbilanz, für vertragliche Vereinbarungen oder bei Unternehmenstransaktionen. Es kann sich auch um einzelne Modifikationen nach HGB oder IFRS in Bereichen wie Bewertungseinheiten oder Pensionsrückstellungen handeln.

Die angewandten Rechnungslegungsgrundsätze müssen vertretbar sein. Werden sie weder durch Gesetz noch durch Standards für den vorgesehenen Zweck vorgeschrieben oder wenn Zweifel bestehen, hat der Wirtschaftsprüfer zu bestimmen, ob sie trotzdem relevant, vollständig, verlässlich, neutral und verständlich sind.

Für die Beurteilung der Vertretbarkeit sind relevante Faktoren zu betrachten. Dazu gehören Zweck des Abschlusses, Rechtsform, Größe und Geschäftstätigkeit des Unternehmens sowie einschlägige Gesetze oder Vorschriften wie z.B. IFRS für kleine und mittelständische Unternehmen oder HGB für Personenhandelsgesellschaften.

Das Konzept der Vertretbarkeit von Rechnungslegungsgrundsätzen wird bislang in den IDW Prüfungsstandards nicht thematisiert. Dies erfolgt nun in den neulich verabschiedeten IDW Prüfungsstandards 480 und 490.

---

[100] Vgl. auch Anlage 1 zu IDW PS 490.
[101] Vgl. IDW PS 480, Tz. 14.

In IDW PS 480 werden die Besonderheiten für Prüfungen von Abschlüssen, die nach Rechnungslegungsgrundsätzen für einen speziellen Zweck aufgestellt wurden, dargestellt. IDW PS 490[102] betrachtet die Besonderheiten bei Prüfungen von Finanzaufstellungen oder deren Bestandteilen. Sofern die jeweiligen Finanzaufstellungen nach Rechnungslegungsgrundsätzen für einen speziellen Zweck aufgestellt wurden, ist IDW PS 480 zusätzlich anzuwenden. Ziel ist es auch bei dieser Art von Prüfungen, eine hinreichende Prüfungssicherheit zu erlangen.

Abschlüsse für spezielle Zwecke sind von regulären HGB- oder IFRS-Abschlüssen abzugrenzen, auch wenn diese aus besonderem Anlass aufgestellt oder gesetzliche Erleichterungen in Anspruch genommen werden[103]. Es handelt sich auch nicht um prüferische Durchsichten oder Prüfungen von Pro-Forma-Finanzinformationen[104]. Es sind in aller Regel keine Abschlussprüfungen nach §§ 316 ff. HGB, somit kommt die Haftungsbeschränkung nach § 323 HGB nicht zur Anwendung[105].

Die Grundsätze ordnungsmäßiger Abschlussprüfung sind jedoch auch bei diesen Prüfungen zu beachten. Der Wirtschaftsprüfer muss dabei Besonderheiten in angemessener Weise berücksichtigen. Da die IDW Prüfungsstandards in erster Linie für Pflichtprüfungen abgefasst wurden, ist ihre Anwendung entsprechend anzupassen. Auch wenn der Wirtschaftsprüfer nicht gleichzeitig Abschlussprüfer ist, ist die Relevanz sämtlicher IDW Prüfungsstandards, wie z.B. zur Fortführung der Unternehmenstätigkeit, zu Transaktionen mit nahe stehenden Personen, zu Fraud sowie zur Kommunikation mit dem Aufsichtsorgan zu beurteilen. Zu beachten ist, dass IDW PS 480 bzw. IDW PS 490 nicht für den Vermerk eines Teilbereichsprüfers i.S.d. IDW PS 320 gelten.

Bei der **Auftragsannahme** hat der Wirtschaftsprüfer festzustellen, ob die vorgesehenen Rechnungslegungsgrundsätze vertretbar sind. Dazu muss er ein Verständnis über den Zweck und die Adressaten des Abschlusses und über die Schritte der gesetzlichen Vertreter zur Feststellung der Vertretbarkeit gewinnen. Gelangt er zu der Überzeugung, dass die Grundsätze nicht vertretbar sind, darf er den Auftrag nicht annehmen.

---

[102] Vgl. IDW PS 490 Prüfung von Finanzaufstellungen oder deren Bestandteilen (Stand: 28.11.2014).
[103] Vgl. §§ 317, 264 Abs. 3, 4, 264b HGB.
[104] Vgl. hierzu IDW PS 900 Grundsätze für die prüferische Durchsicht von Abschlüssen (Stand: 01.10.2002), IDW PH 9.960.1 Prüfung von Pro-Forma-Finanzinformationen (Stand: 29.11.2005).
[105] Vgl. IDW PS 480, Tz. 2.

Ist der Wirtschaftsprüfer nicht gleichzeitig Abschlussprüfer, muss er feststellen, ob die Prüfung in Übereinstimmung mit den einschlägigen IDW Prüfungsstandards praktisch durchführbar ist, oder ob sie nur mit einem unverhältnismäßig hohen Aufwand möglich ist[106]. Er verfügt nicht über solche Kenntnisse oder Prüfungsnachweise, die dem Abschlussprüfer regelmäßig vorliegen.

Bei der **Planung und Durchführung** der Prüfung muss der Wirtschaftsprüfer feststellen, ob weitere Besonderheiten zu beachten sind. Er ist verpflichtet, sich ein angemessenes Verständnis von dem Unternehmen, von dessen wirtschaftlichem und rechtlichem Umfeld sowie vom internen Kontrollsystem und den angewandten Rechnungslegungsmethoden zu verschaffen. Die Grundsätze der Wesentlichkeit sind ebenfalls zu beachten.

Beruht der Abschluss auf vertraglichen Vorgaben, muss der Wirtschaftsprüfer die Vertragsauslegungen durch die gesetzlichen Vertreter nachvollziehen. Er muss beurteilen, ob eine andere Auslegung zu wesentlich anderen Abschlussinformationen geführt hätte.

Stellt der Wirtschaftsprüfer im Laufe der Prüfung fest, dass die Rechnungslegungsgrundsätze nicht vertretbar sind, muss er entweder darauf hinwirken, dass die Rechnungslegungsgrundsätze geändert werden, oder seinen Prüfungsauftrag niederlegen und dies gegenüber dem Auftraggeber schriftlich begründen.

Der zu erteilende Vermerk zum Prüfungsurteil ist als **„Prüfungsvermerk** des Wirtschaftsprüfers" zu bezeichnen. Der Vermerk darf grundsätzlich nicht „Bestätigungsvermerk" oder „Bescheinigung" genannt werden. Der Wirtschaftsprüfer hat zu beurteilen, ob ein zutreffender Hinweis auf die maßgebenden Rechnungslegungsgrundsätze enthalten ist bzw. ob diese angemessen beschrieben werden. Bei einem Abschluss nach vertraglichen Vorgaben müssen die angewandten Vertragsauslegungen angemessen beschrieben bzw. den Adressaten zugänglich sein.

Aus dem Prüfungsvermerk müssen der Zweck und ggf. die Adressaten erkennbar sein. Sofern die gesetzlichen Vertreter die Rechnungslegungsgrundsätze wählen können, ist auf deren Verantwortung für die Auswahl und Vertretbarkeit der gewählten Grundsätze im Prüfungsvermerk hinzuweisen.

---

[106] Vgl. Anwendungshinweise und sonstige Erläuterungen zu IDW PS 490.

Zu beachten ist, dass der Prüfungsvermerk einen ergänzenden Hinweis enthalten muss, der darauf aufmerksam macht, dass der Abschluss für einen speziellen Zweck aufgestellt wurde und möglicherweise für einen anderen als den genannten Zweck nicht geeignet ist. Dieser Hinweis ist mit einer geeigneten Überschrift zu versehen.

Eine Pflicht zur weitergehenden Berichterstattung besteht nur, sofern dies gesetzlich vorgeschrieben oder vertraglich vereinbart ist.

Prüft ein Abschlussprüfer zusätzlich eine im Abschluss enthaltene Finanzaufstellung oder einen Bestandteil, muss er zusätzlich zum Bestätigungsvermerk einen gesonderten Prüfungsvermerk erteilen. Ebenso sind zwei Prüfungsurteile zu erteilen für einen Abschluss für einen speziellen Zweck und dessen Finanzaufstellungen bzw. Bestandteile. Die möglichen Auswirkungen eines eingeschränkten oder versagten Bestätigungs- oder Prüfungsvermerks sind gesondert festzustellen.

Als **Fazit** kann festgehalten werden, dass der breit angelegte IDW PS 480 für viele unterschiedliche Arten von Prüfungen außerhalb der klassischen Abschlussprüfung anwendbar ist. Der Bedarf in der Praxis ist an der Stelle sicherlich groß.

Da es bislang auch keine allgemeinen Verlautbarungen für die Prüfung von einzelnen vergangenheitsorientierten Finanzaufstellungen oder deren Bestandteilen gab, wird sicherlich IDW PS 490 ebenfalls großen praktischen Nutzen entfalten.

Vielen Dank für Ihre Aufmerksamkeit.

Eva Romatzeck Wandt

1.5 Unabhängigkeit des Abschlussprüfers

Guten Tag, sehr geehrte Kommission,

für meinen Vortrag habe ich das Thema „Unabhängigkeit des Abschlussprüfers" gewählt. Mein Thema ist wie folgt gegliedert: Einleitend gehe ich auf die **gesetzlichen Grundlagen** und die **wesentlichen Kriterien** der Unabhängigkeit ein. Danach werden die **Dokumentationspflichten** und anschließend wesentliche **Rechtsfolgen** beim Verstoß gegen den Grundsatz der Unabhängigkeit erläutert. Zum Schluss erhalten Sie einen kurzen **Ausblick**.

Die Unabhängigkeit gehört zu den grundlegenden Berufspflichten des Abschlussprüfers und dient der Objektivität im Rahmen seiner Berufsausübung. Sie ist auch unerlässlich, um die sog. Erwartungslücke zu reduzieren. Der Abschlussprüfer kann durch Wahrung seiner Unabhängigkeit dem möglichen Vorwurf vorbeugen oder diesen vermeiden, als Erfüllungsgehilfe des Managements tätig zu sein, der zu spät Probleme erkennt oder über Krisen berichtet.

Die Unabhängigkeit des Abschlussprüfers ist mehrfach **im Gesetz geregelt**. Zum einen gehört sie zu den allgemeinen Berufspflichten nach den §§ 43 und 57 der WPO. Zum anderen sind Unbefangenheit und Unparteilichkeit als besondere Berufspflichten bei der Durchführung von Prüfungen und der Erstattung von Gutachten in § 57 WPO geregelt. Die Berufspflichten werden ergänzend in der Berufssatzung[107] konkretisiert.

Übergreifend besagt § 49 WPO, dass der Wirtschaftsprüfer seine Tätigkeit zu versagen hat, wenn die Besorgnis der Befangenheit besteht.

Auch im HGB ist die Unabhängigkeit von wesentlicher Bedeutung und als Verpflichtung kodifiziert.[108] Beim Verstoß gegen den Grundsatz der Unabhängigkeit, insbesondere durch Beziehungen geschäftlicher, finanzieller oder persönlicher Art, ist der Wirtschaftsprüfer als Abschlussprüfer ausgeschlossen.[109]

Die **Kriterien** für die Unabhängigkeit des Abschlussprüfers werden in den §§ 319 ff. HGB konkretisiert. Sie greifen grundsätzlich auch für Personen, die mit dem Prüfer beruflich oder persönlich verbunden sind.

---

[107] Vgl. §§ 2, 20, 21 BS WP/vBP.
[108] Vgl. § 323 Abs. 1 Satz 1 HGB.
[109] Vgl. § 319 Abs. 2 HGB.

Die Unabhängigkeit betrifft nicht nur das zu prüfende Unternehmen, sondern auch verbundene Unternehmen und Beteiligungen. Zu den Kriterien gehören im Wesentlichen finanzielle Interessen[110] und Funktionen als gesetzliche Vertreter oder Aufsichtsrat[111]. Bei nicht nur unbedeutender Mitwirkung im Rahmen der Abschlussaufstellung, der internen Revision oder Bewertungen greift das Selbstprüfungsverbot.[112] Personen, die aus diesen Gründen von der Prüfung ausgeschlossen sind, dürfen bei der Prüfung nicht beschäftigt werden.[113]

Weiter ist der Wirtschaftsprüfer als Abschlussprüfer ausgeschlossen, wenn er mehr als 30% der Gesamteinnahmen in den letzten fünf Jahren vom zu prüfenden Unternehmen und dessen Beteiligungen bezogen hat und dies auch im laufenden Geschäftsjahr zu erwarten ist.[114]

Bei der Prüfung von kapitalmarktorientierten Unternehmen[115] gelten strengere Unabhängigkeitskriterien für den Abschlussprüfer. Hier gelten eine Einnahmegrenze von 15%[116] und ein zusätzliches Selbstprüfungsverbot bei Rechts-, Steuerberatungs- und IT-Leistungen[117].

Weiter besteht eine interne Rotationspflicht, wobei der Abschlussprüfer rotieren muss, wenn er bereits in sieben oder mehr Fällen[118] den Bestätigungsvermerk unterzeichnet hat oder für die Prüfungsdurchführung vorrangig verantwortlich[119] war. Auf Konzernebene gilt dies entsprechend für bedeutende Tochterunternehmen.[120]

Die Kriterien für die Unabhängigkeit greifen grundsätzlich auch für Mitglieder in einem Netzwerk[121], die für eine gewisse Dauer gemeinsame wirtschaftliche Interessen verfolgen. Entscheidend ist, dass das Netzwerkmitglied Einfluss auf das Prüfungsergebnis nehmen kann. Hierbei ist zu beachten, dass das Selbstprüfungsverbot innerhalb eines Netzwerks einen absoluten Ausschlussgrund darstellt.

---

[110] Vgl. § 319 Abs. 3 Nr. 1 HGB.
[111] Vgl. § 319 Abs. 3 Nr. 2 HGB.
[112] Vgl. § 319 Abs. 3 Nr. 3 HGB.
[113] Vgl. § 319 Abs. 3 Nr. 4 HGB.
[114] Vgl. § 319 Abs. 3 Nr. 5 HGB.
[115] Vgl. § 319a i.V.m. 264d HGB.
[116] Vgl. § 319a Abs. 1 Nr. 1 HGB.
[117] Vgl. § 319a Abs. 1 Nr. 2 und 3 HGB.
[118] Vgl. § 319a Abs. 1 Nr. 4 HGB.
[119] Vgl. § 319a Abs. 1 Satz 5 HGB.
[120] Vgl. § 319a Abs. 2 HGB.
[121] Vgl. § 319b HGB.

Die **Dokumentationspflichten** zur Unabhängigkeit sind gesetzlich geregelt. Die Dokumentation zur Überprüfung und Sicherstellung der Unabhängigkeit ist Bestandteil des Qualitätssicherungssystems[122] und ist zu den Handakten zu nehmen.[123] Der Abschlussprüfer hat auch im Prüfungsbericht seine Unabhängigkeit zu bestätigen.[124]

Für börsennotierte Aktiengesellschaften schreibt der Deutsche Corporate Governance Kodex ergänzend vor, dass der Aufsichtsrat oder – sofern eingerichtet – der Prüfungsausschuss[125] eine Erklärung des vorgesehenen Prüfers einholen soll.[126] Die Erklärung umfasst Aussagen zur Unabhängigkeit und zum Umfang aller vereinbarten Leistungen des Prüfers.[127] Die Erklärung wird eingeholt vor Unterbreitung des Vorschlags an die Hauptversammlung zur Wahl des Abschlussprüfers[128] und wird im Laufe der Prüfung aktualisiert, sofern sich die Verhältnisse verändern.

Wenn die Unabhängigkeit gefährdet oder nicht gewahrt ist, ergeben sich daraus **Rechtsfolgen**. In Fällen von Gefährdung können Schutzmaßnahmen ergriffen werden, die zur Transparenz beitragen[129] und die Gefährdung aufheben.

Sofern eine tatsächliche Besorgnis der Befangenheit oder absolute Ausschlussgründe vorliegen, ist die Tätigkeit als Abschlussprüfer zu versagen.[130]

Erfolgt die Versagung nicht, liegt ein Verstoß gegen ein gesetzliches Verbot i.S.d. § 134 BGB vor. Der geprüfte Abschluss wird dadurch grundsätzlich nicht nichtig[131]. Beschlüsse der Hauptversammlung, die auf dem Abschluss basieren, könnten jedoch anfechtbar und nichtig sein[132], sofern eine Verletzung von Schutzvorschriften der Gläubiger vorliegt.

---

[122] Vgl. § 55b WPO, § 32 Nr. 1 BS WP/vBP.
[123] Vgl. § 51b Abs. 4 Satz 2 WPO, §§ 21 Abs. 5, 22 Abs. 2 BS WP/vBP.
[124] Vgl. § 321 Abs. 4a HGB.
[125] Vgl. § 107 Abs. 3 Satz 2 AktG, §§ 324 i.V.m. 264d HGB.
[126] Vgl. 7.2.1 DCGK.
[127] Vgl. § 171 Abs. 1 Satz 3 AktG.
[128] Vgl. § 124 Abs. 3 Satz 2 AktG.
[129] Vgl. § 22 BS WP/vBP.
[130] Vgl. § 49 WPO, § 22a BS WP/vBP.
[131] Vgl. § 256 Abs. 1 Nr. 3 AktG.
[132] Vgl. §§ 243, 241 Nr. 3 AktG.

Auch ist das Rechtsgeschäft und somit der Prüfungsauftrag nichtig und der Abschlussprüfer verliert seinen Anspruch auf Honorar.[133] Er muss zusätzlich mit berufsgerichtlicher Ahndung[134] rechnen.

Festzuhalten ist, dass die Regelungen zur Unabhängigkeit des Abschlussprüfers in den letzten Jahren verschärft wurden. Mit **Ausblick** auf die Regelungen in der Verordnung bzw. in der Richtlinie zur Abschlussprüfung der EU-Kommission[135], sind noch strengere Regelungen, wie z.B. externe Rotation, schärfere Trennung von Beratung und Prüfung sowie Berufsaufsicht, nun national umzusetzen. Noch wird allerdings diskutiert, wie die Regelungen der Richtlinie konkret auszulegen und umzusetzen ist, bis 2016 hat der Gesetzgeber dafür Zeit.

Vielen Dank für Ihre Aufmerksamkeit.

Eva Romatzeck Wandt

---

[133] Vgl. § 134 BGB.
[134] Vgl. § 67 WPO.
[135] Vgl. Richtlinie 2014/56/EU des Europäischen Parlaments und des Rates vom 16. April 2014 zur Änderung der Richtlinie 2006/43/EG über Abschlussprüfungen von Jahresabschlüssen und konsolidierten Abschlüssen und Verordnung (EU) Nr. 537/2014 des Europäischen Parlaments und des Rates vom 16. April 2014 über spezifische Anforderungen an die Abschlussprüfung bei Unternehmen von öffentlichem Interesse und zur Aufhebung des Beschlusses 2005/909/EG der Kommission.

1.6 Skalierte Prüfungsdurchführung

Guten Tag, sehr geehrte Kommission,

für meinen Vortrag habe ich das Thema „Skalierte Prüfungsdurchführung" gewählt. Ich habe meinen Vortrag wie folgt gegliedert: Zunächst gehe ich auf die **Grundlagen** und **Hintergründe** für die skalierte Prüfungsdurchführung ein. Im Anschluss werden die **grundlegenden** und danach die **spezifischen Skalierungsaspekte** in der gebotenen Kürze erläutert. Zum Schluss fasse ich die Thematik **zusammen**.

In § 24b Abs. 1 der Berufssatzung für Wirtschaftprüfer und vereidigte Buchprüfer wird die „skalierte Prüfungsdurchführung" so kodifiziert, dass der WP für eine den Verhältnissen entsprechende Prüfungsdurchführung Sorge zu tragen hat und dabei Art, Umfang und Dokumentation im Rahmen seiner Eigenverantwortlichkeit nach pflichtgemäßem Ermessen zu bestimmen hat. Die Skalierbarkeit der Prüfungsdurchführung ist von Größe, Komplexität und Risiko des Prüfungsmandats abhängig.

Die Prüfungsqualität und die Verlässlichkeit des Prüfungsurteils müssen stets bei allen Abschlussprüfungen einheitlich sein. Eine skalierte Prüfungsdurchführung bedeutet somit nicht, einschlägige Standards nicht zu beachten, weil sie „zu aufwändig" seien. Skalierung heißt vielmehr, dass die Zielsetzung für alle Abschlussprüfungen zwar einheitlich ist; der Weg zur Zielerreichung kann je nach Größe, Komplexität und Risiko von Prüfungsgegenstand zu Prüfungsgegenstand jedoch unterschiedlich sein. Zu beachten ist, dass die Skalierung die Prüfungsdurchführung und nicht die Auftragsannahme oder die Berichterstattung umfasst.

Hintergrund der skalierten Prüfungsdurchführung ist, dass die International Standards on Auditing – kurz ISA – implizit das Leitbild der Prüfung großer, kapitalmarktorientierter Unternehmen verfolgen. ISA erheben allerdings gleichzeitig den Anspruch als universell anwendbare Standards. Der deutsche Gesetzgeber hat in § 317 Abs. 5 HGB die verpflichtende Anwendung der ISA kodifiziert, nachdem sie durch die EU Kommission angenommen werden, was mittelfristig zu erwarten ist.

Als Hilfestellung bei der Prüfung weniger komplexer Unternehmen, hat die WPK den „Hinweis zur skalierten Prüfungsdurchführung auf Grundlage der ISA" erarbeitet[136]. Die Ausführungen im Hinweis können auch auf IDW Prüfungsstandards weitgehend übertragen werden, da die ISA in die IDW-Standards transformiert wurden.

Die skalierte Prüfungsdurchführung ist kein neues Konzept, die Skalierbarkeit war schon lange in mehreren Standards verankert. Auch einen IDW Prüfungshinweis zu den Besonderheiten der Abschlussprüfung bei KMU[137], d.h. kleinen und mittelgroßen Unternehmen, gibt es seit geraumer Zeit. Das Konzept der skalierten Prüfungsdurchführung ist allerdings nicht auf KMU beschränkt sondern ist bei jeder Abschlussprüfung anwendbar.

Die Anwendbarkeit hängt nicht nur quantitativ von der Größe ab. Die qualitativen Merkmale Komplexität und Risiko des Prüfungsgegenstands sind stärker zu gewichten und somit entscheidend. Die Komplexität bestimmt sich nach der Kompliziertheit der bilanziellen Sachverhalte und der Geschäftstätigkeit. Das Risiko hat im Zweifelsfall das höchste Gewicht und stellt die Möglichkeit einer wesentlichen falschen Darstellung im Abschluss dar.

Vier **grundlegende Skalierungsaspekte** werden im Hinweis der WPK besprochen[138]. Selbstredend sind dabei die Nicht-Anwendbarkeit von irrelevanten Standards wie z.B. zu Erstprüfungsaufträgen im Rahmen von mehrjährigen Prüfungen sowie von bestimmten Regelungen wie z.B. zum eingeschränkten Bestätigungsvermerk bei Erteilung eines uneingeschränkten Bestätigungsvermerks. Die WPK legt einen Schwerpunkt auf die Umsetzung allgemein gehaltener skalierbarer Anforderungen in den Standards, die durch Aussagen wie „angemessen", „den Umständen entsprechend" oder „hinreichend" zum Ausdruck kommen und auch auf die Berücksichtigung von spezifischen Anwendungshinweisen und sonstigen Erläuterungen zu kleineren Einheiten.

---

[136] Vgl. „Hinweis zur skalierten Prüfungsdurchführung auf Grundlage der ISA" auf http://www.wpk.de/mitglieder/praxishinweise/skalierte-pruefungsdurchfuehrung/ (Abrufdatum: 08.06.2015).
[137] IDW PH 9.100.1: Besonderheiten der Abschlussprüfung kleiner und mittelgroßer Unternehmen (Stand: 29.11.2006).
[138] Vgl. Tz 4 des Hinweises der WPK, Seite 4 ff.

Die Grundsätze
- Risikoorientierter Prüfungsansatz
- Ermittlung von Wesentlichkeitsgrenzen
- Prüfungsplanung in sachlicher, personeller und zeitlicher Hinsicht
- Prüfungshandlungen zur Erlangung angemessener und ausreichender Prüfungsnachweise
- Dokumentation
- Berichterstattung

werden – auch unter Anwendung der ISA – im Rahmen einer Prüfungsdurchführung als unverzichtbar angesehen[139]. Die **spezifischen Skalierungsaspekte**[140] beziehen sich konkret auf diese Grundsätze, mit Ausnahme der Berichterstattung.

Der risikoorientierte Prüfungsansatz führt stets zu einer Fokussierung auf die risikobehafteten Bereiche des Mandanten, während risikoarme Prüfungsgebiete weniger intensiv geprüft werden. Im Rahmen der Aufbauprüfung und durch Erkenntnisse über den Mandanten, das Unternehmensumfeld und das interne Kontrollsystem, oder IKS, erfolgt im ersten Schritt die Identifikation der potentiellen Fehlerrisiken. Mögliche Skalierungseffekte umfassen hier eine erleichterte Risikoidentifikation bei mehrjährigen Mandantenbeziehungen und die häufig einfachere Ausgestaltung des IKS. Zu betonen ist hier, dass eine fehlende IKS Dokumentation nicht unbedingt ein Prüfungshemmnis darstellt, besonders wichtige Elemente des IKS sind jedoch stets zu dokumentieren, ggf. durch den Abschlussprüfer.

Die identifizierten Fehlerrisiken werden hinsichtlich Auswirkung und Eintrittswahrscheinlichkeit gewürdigt und die Prüfungsstrategie wird dementsprechend festgelegt. Als Reaktion auf die beurteilten Fehlerrisiken erfolgen die Festlegung des Prüfungsprogramms und die Durchführung der Prüfungshandlungen.

Der Abschlussprüfer legt fest, ob Funktionsprüfungen, aussagebezogene Prüfungshandlungen oder eine Kombination dieser zielführend sind. Funktionsprüfungen müssen auch im Rahmen der Skalierung geplant und durchgeführt werden, falls sich der Abschlussprüfer auf die Wirksamkeit des IKS verlässt, oder aussagebezogene Prüfungshandlungen alleine keine ausreichenden geeigneten Prüfungsnachweise erbringen können, insbesondere bei automatisierten Routinetransaktionen.

---

[139] Vgl. Tz 2 des Hinweises der WPK, Seite 3.
[140] Vgl. Tz 6 des Hinweises der WPK, Seite 8 ff.

Eine Fokussierung auf übergeordnete Kontrollen kann erfolgen, ggf. auch aus Vorjahresprüfungen, sofern keine bedeutsamen Änderungen an der Kontrolle vorgenommen wurden. Für alle wesentlichen Arten von Geschäftsvorfällen, Kontensalden sowie Abschlussangaben müssen aussagebezogene Prüfungshandlungen geplant und durchgeführt werden.

„Dual-Purpose-Tests", d.h. die mehrfache Verwendung von Prüfungsaktivitäten, stellen mögliche Skalierungsmaßnahmen dar. Die Aufbauprüfung kann Prüfungsnachweise über die Wirksamkeit von internen Kontrollen erbringen. Auch die Beurteilung der zugrundeliegenden Risiken, der Konzeption und der Implementierung von rechnungslegungsrelevanten Kontrollen kann eine Prüfung ihrer Wirksamkeit darstellen und folglich als Funktionsprüfung bzw. Einzelfallprüfung dienen.

Der verstärkte Einsatz von analytischen Prüfungshandlungen kann weitere Arbeitserleichterung bringen und je nach Risiko können Einzelfallprüfungen entfallen.

Im Rahmen der Prüfungsstrategie wird zunächst die Gesamtwesentlichkeit für den Abschluss festgelegt, die den Umfang der Prüfungshandlungen beeinflusst. Skaliert, also Risiko- und komplexitätsbedingt, kann auch die Toleranzwesentlichkeit bzw. die sachverhaltsspezifische Wesentlichkeit als Ausgangspunkt für weitere Prüfungshandlungen zum reduzierten Umfang beitragen.

Die Skalierungsaspekte im Rahmen der Prüfungsplanung werden maßgeblich von der Erfahrung und Größe des Prüfungsteams und der Orientierung an Prüfungen der Vorjahre beeinflusst und umfassen u.a. die Anleitung und Überwachung der Teammitglieder sowie die Durchsicht ihrer Arbeit. Die Planung bei Ein-Mann-Prüfungen ist entsprechend einfach, die Einholung von fachlichem Rat bei Dritten kann jedoch angebracht sein.

Der Abschlussprüfer hat grundsätzlich seine Prüfungshandlungen so zu planen und durchzuführen, dass ausreichende und geeignete Prüfungsnachweise für das Prüfungsurteil erlangt werden. Im Rahmen der Skalierung wird betont, dass die Abschlussprüfung keine lückenlose Prüfung ist. Hinreichende – also ein hohes Maß aber keine absolute – Sicherheit muss darüber erlangt werden, ob der Abschluss als Ganzes frei von wesentlichen falschen Darstellungen ist.

Bei hohem Risiko können die Anzahl der Nachweise erhöht oder verlässlichere Nachweise eingeholt werden. Risikoarme Prüfgebiete können weniger intensiv geprüft werden, auch wenn sie gesondert geregelt sind, wie z.B. geschätzte Werte und die Fortführung der Unternehmenstätigkeit. Prüfungsnachweise aus Vorjahren können ggf. verwendet werden und in wenig strukturierten Prüfgebieten haben aussagebezogene Prüfungshandlungen und Befragungen eine große Bedeutung.

Die Prüfungsdokumentation soll eine ausreichende und geeignete Grundlage für den Bestätigungsvermerk darstellen. Weiter weist sie nach, dass die Prüfung in Übereinstimmung mit den Standards und einschlägigen rechtlichen Anforderungen geplant und durchgeführt wurde. Der Maßstab für Skalierungsmaßnahmen ist, dass die Dokumentation ausreicht, um einen erfahrenen auftragsfremden Prüfer in die Lage zu versetzen, Art und Umfang der Prüfungshandlungen, die Prüfungsnachweise, die Ergebnisse und die Schlussfolgerungen samt Beurteilungen in bedeutsamen Bereichen zu verstehen.

Es muss u.a. erkennbar sein, von wem, wann und in welchem Umfang die Prüfungsdokumentation durchgesehen wurde. Das bedeutet aber nicht, dass jedes einzelne Arbeitspapier abgezeichnet werden muss.

Zusammenfassend kann festgehalten werden, dass die in der Praxis seit langem eingesetzte skalierte Prüfungsdurchführung inzwischen auch in der Berufssatzung kodifiziert ist. Die Skalierung führt auf anderen Wegen zu qualitätsmäßig gleich hohen Prüfungsurteilen wie nicht-skalierte Prüfungen. Die Aussage „an audit is an audit" ist somit im Sinne von „an audit opinion is an audit opinion" zu verstehen.

Vielen Dank für Ihre Aufmerksamkeit.

Eva Romatzeck Wandt

1.7 Die Prüfung von Compliance Management Systemen

Sehr geehrte Kommission, meine Herren,

für meinen Vortrag habe ich das Thema „die Prüfung von Compliance Management Systemen" gewählt. Mein Thema habe ich wie folgt gegliedert: Zunächst gehe ich auf **Begriffe** und wesentliche **Grundlagen** für die Prüfung ein. Anschließend werden die wesentlichen Aspekte im **Prüfungsablauf** erläutert. Zum Schluss erhalten Sie einen kurzen kritischen **Ausblick**.

Was ist unter den Begriffen Compliance und Compliance Management System zu verstehen? Der **Begriff** Compliance stammt aus dem Englischen und umfasst die Einhaltung von gesetzlichen Bestimmungen und unternehmensinternen Richtlinien.[141]

Gesetze und andere verbindliche Regelungen mussten schon immer eingehalten werden. So gesehen ist Compliance nichts Neues und gehört grundsätzlich zu den Sorgfaltspflichten und Verantwortlichkeiten des Vorstands.[142] Die Anforderungen an Systematisierung und Dokumentation haben sich jedoch in den letzten Jahren verschärft und sind konkretisiert worden. Mit einem Compliance Management System können diese strengeren Anforderungen erfüllt werden.

Der Begriff Compliance ist nicht im Gesetz verankert, sondern im Deutschen Corporate Governance Kodex – kurz auch nur Kodex genannt. Der Kodex gilt primär für börsennotierte Gesellschaften, seine Anwendung wird jedoch auch für andere Unternehmen und Rechtsformen empfohlen.[143] Der Kodex besagt, dass der Vorstand für die Compliance zu sorgen hat und auf deren Beachtung hinwirkt.

Der Vorstand ist verpflichtet, den Aufsichtsrat oder – sofern eingerichtet – den Prüfungsausschuss[144] über die Compliance zu informieren[145]. Der Aufsichtsrat wiederum ist grundsätzlich verpflichtet, die Compliance zu überwachen.[146]

---

[141] Vgl. 4.1.3 DCGK.
[142] Vgl. §§ 76, 93 AktG, Ausstrahlungswirkung auf z.B. § 43 GmbHG.
[143] Vgl. Präambel des DCGK.
[144] Vgl. § 107 Abs. 3 Satz 2 AktG, §§ 324 i.V.m. 264d HGB.
[145] Vgl. 3.4 DCGK.
[146] Vgl. § 107 Abs. 3 AktG, 5.3.2 DCGK.

Unter einem Compliance Management System – oder CMS – sind die Grundsätze und Maßnahmen eines Unternehmens zu verstehen, die auf die Sicherstellung der Einhaltung von Gesetzen und Richtlinien abzielen.[147] Ein CMS bezieht sich in aller Regel auf abgegrenzte Teilbereiche, da alle Aspekte von Compliance in der gesamten Organisation kaum in einem einzelnen System erfasst werden können.

Bei Prüfungen von CMS handelt es sich um betriebswirtschaftliche Prüfungen, bei denen neben den allgemeinen Berufspflichten auch die besonderen Berufspflichten[148] nach der WPO, wie z.b. Unabhängigkeit, zu beachten sind. Ergänzend werden die Prüfungsgrundsätze für CMS im IDW Prüfungsstandard 980 konkretisiert, der im Rahmen der Prüfung als **Grundlage** heranzuziehen ist.

Da es sich nicht um einen gesetzlich geregelten Auftrag handelt, ist Gegenstand, Ziel und Umfang der Prüfung schriftlich zu vereinbaren.[149] Hierbei ist klarzustellen, dass die Verantwortung für das CMS und die Dokumentation bei dem Vorstand liegt, und dass der Prüfungsgegenstand die dokumentierten Aussagen über das CMS sind. Bedingungen wie z.B. Haftung und Honorar sind ebenfalls zu vereinbaren.

IDW PS 980 unterscheidet zwischen drei Prüfungszielen, die aufeinander aufbauen. Es handelt sich dabei stets um eine Systemprüfung und nicht um die tatsächliche Einhaltung von Regeln.[150] Gegenstand der Prüfung sind die in einer CMS-Beschreibung enthaltenen Aussagen über das CMS[151]. Ziel in der ersten Stufe ist die Konzeptionsprüfung, die eine Aussage mit hinreichender Sicherheit ermöglicht, ob die Dokumentation zur Konzeption angemessen ist.[152] Die zweite Stufe ist die Angemessenheitsprüfung. Diese zielt auf die zusätzliche Beurteilung ab, ob die Konzeption implementiert und auch geeignet ist, Risiken für wesentliche Regelverstöße rechtzeitig zu erkennen und diese zu verhindern.[153]

---

[147] Vgl. IDW PS 980 Grundsätze ordnungsmäßiger Prüfung von Compliance Management Systemen (Stand: 11.03.2011), Tz. 6.
[148] Vgl. §§ 43, 49, 57 WPO und BS WP/vBP.
[149] Vgl. IDW PS 980, Abschn. 3.
[150] Vgl. IDW PS 980, Tz. 30.
[151] Vgl. IDW PS 980, Tz. 12.
[152] Vgl. IDW PS 980, Tz. 19.
[153] Vgl. IDW PS 980, Tz. 17.

Die Ergebnisse dieser beiden ersten Stufen sind in erster Linie an die Unternehmensorgane gerichtet, die im Rahmen einer Einführung eines CMS eine unabhängige Beurteilung benötigen.[154]

Die Wirksamkeitsprüfung stellt die dritte und oberste Prüfungsstufe dar und setzt voraus, dass eine Konzeption vorhanden und dass diese auch für den vorgesehenen Zweck geeignet ist. Anhand ausreichender und angemessener Prüfungsnachweise kann beurteilt werden, dass das angemessen dokumentierte und geeignete CMS während des Prüfungszeitraums wirksam war.[155]

Im **Prüfungsablauf** sind die allgemeinen Grundsätze im Rahmen der Auftragsannahme[156] zu beachten. Hierzu gehört insbesondere die Beurteilung der Auftragsrisiken. Der Wirtschaftsprüfer hat grundlegende Informationen über das zu prüfende CMS, das zwingend dokumentiert sein muss, zu beschaffen und festzulegen, ob notwendige Fach- und Branchenkenntnisse für den Auftrag verfügbar sind. Die Prüfung ist dann in sachlicher, personeller und zeitlicher Hinsicht so zu planen, dass eine ordnungsgemäße Prüfungsdurchführung gewährleistet ist.[157]

Im Rahmen der Aufbauprüfung werden die Konzeption, die Angemessenheit und die Eignung des CMS in dem relevanten Teilbereich beurteilt. Die Konzeption muss alle Grundelemente eines CMS enthalten, die miteinander in Wechselwirkung stehen. Die konkrete Ausgestaltung der einzelnen Elemente ist jedoch unternehmensindividuell.[158]

Die Grundlage für das gesamte CMS ist die Compliance-Kultur, geprägt durch den sog. „tone at the top", d.h. die Einstellung und das Verhalten des Managements und des Aufsichtsorgans. Die Compliance-Kultur muss im Einklang mit den Unternehmens- und den Compliance-Zielen stehen. Nur wenn alle im Unternehmen in dieselbe Richtung arbeiten, können Ziele auch erreicht werden.

Aus den Compliance-Zielen werden die Compliance-Risiken abgeleitet. Welche Regelverstöße können eine Verfehlung der Compliance-Ziele zur Folge haben? Ein Verfahren zur systematischen Risikoerkennung, Risikoberichterstattung und -bewertung ist hier erforderlich.

---

[154] Vgl. IDW PS 980, Tz. 15.
[155] Vgl. IDW PS 980, Tz. 14.
[156] Vgl. IDW PS 980, Abschn. 5.2.
[157] Vgl. IDW PS 980, Abschn. 5.3.
[158] Vgl. IDW PS 980, Tz. 23.

Gegen Risiken, die erkannt worden sind, werden Maßnahmen im Rahmen eines Compliance-Programms definiert. Zur Umsetzung des Programms werden Rollen, Aufgaben sowie die Aufbau- und Ablauforganisation in der Compliance-Organisation definiert. Eine Konzeption in der Schublade kann keine Wirksamkeit entfalten. Wer seine Aufgaben nicht kennt, kann sie auch nicht erfüllen. Somit ist eine Compliance-Kommunikation erforderlich. Schließlich ist eine Compliance-Überwachung nötig, um die Wirksamkeit sicherstellen zu können und ggf. Verbesserungen des CMS zu erarbeiten.

Die anschließende Funktionsprüfung zielt zusätzlich darauf ab, ob die Grundsätze und Maßnahmen während des gesamten Prüfungszeitraums wirksam waren.[159]

Eine Vollständigkeitserklärung ist zeitnah zum Berichtsdatum einzuholen.[160] Der schriftliche Bericht enthält ein Prüfungsurteil über die Darstellung der konkretisierten Grundelemente des CMS.[161] Sollten wesentliche Schwächen festgestellt werden, besteht Berichtspflicht dem Aufsichtsorgan gegenüber.[162] Es handelt sich nicht um eine Vorbehaltsaufgabe. Es besteht somit keine Siegelpflicht.[163]

Zum Schluss nun ein **kritischer Ausblick**. Compliance gewinnt an Bedeutung, sowohl in Gesetzen als auch im beruflichen Alltag. Die Frage sei jedoch erlaubt, was ein Compliance Management System erreichen kann.

Die Antwort sollte in der Risikoanalyse gesucht werden. Ein CMS kann nur zur tatsächlichen Compliance beitragen, wenn die vollständigen und vor allem die zutreffenden Risiken abgedeckt werden.

Vielen Dank für Ihre Aufmerksamkeit.

Eva Romatzeck Wandt

---

[159] Vgl. IDW PS 980, Abschn. 5.4.2.
[160] Vgl. IDW PS 980, Tz. 55.
[161] Vgl. IDW PS 980, Tz. 67.
[162] Vgl. § 171 Abs. 1 Satz 2 AktG, 7.2.3 DCGK.
[163] Vgl. § 48 WPO.

1.8 Nahe stehende Unternehmen und Personen im Abschluss

Sehr geehrte Kommission,

für meinen Vortrag habe ich das Thema „nahe stehende Unternehmen und Personen im Abschluss" gewählt und habe meinen Vortrag wie folgt gegliedert: Zunächst gehe ich auf die **Bedeutung und den Begriff** der nahe stehenden Unternehmen und Personen im Abschuss ein. Anschließend werden die wesentlichen **gesetzlichen Grundlagen** im Handelsgesetzbuch sowie in den International Financial Reporting Standards erläutert. Danach werden die Regelungen aus dem **IDW Prüfungsstandard 255** besprochen und schließen werde ich meinen Vortrag mit einem kurzen **Fazit**.

Geschäfte mit nahe stehende Unternehmen und Personen haben aufgrund ihres innewohnenden Risikos stets eine besondere **Bedeutung** im Abschluss. Dazu gehört insbesondere die vollständige und zutreffende Erfassung von Geschäften mit allen nahe stehenden Unternehmen und Personen im Abschluss. Auch die Ernsthaftigkeit der Geschäfte und die zugrunde gelegten Konditionen, die anders ausgestaltet sein könnten als unter fremden Dritten[164], stellen Risiken dar.

Vereinfacht können „nahe stehende" als solche Unternehmen und Personen zusammengefasst werden, bei denen Unparteilichkeit und Neutralität der Vertragsparteien nicht eindeutig sichergestellt ist. Der **Begriff** „nahe stehende Unternehmen und Personen" ist im IAS 24 definiert.[165] Die Definition greift somit unmittelbar für den IFRS Abschluss. Nach herrschender Meinung ist der Begriff im IAS 24 auch für den Jahres- und Konzernabschluss nach HGB maßgeblich.[166]

Demnach sind nahe stehende Unternehmen alle Unternehmen einer Unternehmensgruppe sowie Gemeinschafts- und assoziierte Unternehmen. Auch Unternehmen unter gemeinschaftlicher Führung und Beteiligungen mit maßgeblichem Einfluss sind als nahe stehend definiert.

---

[164] Vgl. IDW PS 255 Beziehungen zu nahe stehenden Personen im Rahmen der Abschlussprüfung (Stand: 24.11.2010), Tz. 7.
[165] Vgl. IAS 24.9 ff.
[166] Vgl. IDW RS HFA 33 Anhangangaben nach §§ 285 Nr. 21, 314 Abs. 1 Nr. 13 HGB zu Geschäften mit nahe stehenden Unternehmen und Personen (Stand: 09.09.2010), Tz. 8.

Natürliche Personen oder nahe Familienangehörige sind dem Unternehmen nahe stehend, wenn sie dieses beherrschen können. Das kann durch eine Schlüssel- oder Managementposition erfolgen, durch gemeinschaftliche Führung oder durch maßgeblichen Einfluss.

Nach **HGB** sind nahe stehende Unternehmen und Personen sowohl im Jahres- als auch im Konzernabschluss relevant.

Zum einen hat ein gesonderter Ausweis von Anteilen, Ausleihungen, Forderungen gegen und Verbindlichkeiten gegenüber verbundenen Unternehmen sowie Unternehmen, mit denen ein Beteiligungsverhältnis besteht[167] und Gesellschaftern[168] in der Bilanz zu erfolgen. Zum anderen sind die Erträge und Aufwendungen aus den Geschäften mit nahe stehenden Unternehmen und Personen entsprechend in der GuV auszuweisen oder zu vermerken.[169]

Zusätzlich sind umfangreiche Angaben im Anhang und im Konzernhang erforderlich. Große Kapitalgesellschaften und mittelgroße Aktiengesellschaften[170] müssen zumindest Art und Wert der wesentlichen Geschäfte mit nahe stehenden Unternehmen und Personen angeben, sofern die Geschäfte nicht zu marktüblichen Bedingungen zustande gekommen sind.[171] Alternativ können alle wesentlichen Geschäfte mit nahe stehenden Unternehmen und Personen ohne Angaben zur Marktüblichkeit angegeben werden.[172] Ausgenommen sind Geschäfte mit und zwischen mittelbar oder unmittelbar in 100-prozentigem Anteilsbesitz stehenden und in einen Konzernabschluss einbezogenen Unternehmen, da die Geschäfte im Rahmen der Vollkonsolidierung eliminiert werden.

Maßgeblich ist die Beziehung der Vertragsparteien beim Vertragsabschluss. Weiter ist der Begriff „Geschäfte" weit auszulegen. Die Begriffsauslegung für den Abhängigkeitsbericht nach Aktienrecht kann auch für den HGB-Abschluss Anwendung finden.[173] Die Marktüblichkeit ist über einen Drittvergleich zu beurteilen.[174]

Wurden keine Geschäfte zu marktunüblichen Bedingungen getätigt, entfällt die Angabe im Anhang.

---

[167] Vgl. §§ 266, 265 Abs. 3 HGB.
[168] Vgl. § 264c Abs. 1 HGB, § 42 Abs. 3 GmbHG.
[169] Vgl. § 275 HGB.
[170] Vgl. §§ 285 Nr. 21 i.V.m. 267 Abs. 1, 288 Abs. 1 HGB, 267 Abs. 2, 288 Abs. 2 Satz 4 HGB.
[171] Vgl. §§ 285 Nr. 21, 314 Abs. 1 Nr. 13 HGB.
[172] Vgl. IDW RS HFA 33, Tz. 19 ff.
[173] Vgl. § 312 AktG, IDW RS HFA 33, Tz. 4.
[174] Vgl. IDW RS HFA 33, Tz. 11.

Für Mitglieder der Geschäftsführung und der Aufsichtsorgane sind die Gesamtbezüge – auch wenn sie nicht ausgezahlt wurden – sowie Bezugsrechte und sonstige aktienbasierte Vergütungen im Anhang anzugeben.[175] Als lex specialis haben diese Angaben Vorrang vor Geschäften im Allgemeinen, auch wenn die Schutzklausel[176] für die Organbezüge in Anspruch genommen wird.[177]

Für Einzel- und Konzernabschlüsse[178] nach **IFRS** werden die Angabepflichten in IAS 24 geregelt. Beziehungen zwischen Mutter- und Tochterunternehmen sind zusätzlich zu den Angabepflichten nach den entsprechenden IFRS anzugeben,[179] unabhängig davon, ob Geschäftsvorfälle zwischen ihnen stattgefunden haben.[180] Hat es Geschäfte gegeben, so sind Art und Höhe der Geschäfte anzugeben.[181] Öffentliche Stellen sind von den Angaben befreit[182].

Auch nach IFRS sind die Vergütungen der Mitglieder des Managements in Schlüsselpositionen anzugeben.[183]

Die Angabe, dass Geschäftsvorfälle mit nahe stehenden Unternehmen und Personen unter Bedingungen wie unter fremden Dritten abgewickelt wurden, ist nur zulässig, wenn dies nachgewiesen werden kann.[184]

Im **IDW PS 255** wird die Berufsauffassung zur Prüfung von Beziehungen und Geschäftsvorfälle mit nahe stehenden Unternehmen und Personen bei Abschlussprüfungen dargelegt.

Der Abschlussprüfer muss über Kenntnisse des Geschäftsumfeldes verfügen und hat das interne Kontrollsystem in Bezug auf nahe stehende Unternehmen und Personen zu beurteilen. Anhand angemessener und ausreichender Prüfungsnachweise ist die Angemessenheit und Wirksamkeit zu beurteilen, dass die vollständige und korrekte Erfassung der Geschäftsvorfälle sichergestellt ist. Die besonderen Risiken sind dabei zu beachten, wie z.B. dass Nachweisen von Dritten ein höherer Zuverlässigkeitsgrad beizumessen ist, dass Geschäftsvorfälle persönlich motiviert sein können, und dass Beziehungen nicht offengelegt werden.

---

[175] Vgl. §§ 285 Nr. 9, 314 Abs. 1 Nr. 6 HGB.
[176] Vgl. § 286 Abs. 4 HGB.
[177] Vgl. IDW RS HFA 33, Tz. 24.
[178] Vgl. IAS 24.3.
[179] Vgl. IAS 24.15 i.V.m. IAS 27, IFRS 12.
[180] Vgl. IAS 24.13.
[181] Vgl. IAS 24.18.
[182] Vgl. IAS 24.25.
[183] Vgl. IAS 24.17.
[184] Vgl. IAS 24.23.

Der Abschlussprüfer hat die gesetzlichen Vertreter und ggf. Aufsichtsorgane nach Beziehungen und Geschäftsvorfällen mit nahe stehenden Unternehmen und Personen zu befragen und die Informationen auszuwerten. Die Mitglieder des Prüfungsteams haben sich über die relevanten Informationen auszutauschen und auf ungewöhnlich erscheinende Geschäftsvorfälle zu achten. So können Hinweise auf zuvor nicht festgestellte Beziehungen oder Geschäftsvorfälle zu nahe stehenden Personen gewonnen werden, die grundsätzlich als bedeutsame Risiken zu behandeln sind.

Die Angemessenheit der Konditionen ist grundsätzlich nur auf Marktüblichkeit im Sinne der Anhangangaben zu prüfen,

Als **Fazit** ist festzuhalten, dass nahe stehende Unternehmen und Personen ein komplexes Thema im Abschluss darstellt, das umfangreiche aber unterschiedliche Angaben im HGB und IFRS Abschluss erfordert. Ziel beider Regelwerke ist es, die Transparenz für den Bilanzleser zu erhöhen.

Vielen Dank für Ihre Aufmerksamkeit.

Eva Romatzeck Wandt

1.9 Die Prüfung von latenten Steuern im Jahresabschluss

Guten Morgen, sehr geehrte Kommission,

für meinen Vortrag habe ich das Thema „die Prüfung von latenten Steuern im Jahresabschluss" gewählt. Meinen Vortrag habe ich wie folgt gegliedert: Zunächst gehe ich auf die **Prüfungsplanung** ein, im Anschluss werden die wesentlichen Aspekte der **Durchführung** der Prüfung und die Berichterstattung erläutert. Abschließend erhalten Sie einen kurzen **Ausblick**.

Durch latente Steuern soll die Steuerlast für das handelsrechtliche Periodenergebnis zutreffend ausgewiesen werden, um einen zutreffenden Einblick in die Vermögenslage zu ermöglichen.

Die latenten Steuern sind im § 274 HGB geregelt und stellen ein Prüffeld des Jahresabschlusses dar. Die **Prüfungsplanung** der latenten Steuern erfolgt nach den allgemeinen Grundsätzen zur Prüfungsplanung und -durchführung einer Abschlussprüfung.[185] Dabei ist eine risikoorientierte Prüfungsstrategie zu entwickeln, die den Ansatz der Prüfung sowie Art und Umfang der Prüfungshandlungen beschreibt. Das setzt voraus, dass der Prüfer über ausreichende Kenntnisse der Geschäftstätigkeit sowie des wirtschaftlichen, rechtlichen und steuerlichen Umfelds des Unternehmens verfügt.[186]

Große und mittelgroße[187] Kapitalgesellschaften sowie haftungsbeschränkte Personenhandelsgesellschaften[188] müssen latente Steuern im Jahresabschluss berücksichtigen. Ein Wahlrecht besteht für kleine und Kleinstkapitalgesellschaften[189] sowie für gleichgestellte Gesellschaften. Sofern die Erleichterung in Anspruch genommen wird, sind Verbindlichkeitsrückstellungen für passive latente Steuern anzusetzen, soweit die Voraussetzungen für die Bildung der Rückstellung erfüllt sind.[190]

---

[185] Vgl. IDW PS 240 Grundsätze der Planung von Abschlussprüfungen (Stand: 09.09.2010).
[186] Vgl. IDW PS 230 Kenntnisse über die Geschäftstätigkeit sowie das wirtschaftliche und rechtliche Umfeld des zu prüfenden Unternehmens im Rahmen der Abschlussprüfung (Stand: 08.12.2005).
[187] Vgl. § 267 Abs. 2, 3 HGB.
[188] Vgl. § 264a HGB.
[189] Vgl. §§ 267 Abs. 1, 267a i.V.m. 274a Abs. 5 HGB.
[190] Vgl. § 249 Abs. 1 Satz 1 HGB.

Die Prüfungsstrategie für das Prüffeld „latente Steuern" wird in einem Prüfungsprogramm umgesetzt, in dem die Prüfungsziele, die Art und der Umfang der konkreten Prüfungshandlungen festgelegt werden. Die Planung stellt die ordnungsgemäße Prüfung in sachlicher, personeller und zeitlicher Hinsicht sicher. Dabei ist zu beachten, dass die Prüfer über sehr gute Kenntnisse sowohl im Handelsrecht als auch im Steuerrecht verfügen müssen.

Die **Prüfungsdurchführung** erstreckt sich auf alle Bestandteile des Jahresabschlusses, also auf die Bilanz, die Gewinn- und Verlustrechnung sowie den Anhang. Ausführungen im Lagebericht sind nur in Ausnahmefällen prüfungsrelevant.

Die Prüfung des Bilanzansatzes umfasst zunächst, dass das bilanzorientierte temporary concept umgesetzt worden ist. Das temporary concept besagt grundsätzlich, dass latente Steuern zu berücksichtigen sind, wenn die Wertansätze in der Handelsbilanz von den steuerlichen Werten differieren und diese Differenzen voraussichtlich im Zeitablauf abgebaut werden.[191] Dabei ist es unerheblich, ob die Differenzen ergebnisneutral entstanden sind oder ob der Abbau von einer unternehmerischen Disposition – die sog. quasi-permanenten Differenzen – abhängt. Nur bei Rückstellungen für passive latente Steuern muss der Abbau der Differenzen zum Abschlussstichtag absehbar sein.

Die Differenzen sind anhand ausreichender und angemessener Nachweise zu prüfen.[192] Der Aufbau und die Funktion der internen Kontrollen in Bezug auf die Vollständigkeit und die Ermittlung der Differenzen sind zu beurteilen. Konkret ist z.B. zu prüfen, wie steuerlich relevante externe und interne Faktoren identifiziert und analysiert werden, wie außerbilanzielle Positionen in die steuerlichen Werte einfließen, wie die Datenselektion aus der Finanzbuchhaltung und aus den steuerlichen Daten erfolgt, wie die Daten in die Kalkulation der Differenzen fließen und wie die Kalkulation aufgebaut ist.

Im Anschluss erfolgen aussagebezogene Prüfungshandlungen, die in aller Regel analytische Prüfungshandlungen umfassen, wie z.B. Plausibilisieren der Auswirkungen von Gesetzesänderungen sowie Einzelfallprüfungen der jeweiligen Differenzen.

---

[191] Vgl. § 274 Abs. 1 Satz 1 HGB.
[192] Vgl. IDW PS 300 Prüfungsnachweise im Rahmen der Abschlussprüfung (Stand: 10.07.2014).

Alle Differenzen und zusätzlich alle steuerlichen Verlustvorträge[193] sind im ersten Schritt zu betrachten. Eine sich daraus insgesamt ergebende Steuerlatenz, d.h. ein verbleibender Aktiv- oder Passivüberhang, ist grundsätzlich in der Bilanz anzusetzen. Für einen passiven Überhang besteht Ansatzpflicht[194] im Jahresabschluss und für einen aktiven Überhang Ansatzwahlrecht[195].

Werden aktive latente Steuern in der Bilanz angesetzt, ist in einem zweiten Schritt zu prüfen, ob angesetzte Verlustvorträge voraussichtlich in den nächsten fünf Jahren genutzt werden können.[196] Als Nachweis sind die Unternehmensplanung und die darauf aufbauende steuerliche Planungsrechnung heranzuziehen. Weiter ist zu prüfen, ob die Ausschüttungssperre[197] beachtet worden ist.

Werden latente Steuern aufgelöst, ist zu prüfen, ob die Steuerbe- oder entlastung eingetreten oder mit ihr nicht mehr zu rechnen ist.[198]

Die Bewertung der latenten Steuern erfolgt mit den unternehmensindividuellen Steuersätzen im Zeitpunkt des Abbaus der Differenzen, eine Abzinsung erfolgt nicht.[199] Geänderte Steuersätze sind zu berücksichtigen, sobald der Bundestag die Änderung verabschiedet hat.[200]

Rückstellungen für passive latente Steuern sind nach den allgemeinen Vorschriften zu bewerten, allerdings sind sie nicht abzuzinsen.

Der Ausweis erfolgt in jeweils gesonderten Bilanzpositionen.[201] Ein Nettoausweis ist grundsätzlich vorgesehen, die passiven und aktiven latenten Steuern können auch unverrechnet ausgewiesen werden.[202] Rückstellungen für passive latente Steuern werden unter der Position Steuerrückstellungen ausgewiesen.

Die Prüfung der GuV umfasst die korrekte Erfassung der Veränderung bilanzierter latenter Steuern. Der Aufwand oder Ertrag ist gesondert unter dem Posten „Steuern vom Einkommen und vom Ertrag" auszuweisen.[203]

---

[193] Vgl. u.a. DRS 18 – Latente Steuern, Verabschiedung durch DSR am 08.06.2010. Bekanntmachung der deutschsprachigen Fassung gem. § 342 Abs. 2 HGB durch das BMJ am 03.09.2010, Anhang Tz. A5 ff.
[194] Vgl. § 274 Abs. 1 Satz 1 HGB.
[195] Vgl. § 274 Abs. 1 Satz 2 HGB.
[196] Vgl. § 274 Abs. 1 Satz 4 HGB, DRS 18, Anhang Tz. A5 ff.
[197] Vgl. § 268 Abs. 8 HGB.
[198] Vgl. § 274 Abs. 2 Satz 2 HGB.
[199] Vgl. § 274 Abs. 2 HGB.
[200] Vgl. DRS 18, Tz. 46.
[201] Passiv: § 266 Abs. 3 E. HGB, aktiv: § 266 Abs. 2 D. HGB.
[202] Vgl. § 274 Abs. 1 Satz 3 HGB.
[203] Vgl. § 274 Abs. 2 Satz 3 HGB.

Im Anhang ist die zutreffende Darstellung der angewandten Bilanzierungs- und Bewertungsmethoden zu prüfen.[204] Ausschüttungsgesperrte Beträge aufgrund eines ausgewiesenen Überhangs von aktiven latenten Steuern sind angabepflichtig.[205] Große Kapitalgesellschaften und haftungsbeschränkte Personenhandelsgesellschaften müssen angeben, auf welchen Differenzen oder steuerlichen Verlustvorträgen die latenten Steuern beruhen und mit welchen Steuersätzen die Bewertung erfolgt ist.[206]

Im Rahmen der Berichterstattung ergeben sich keine Besonderheiten für das Prüffeld „latente Steuern". Insbesondere die Redepflicht kann zu beachten sein, sofern Unrichtigkeiten oder Verstöße gegen steuerliche oder andere gesetzliche Vorschriften festgestellt werden.[207]

Als **Ausblick** ist festzuhalten, dass „latente Steuern" ein komplexes Prüffeld darstellen. Durch die Abschaffung der umgekehrten Maßgeblichkeit wurde die Steuerbilanz weiter von der Handelsbilanz abgekoppelt und latente Steuern haben seitdem eine erhebliche Bedeutung.

Viele größere Unternehmen werden die latenten Steuern mit Excel-Tabellen nicht dauerhaft bewältigen können. Sie werden eine Steuerbuchhaltung einführen müssen, die eine neue Herausforderung für Prüfer und Geprüfte darstellt.

Vielen Dank für Ihre Aufmerksamkeit.

Eva Romatzeck Wandt

---

[204] Vgl. § 284 Abs. 2 Nr. 1 HGB.
[205] Vgl. § 285 Nr. 28 HGB.
[206] Vgl. §§ 285 Nr. 29 i.V.m. 288 Abs.1, Abs. 2 Satz 1 HGB.
[207] Vgl. § 321 Abs. 1 Satz 3 HGB.

1.10 Zusammenarbeit des Abschlussprüfers mit dem Aufsichtsrat

Sehr geehrte Kommission,

für meinen Vortrag habe ich das Thema „Zusammenarbeit des Abschlussprüfers mit dem Aufsichtsrat" gewählt. Das Thema habe ich wie folgt gegliedert: Zunächst werden die wesentlichen Grundlagen der Zusammenarbeit aus dem **Aktiengesetz und ergänzende Regelungen im Deutschen Corporate Governance Kodex** – im Folgenden kurz Kodex – dargestellt. Anschließend werden relevante **Regelungen aus dem Handelsgesetzbuch** sowie wesentliche Punkte aus dem **IDW Prüfungsstandard 470** erläutert. Zum Abschluss erhalten Sie einen kurzen **Ausblick**.

Die Zusammenarbeit zwischen Abschlussprüfer und Aufsichtsrat ist vor allem im **Aktiengesetz und ergänzend im Kodex** geregelt. Viele angesprochene Regelungen greifen primär für börsennotierte[208] Gesellschaften, insbesondere aus dem Kodex. Durch die Ausstrahlungswirkung der Regelwerke gelten sie auch analog für andere Aktiengesellschaften und auch für fakultative Aufsichtsräte von Gesellschaften mit beschränkter Haftung.

Eine der grundlegenden Aufgaben des Aufsichtsrates ist gem. § 111 AktG die Überwachung des Vorstandes. Der Aufsichtsrat oder ein beauftragter Sachverständiger kann Bücher und Bestände der Gesellschaft einsehen und prüfen. Der Aufsichtsrat erteilt auch dem Abschlussprüfer den Prüfungsauftrag für den Abschluss, sowohl für den Jahres- als auch für den Konzernabschluss[209], sofern eine Aufstellungspflicht besteht. Der Abschlussprüfer unterstützt somit den Aufsichtsrat in seiner wichtigen Überwachungsfunktion[210] und ist in seinem Auftrag tätig.

Der Aufsichtsrat kann gem. § 107 AktG einen Prüfungsausschuss bestellen, in dem mindestens ein unabhängiges Mitglied über Sachverstand auf den Gebieten der Rechnungslegung oder Abschlussprüfung verfügt.[211]

---

[208] Vgl. § 264d HGB.
[209] Vgl. § 111 Abs. 2 AktG, 7.2.2 DCGK.
[210] Vgl. IDW PS 470 Grundsätze für die Kommunikation des Abschlussprüfers mit dem Aufsichtsorgan (Stand: 01.03.2012), Tz. 2.
[211] Vgl. §§ 107 Abs. 3, 4 i.V.m. 100 Abs. 5 AktG.

Der Prüfungsausschuss befasst sich mit dem Rechnungslegungsprozess und mit den unternehmensinternen Überwachungssystemen, d.h. Systemen der internen Kontrollen, des Risikomanagements und der internen Revision. Zu beachten ist allerdings, dass keine abschließende Aussage zur Wirksamkeit der Überwachungssysteme getroffen werden muss, anders als nach dem US-amerikanischen Sarbanes-Oxley-Act.

Der Prüfungsausschuss soll sich zudem mit der Abschlussprüfung, mit zusätzlich erbrachten Leistungen und der Unabhängigkeit des Abschlussprüfers[212] befassen. Der Kodex ergänzt die im AktG kodifizierten Aufgaben des Prüfungsausschusses. Nach dem Kodex soll er sich – falls kein anderer Ausschuss damit betraut ist – mit der Compliance sowie mit der Bestimmung von Prüfungsschwerpunkten und der Honorarvereinbarung[213] mit dem Abschlussprüfer befassen.

Der Aufsichtsrat bzw. der Prüfungsausschuss schlägt der Hauptversammlung den Abschlussprüfer vor.[214] Der Kodex sieht vor, dass eine Erklärung zur Unabhängigkeit des Prüfers vorher eingeholt wird.[215] Weiter soll vereinbart werden, dass über auftretende mögliche Ausschluss- oder Befangenheitsgründe unverzüglich berichtet oder diese beseitigt werden.[216]

Der Abschlussprüfer hat über alle für den Aufsichtsrat wesentlichen Feststellungen und Vorkommnisse im Rahmen seiner Prüfung zu berichten[217] und nimmt an den Bilanzsitzungen des Aufsichtsrats oder des Prüfungsausschusses teil[218]. Insbesondere hat der Prüfer über wesentliche Schwächen des rechnungslegungsrelevanten internen Kontrollsystems und des Risikomanagementsystems zu berichten, die im Rahmen der Abschlussprüfung und der Prüfung des Lageberichts[219] festgestellt werden. Sollte der Abschlussprüfer Unrichtigkeiten in der vom Vorstand und Aufsichtsrat abgegebenen Entsprechenserklärung zum Kodex feststellen, besteht Redepflicht.[220]

---

[212] Vgl. § 107 Abs. 3 AktG.
[213] Vgl. 5.3.2, 7.2.2 DCGK.
[214] Vgl. § 124 Abs. 3 Satz 2 AktG.
[215] Vgl. 7.2.1. DCGK.
[216] Vgl. § 171 AktG, 7.2.1. DCGK.
[217] Vgl. 7.2.3. DCGK.
[218] Vgl. § 171 Abs. 1 AktG, 7.2.4. DCGK.
[219] Vgl. §§ 289 Abs. 5, 315 Abs. 2 Nr. 5 HGB.
[220] Vgl. 7.2.3 DCGK.

Die Prüfungspflicht des Aufsichtsrates ist im § 171 AktG verankert. Er hat den Abschluss samt Lagebericht und den Gewinnverwendungsvorschlag zu prüfen[221] und wird dabei wesentliche Ergebnisse des Abschlussprüfers berücksichtigen. Diese Prüfung kann nicht an einen Prüfungsausschuss übertragen werden, sondern verbleibt beim Aufsichtsrat.[222]

Im **HGB** ist korrespondierend geregelt, dass der Aufsichtsrat – sofern vorhanden – den Prüfungsauftrag erteilt.[223] Sollte eine kapitalmarktorientierte Kapitalgesellschaft ausnahmsweise keinen entsprechenden Aufsichtsrat haben, besteht nach HGB[224] die Verpflichtung, einen Prüfungsausschuss einzurichten, der sich mit den beschriebenen Aufgaben befasst.

Der Abschlussprüfer hat an den Aufsichtsrat zu berichten und seine Unabhängigkeit im Prüfungsbericht zu bestätigen.[225]

Weiter hat der Abschlussprüfer zu prüfen, dass die Entsprechenserklärung zum Kodex nach § 161 AktG abgegeben und wo sie veröffentlicht wurde.[226] Der Inhalt der Entsprechenserklärung ist nicht in die Prüfung einzubeziehen[227]. Sollte er jedoch Unrichtigkeiten in der Entsprechenserklärung feststellen, besteht ebenfalls nach HGB Redepflicht.[228]

Weitere Grundlagen für die Zusammenarbeit sind in **IDW PS 470** dargelegt. Viele bereits erwähnte Regelungen werden hier aufgegriffen und erläutert. Zusätzlich wird die Bedeutung der laufenden und wechselseitigen Kommunikation zwischen Abschlussprüfer und Aufsichtsrat sowie die Berichterstattung in vielen weiteren Prüfungsstandards betont.

IDW PS 470 stellt klar, dass der Abschlussprüfer den Aufsichtsrat in angemessener Zeit über bedeutsame rechnungslegungsrelevante Beobachtungen im Rahmen der Prüfung informiert. Andererseits soll der Abschlussprüfer auch prüfungsrelevante Informationen vom Aufsichtsrat erlangen.[229]

---

[221] Vgl. § 171 Abs. 1 AktG, 7.1.2 DCGK.
[222] Vgl. §§ 107 Abs. 3 Satz 3 i.V.m. 171 Abs. 1 AktG.
[223] Vgl. § 318 Abs. 1 HGB.
[224] Vgl. § 324 HGB.
[225] Vgl. § 321 Abs. 4a, 5 HGB.
[226] Vgl. §§ 285 Nr. 16, 314 Abs. 1 Nr. 8 HGB.
[227] Vgl. §§ 317 Abs. 2 Satz 3 i.V.m. 289a HGB.
[228] Vgl. § 321 Abs. 1 Satz 3 HGB.
[229] Vgl. IDW PS 470, Tz. 1 ff.

Der Prüfungsbericht[230] ist das zentrale Element der Berichterstattung. Eine mündliche Kommunikation kann den Bericht nicht ersetzen und darf auch nicht in Widerspruch zum Prüfungsbericht stehen.[231]

Als **Ausblick** kann festgehalten werden, dass die Zusammenarbeit und Kommunikation zwischen Abschlussprüfer und Aufsichtsrat sicherlich weiter an Bedeutung gewinnen wird. Die bisherige Entwicklung ist durch den Kodex, durch Änderungen im HGB und im Aktiengesetz sowie in zahlreichen IDW Prüfungsstandards deutlich erkennbar. Auch die Änderungen durch EU-Regelungen stärken die Position des Aufsichtsrates als Auftraggeber des Abschlussprüfers, die eine weiterhin gute und vertrauensvolle Zusammenarbeit erfordert.

Vielen Dank für Ihre Aufmerksamkeit.

Eva Romatzeck Wandt

---

[230] Vgl. § 321 HGB.
[231] Vgl. IDW PS 470, Tz. 9.

1.11 Die Due Diligence-Prüfung

Sehr geehrte Kommission,

für meinen Vortrag habe ich das Thema „die Due Diligence-Prüfung" gewählt. Meinen Vortrag habe ich wie folgt gegliedert: Zunächst gehe ich auf den **Begriff** Due Diligence ein. Im Anschluss werden die häufigsten **Anlässe und der Zweck** erläutert sowie die wesentlichen **Arten** von Due Diligence. Abschließend wird dann der typische **Ablauf** in aller Kürze dargestellt und ich schließe mit einem kurzen **Fazit**.

Der **Begriff** Due Diligence stammt aus dem Englischen und bedeutet „mit der nötigen Sorgfalt". Ursprünglich wurde der Begriff für Prüfer in den USA verwendet. Durch den Nachweis, dass Prüfungen mit der nötigen Sorgfalt durchgeführt wurden, konnten die Prüfer Haftungsfälle vermeiden.

Inzwischen ist es ein stehender Begriff für sorgfältige Prüfungen. Der Begriff ist aber von den Sorgfaltspflichten bei Abschlussprüfungen abzugrenzen. Due Diligence Prüfungen sind sorgfältige Untersuchungen von Zielunternehmen im Rahmen der Vorbereitung und Durchführung einer Transaktion, um die wesentlichen Einflussfaktoren für die Transaktion in Frage aufzuzeigen und zu analysieren. [232].

Der Begriff ist nicht nur von Abschlussprüfungen abzugrenzen, sondern auch von anderen Tätigkeiten eines Wirtschaftsprüfers, die durchaus Überschneidungen aufweisen können. Es handelt sich weder um Unternehmensbewertungen noch um Fairness Opinions. Es liegt auch keine Prüfung der Fortführungsprognose[233] im Rahmen der Abschlussprüfung vor und auch keine Prüfung der Fortbestehensprognose[234] im insolvenzrechtlichen Sinne.

Der **Anlass** einer Due Diligence ist in aller Regel eine Unternehmenstransaktion. Es kann sich beispielsweise um einen Unternehmenskauf, eine Fusion oder auch um Umwandlungen oder Squeeze Out mit Abfindung handeln. Auch im Rahmen von Börsengängen wird eine Due Diligence regelmäßig durchgeführt.

---

[232] Vgl. WP Handbuch 2014, Band II, Kapitel D.
[233] Vgl. § 252 Abs. 1 Nr. 2 HGB, IDW PS 270 Die Beurteilung der Fortführung der Unternehmenstätigkeit im Rahmen der Abschlussprüfung (Stand: 09.09.2010).
[234] Vgl. § 19 Abs. 2 InsO.

Der übergreifende **Zweck** der Due Diligence-Prüfung ist die Bestimmung und bzw. oder Bestätigung des Transaktionspreises. Um diesen Zweck zu erreichen, lassen sich drei Ziele zusammenfassen:

Die asymmetrische Informationsverteilung zwischen den Parteien der Unternehmenstransaktion soll zum einen abgebaut werden. Die Partei mit weniger Information erhält Zugang zu umfangreichen und auch internen, sonst nicht zugänglichen Informationen.

Die Chancen und Risiken der geplanten Unternehmenstransaktion sollen zum anderen möglichst transparent werden, da sie in den Kaufpreis- und anderen Vertragsverhandlungen eine wesentliche Rolle spielen.

Die Due Diligence dient als drittes Ziel auch der Dokumentation und Beweissicherung, um die rechtlichen Positionen der Parteien in einem eventuellen Rechtsstreit zu sichern.

Es gibt verschiedene **Arten** von Due Diligence-Prüfungen. Wesentlich sind juristische Analysen, auch Legal Due Diligence genannt, die sowohl die rechtliche Situation des Unternehmens als auch den Vertrag zur Transaktion selbst umfassen können. Auch zu Themenkreisen wie Technik und – mit zunehmender Bedeutung – Umwelt werden Technical und Environmental Due Diligence durchgeführt.

Wirtschaftsprüfer können grundsätzlich bei allen Arten von Due Diligence beratend, begleitend oder als Schiedsgutachter tätig sein. Der Schwerpunkt liegt jedoch eindeutig bei den Financial, Tax und Commercial Due Diligence-Prüfungen. Im Rahmen dieser Art von Aufträgen werden Daten und Informationen zur Rechnungslegung, zu Abschlüssen und Planzahlen analysiert und ggf. auf Plausibilität beurteilt. Steuerliche Gestaltungsmöglichkeiten und Risiken werden betrachtet. Auch das Geschäftsmodell und die strategische Ausrichtung gehören zu den typischen Aufträgen.

Der Inhalt und Umfang einer Due Diligence-Prüfung ist nicht gesetzlich geregelt und sollte möglichst genau definiert und im Auftragsschreiben vereinbart werden. Nur im Vorfeld definierte Informationsbedürfnisse können zu entscheidungsrelevanten Analysen in der begrenzten zur Verfügung stehenden Zeit führen.

Die Haftung sollte individuell vereinbart werden[235], da der Wirtschaftsprüfer sonst unbeschränkt haftet. Besondere Haftungsrisiken ergeben sich häufig aus einer zu erwartenden Weitergabe der Ergebnisse aus der Due Diligence an weitere Stakeholder sowie aus der Verwertung der Ergebnisse Dritter. Dritte untersuchen dabei in der Regel bestimmte Fragestellungen mit unerlässlichem Spezialwissen in der vorgegebenen Zeit.

---

[235] Vgl. § 54a Abs. 1 Nr. 1 WPO.

Die typische Perspektive ist die Buyer Due Diligence, bei der ein potentieller Käufer die Due Diligence durchführt. Andere Perspektiven sind jedoch auch von Bedeutung. In Fällen mit vielen potentiellen Interessenten kommen zum Beispiel Vendor Due Diligence vor. Der Verkäufer führt dann die Due Diligence durch und stellt den Interessenten die Ergebnisse zur Verfügung. Nach diesem ersten Überblick können vertiefende Analysen im Laufe der weiterführenden Verhandlungen erfolgen.

Der **Ablauf** einer Due Diligence umfasst in der Regel zunächst eine Absichtserklärung, einen Letter of Intent, in dem Interessenten identifiziert und die verfügbaren Informationen definiert werden sowie eine Geheimhaltung vereinbart wird.

Die Informationen werden jedem Interessenten in einem virtuellen oder physischen Raum, im sog. Data Room, für eine begrenzte Zeit bereitgestellt. Im Data Room findet in aller Regel die Kerntätigkeit der Due Diligence statt; die meisten Analysen und ein Großteil der übrigen Arbeiten erfolgen hier.

Nach diesen ersten Analysen wird eine Short List mit den Interessenten erstellt, die ernsthaft für die Unternehmenstransaktion in Frage kommen. Denen werden zusätzliche, teilweise auch individuell zugeschnittene Informationen, zur Verfügung gestellt, die weitergehende Analysen ermöglichen.

Nach der Abgabe von verbindlichen Angeboten und anschließenden Verhandlungen kommt es im Idealfall zum Vertragsabschluss, zum Signing. In der Phase nach dem Signing kann die Due Diligence auch die Einhaltung der vertraglichen Vereinbarungen umfassen.

Die Due Diligence kann ergänzt und durch Analysen im Rahmen der Umsetzung der Unternehmenstransaktion abgeschlossen werden.

Als **Fazit** ist festzuhalten, dass eine Due Diligence im Rahmen von Unternehmenstransaktionen in der Praxis unerlässlich ist. Zum einen ist es eine Möglichkeit, einen angemessenen Preis zu finden. Zum anderen ist es in Anbetracht eines Risikomanagements sicherlich als fahrlässig zu betrachten, wenn auf eine Due Diligence verzichtet wird.

Vielen Dank für Ihre Aufmerksamkeit.

Eva Romatzeck Wandt

1.12 Netzwerke im Handelsgesetzbuch

Guten Tag, sehr geehrte Kommission,

für meinen Vortrag habe ich das Thema „Netzwerke im Handelsgesetzbuch" gewählt und habe den Vortrag wie folgt gegliedert: Einleitend gehe ich auf die **Grundlagen** zu Netzwerken gem. HGB ein, um dann die **Netzwerkkriterien** zu erläutern. Im Anschluss werden wesentliche **berufsrechtliche Konsequenzen** einer Netzwerkmitgliedschaft dargestellt und ich schließe meinen Vortrag mit einem kurzen **Fazit**.

Die ursprüngliche **Grundlage** für Netzwerke nach dem deutschen Handelsrecht ist die sog. Abschlussprüferrichtlinie[236]. Sie beschreibt das Netzwerk als eine breitere Struktur, die auf Kooperation nach mindestens einem der dort definierten Kriterien ausgerichtet ist.

Die Umsetzung in nationales Recht ist im § 319b HGB erfolgt. Nach dem Gesetzeswortlaut liegt ein Netzwerk dann vor, wenn Personen bei ihrer Berufsausübung zur Verfolgung gemeinsamer wirtschaftlicher Interessen für eine gewisse Dauer zusammenwirken. Die Definition nach HGB ist im Vergleich zu den EU-Vorgaben gestrafft und wesentlich allgemeingültiger formuliert.

Vorschriften zur Unabhängigkeit des Abschlussprüfers werden durch § 319b HGB auf das gesamte Netzwerk samt nahe stehenden Personen[237] übertragen.

Wenn widerlegbare Tatbestände aus den grundsätzlichen Regelungen zur Unabhängigkeit nach § 319 HGB als erfüllt anzusehen sind, d.h. es besteht Besorgnis der Befangenheit[238], es liegen wesentliche finanzielle Interessen vor[239], bestimmte Funktionen in dem zu prüfenden Unternehmen werden übernommen[240] oder befangene Personen werden bei der Prüfung eingesetzt[241], sind die Prüfer bzw. Prüfungsgesellschaften in einem Netzwerk von der Abschlussprüfung ausgeschlossen.

---

[236] Vgl. Art. 2 Nr. 7 der 8. EU-Richtlinie.
[237] Vgl. §§ 319 Abs. 3 Satz 2, 319 Abs. 4 HGB.
[238] Vgl. § 319 Abs. 2 HGB.
[239] Vgl. § 319 Abs. 3 Satz 1 Nr. 1 HGB.
[240] Vgl. § 319 Abs. 3 Satz 1 Nr. 2 HGB.
[241] Vgl. § 319 Abs. 3 Satz 1 Nr. 4 HGB.

Es besteht in diesen Fällen die Möglichkeit der Entlastung, sofern das betroffene Netzwerkmitglied das Prüfungsergebnis nicht beeinflussen kann[242].

In drei Fällen geht der Gesetzgeber jedoch von absoluten Ausschlusstatbeständen aus, da sich bestimmte Beratungs- bzw. Bewertungsleistungen stets auf den Jahresabschluss auswirken. Eine unwiderlegbare Besorgnis der Befangenheit innerhalb des Netzwerks liegt in den Fällen vor. Es handelt sich dabei um Tätigkeiten, die über die Abschlussprüfung hinausgehen[243], um die Erbringung von Rechts- oder Steuerberatungsleistungen[244] sowie die Mitarbeit bei der Entwicklung, Einrichtung und Einführung von Rechnungslegungsinformationssystemen[245], sofern diese Tätigkeiten nicht unwesentlich oder von untergeordneter Bedeutung sind.

Die **Netzwerkkriterien** sind in der Abschlussprüferrichtlinie definiert und umfassen z.b. das eindeutige Abzielen auf Gewinn- oder Kostenteilung oder gemeinsames Eigentum, eine gemeinsame Geschäftsführung bzw. Geschäftsstrategie oder gemeinsame fachliche Ressourcen sowie Qualitätssicherungsmaßnahmen und -verfahren.

Ein wesentliches Kriterium ist der Außenauftritt von zwei oder mehr Gesellschaften unter Verwendung einer gemeinsamen Marke oder eines gemeinsamen Logo. Die Vermutung eines vorhandenen Netzwerks liegt dann auf der Hand, sie kann jedoch widerlegbar sein[246].

Eine gemeinsame Marke ist immer dann gegeben, wenn ein prägender Namensbestandteil in der Firmierung der Mitglieder enthalten ist. In dem Fall liegt stets ein Netzwerk vor, eine Widerlegung dieser Vermutung ist nicht möglich.

Ein gemeinsames Logo kann ebenfalls eine Marke sein, es sei denn, es wird eindeutig klargestellt, dass kein prüfungsrelevantes Netzwerk vorliegt, sondern z.B. eine Mitgliedschaft in einem Verein wie IDW oder in einem Berufsverband wie z.B. wp.net.

---

[242] Vgl. § 319b Abs. 1, letzter Halbsatz HGB.
[243] Vgl. § 319 Abs. 3 Satz 1 Nr. 3 HGB.
[244] Vgl. § 319a Abs. 1 Satz 1 Nr. 2 HGB.
[245] Vgl. § 319a Abs. 1 Satz 1 Nr. 3 HGB.
[246] Vgl. auch WPK Magazin 4/2010, Seite 44 ff.

Das Vorliegen eines Netzwerks richtet sich nach der Art und Dauer des Zusammenschlusses und es kommt auf das Verfolgen von gleichgerichteten wirtschaftlichen Interessen durch ein bewusstes oder gewolltes Zusammenwirken über eine bestimmte Zeitdauer an. Dabei spielt die rechtliche Ausgestaltung des Netzwerks keine Rolle. Erfolgt das Zusammenwirken nur einmalig oder gelegentlich, gilt die Netzwerkdefinition nicht als erfüllt.

Eine Netzwerkmitgliedschaft bringt mehrere **berufsrechtliche Konsequenzen** mit sich[247].

Formal ist die Eintragung in das Berufsregister bei der Wirtschaftsprüferkammer Pflicht für Prüfungsgesellschaften, unabhängig von der Größe des Netzwerkes. Die Angabe ist freiwillig für Wirtschaftsprüfer in eigener Praxis[248]. Ob dadurch die gewünschte Transparenz erreicht wird, sei dahingestellt. Im Rahmen der Transparenzberichterstattung nach § 55c WPO[249] sind hingegen die organisatorischen und rechtlichen Strukturen aller Netzwerke zu beschreiben.

Die materiell-rechtlichen Konsequenzen sind sicherlich von größerer Bedeutung. Im Wesentlichen sind mögliche Ausschlussgründe aus Unabhängigkeits- und Befangenheitsregeln bei der Auftragsannahme und -abwicklung zu beachten. Weiter ergeben sich Auswirkungen auf das Qualitätssicherungssystem. Im Grunde ist die Problematik nicht neu und die Berufspflichten finden auch hier Anwendung, § 319b HGB konkretisiert jedoch die Pflicht, auch Netzwerksmitglieder zu berücksichtigen.

Das HGB differenziert zwischen absoluten und widerlegbaren Ausschlusstatbeständen, die im jeweiligen Einzelfall festgestellt werden müssen. Unter Einflussnahme auf das Prüfungsergebnis bei widerlegbaren Tatbeständen ist sowohl rechtlicher als auch faktischer Einfluss zu verstehen. Von einer rechtlichen Einflussmöglichkeit ist immer dann auszugehen, wenn ein Netzwerkmitglied gesetzlich oder vertraglich befugt ist, Weisungen in Bezug auf die Prüfungstätigkeit zu erteilen. Eine faktische Einflussmöglichkeit kann aufgrund besonderer Gründe bestehen.

---

[247] Vgl. auch WPK Magazin 3/2014, Seite 29 ff.
[248] Vgl. § 38 Nr. 2 Buchstabe c) WPO.
[249] Vgl. § 55c Abs. 1 Nr. 2 WPO.

Im Rahmen des Qualitätssicherungssystems ist sicherzustellen, dass Gesetze und das Berufsrecht in der gegebenen Konstellation eingehalten werden. In einem Netzwerk findet zwangsläufig einen Informationsaustausch statt, bei dem die Verschwiegenheit problematisch werden kann. Hier kommen ggf. vertragliche Regelungen zur Verschwiegenheitspflicht in Betracht.

Vor der Entscheidung über die Annahme eines Prüfungsauftrages, aber auch während der Prüfungsdurchführung, sind die Mandatsverhältnisse daraufhin zu überprüfen, ob absolute oder auch widerlegbare Ausschlussgründe für Netzwerkmitglieder oder deren Angehörige vorhanden sind. Geeignete Maßnahmen im Rahmen der Auftragsabwicklung sind dementsprechend zu ergreifen, wie z.b. eine Beschränkung auf Konsultationen.

Weiter sind die Besonderheiten eines jeden Netzwerks vor Annahme eines Prüfungsmandats zu analysieren, insbesondere wenn absolute Ausschlussgründe nicht ausgeschlossen werden können. Die Netzwerkmitgliedschaft allein – in jeder noch so losen Struktur – ist schädlich, wenn ein Mitglied einen der absoluten Ausschlusstatbestände erfüllt.

Als **Fazit** lässt sich festhalten, dass die Anforderungen bei Entscheidungen über Auftragsannahmen in der Praxis durch die Netzwerkregelungen im HGB erhöht worden sind. Der Gesetzgeber verfolgt jedoch das Ziel, Zusammenschlüsse zwischen kleinen und mittelständischen Abschlussprüfern bzw. Prüfungsgesellschaften und verschiedenen Spezialisten weiterhin zu ermöglichen.

So können auch sie eine breite Produktpalette am Markt anbieten und einer weiteren Konzentration auf dem Abschlussprüfungsmarkt kann entgegengewirkt werden.

Vielen Dank für Ihre Aufmerksamkeit.

Eva Romatzeck Wandt

1.13 Auswirkungen einer Abkehr von der Going-Concern-Prämisse auf den Jahresabschluss

Sehr geehrter Herr Vorsitzender, sehr geehrte Prüfungskommission,

aus den mir zur Verfügung gestellten Themen habe ich mich für das Thema „Auswirkungen einer Abkehr von der Going-Concern-Prämisse auf den Jahresabschluss" entschieden und meinen Vortrag wie folgt gegliedert: Nach einigen einführenden Erläuterungen werde ich auf die **Auswirkungen** einer Abkehr von der Going-Concern-Prämisse insbesondere nach IDW RS HFA 17 auf den **Bilanzansatz**, die **Bewertung** und schließlich den **Ausweis** eingehen. Hierbei werde ich neben Grundlagen ausgewählte Einzelfragen behandeln. Mit den **Auswirkungen auf Anhang und Lagebericht** werde ich meinen Vortrag schließen.

Nach handelsrechtlichen Vorschriften ist grundsätzlich von der Fortführung der Unternehmenstätigkeit auszugehen, sofern nicht tatsächliche oder rechtliche Gründe dieser Annahme entgegenstehen.[250] Sobald die Annahme des Going-Concern weggefallen ist, tritt die periodengerechte Gewinnermittlung in den Hintergrund und die Rechnungslegung folgt dem Ziel der Feststellung des vorhandenen Reinvermögens.[251]

Die Abkehr von der Going-Concern-Prämisse kann erhebliche **Auswirkungen** auf den **Bilanzierungsansatz** haben.[252]
Das Aktivierungsverbot für bestimmte selbstgeschaffene immaterielle Vermögensgegenstände des Anlagevermögens – z.B. Marken, Drucktitel und Kundenlisten[253] – besteht weiterhin, auch wenn die entsprechenden Vermögenswerte nun für den Verkauf vorgesehen sind.
Ein originärer Geschäfts- oder Firmenwert darf auch bei Wegfall der Going-Concern-Prämisse nicht aktiviert werden.

---

[250] Vgl. § 252 Abs. 1 Nr. 2 HGB.
[251] Vgl. IDW RS HFA 17 Auswirkungen einer Abkehr von der Going-Concern-Prämisse auf den handelsrechtlichen Jahresabschluss (Stand: 10.06.2011), Tz. 4.
[252] Vgl. IDW RS HFA 17, Tz. 7 ff.
[253] Vgl. § 248 Abs. 2 Satz 2 HGB.

Die Aktivierung eines Rechnungsabgrenzungspostens[254] setzt voraus, dass der Vertrag fortgesetzt und nicht aufgrund der wirtschaftlichen Situation von der Gegenseite gekündigt wird.

Ein aktiviertes Disagio ist auszubuchen, sofern die Verbindlichkeit vorzeitig zurückgezahlt wird.

Das Beibehaltungswahlrecht von Sonderposten mit Rücklageanteil[255] gilt nicht für Posten, für die die umgekehrte Maßgeblich nicht durch das BilMoG sondern durch die Abwicklungsbesteuerung nach § 11 KStG weggefallen ist.[256] Können Bindungsfristen auf Grund der Liquidation nicht eingehalten werden, sind Sonderposten für nicht rückzahlungspflichtige Zuwendungen aufzulösen.

Durch die Abwicklung müssen eventuell weitere Rückstellungen für Abfindungen von Mitarbeitern, Vertragsstrafen, Rückbau- und Abbauverpflichtungen passiviert werden. Mittelbare Pensionsverpflichtungen und Altzusagen, die bislang zulässigerweise nicht passiert wurden,[257] sind nun zu passivieren, da das Argument, der Zahlungsverpflichtung stünden ausreichende künftige Gewinne aus der laufenden Geschäftstätigkeit gegenüber, weggefallen ist.

Gesellschafterdarlehen müssen – obwohl sie grundsätzlich nachrangig i.S.d. InsO sind[258] – weiterhin in der Handelsbilanz passiviert werden.

Auf die **Bewertung** hat eine Abkehr von der Going-Concern-Prämisse folgende **Auswirkungen**:[259]

Die generellen Bewertungsgrundsätze[260] – Ansatz der Schulden zum Erfüllungsbetrag, Anschaffungskostenprinzip, Einzelbewertungsgrundsatz, Grundsatz der Bilanzidentität, Saldierungsverbot und Stichtagsprinzip – sind weiterhin zu beachten, die Abkehr von der Going-Concern-Prämisse stellt allerdings einen begründeten Ausnahmefall i.S.d. § 252 Abs. 2 HGB dar, der eine Abweichung von den bisherigen Ansatz-[261] und Bewertungsmethoden rechtfertigt.

Ein aktivierter Geschäfts- oder Firmenwert darf nur fortgeführt werden, wenn entsprechende Verwertungserlöse erwartet werden.

---

[254] Vgl. § 250 Abs. 1 HGB.
[255] Vgl. Art. 67 Abs. 3 Satz 1 EGHGB.
[256] Im Falle der Liquidation erfolgt die Gewinnermittlung durch Gegenüberstellung des Liquidations-Endvermögens zu dem Liquidations-Anfangsvermögen.
[257] Vgl. Art. 28 Abs. 1 EGHGB.
[258] Vgl. § 39 Abs. 1 Nr. 5 InsO.
[259] Vgl. IDW RS HFA 17, Tz. 18 ff.
[260] Vgl. § 252 HGB.
[261] Über § 246 Abs. 3 Satz 2 HGB anwendbar.

Immaterielle Vermögensgegenstände und Sachanlagen sind nur dann weiterhin planmäßig abzuschreiben, wenn sie auch weiterhin voraussichtlich über einen längeren Zeitraum genutzt werden.

Ansammlungsrückstellungen müssen mit dem vollen Wert passiviert werden, wenn der Ansammlungszeitraum aufgrund der Abwicklung beendet ist.

Die Bewertung von latenten Steuern ist aufgrund der bevorstehenden Abwicklung besonders kritisch zu prüfen. Dies gilt insbesondere für vortragsfähige Verluste und Zinsen.[262]

Beim **Bilanzausweis** sind ebenfalls Besonderheiten zu beachten:[263]

Auch wenn Vermögensgegenstände des Anlagevermögens unter Veräußerungsgesichtspunkten zu bewerten sind, sind sie weiterhin dem Anlagevermögen zuzuordnen; eine Umgliederung ins Umlaufvermögen ist nicht zulässig, da eine Umgliederung zu Informationsverlusten führen würde. So werden beispielsweise noch veräußerbare Maschinen zum erzielbaren Veräußerungspreis bilanziert, aber trotz der Veräußerungsabsicht weiterhin unter den Sachanlagen ausgewiesen.

Im Verbindlichkeitenspiegel sind Sonderkündigungsrechte der Gläubiger anzugeben.

Änderungen in der Bilanzierung und Bewertung aufgrund der Abkehr von der Fortführungsprognose sind als außerhalb der gewöhnlichen Geschäftstätigkeit angefallene Ereignisse anzusehen; die Posten „außerordentliche Erträge" und „außerordentliche Aufwendungen" sind gegebenenfalls der Klarheit und Übersichtlichkeit weiter zu untergliedern.

Erfolgswirkungen aus der Verwertung des Vermögens sind hingegen als im Rahmen der gewöhnlichen Geschäftstätigkeit angefallene Erträge und Aufwendungen auszuweisen.

Zuletzt gehe ich kurz auf die **Auswirkung** der Abkehr von der Going-Concern-Prämisse **auf den Anhang und den Lagebericht** ein.[264]

Im Anhang sollten erhebliche stille Reserven durch Darstellung von voraussichtlichen Veräußerungswerten neben den Buchwerten, bei denen unverändert das Anschaffungskostenprinzip gilt, angegeben werden.

---

[262] Vgl. IDW RS HFA 17, Tz. 15.
[263] Vgl. IDW RS HFA 17, Tz. 33 ff.
[264] Vgl. IDW RS HFA 17, Tz. 39 ff.

Die Durchbrechungen der Stetigkeit von Ansatz- und Bewertungsgrundsätzen aufgrund der Abkehr von der Going-Concern-Prämisse müssen im Anhang erläutert werden und die Gründe und Anhaltspunkte, die für die Abkehr von der Fortführungsprognose herangezogen wurden, sind im Lagebericht ausführlich zu erläutern. Die Abkehr von der Fortführungsprognose muss auch durch die Darstellung der zukünftige Entwicklung und der Ereignisse nach dem Bilanzstichtag zum Ausdruck kommen.

Mit diesen Worten möchte ich meinen Vortrag schließen, ich danke für Ihre Aufmerksamkeit.

Anja Chalupa

1.14 Grundsätze für die Erstellung von Fairness Opinions

Sehr geehrter Herr Vorsitzender, sehr geehrte Prüfungskommission,

aus den mir zur Verfügung gestellten Themen habe ich mich für das Thema „Grundsätze für die Erstellung von Fairness Opinions" entschieden und meinen Vortrag in Anlehnung an den IDW S 8 wie folgt gegliedert: Nach einigen **begrifflichen Grundlagen** werde ich auf die **Auftragsannahme**, den **Auftragsinhalt**, die **Auftragsdurchführung** und schließlich auf die **Berichterstattung und Dokumentation** eingehen. Mit den **Besonderheiten** bei der Erstellung einer Fairness Opinion im **Zusammenhang mit Stellungnahmen nach § 27 WpÜG** werde ich meinen Vortrag schließen.

Zunächst werde ich auf einige **begriffliche Grundlagen** eingehen. Eine Fairness Opinion i.S.d. IDW S 8 ist eine Stellungnahme des Wirtschaftsprüfers zur finanziellen Angemessenheit eines Transaktionspreises im Rahmen einer unternehmerischen Initiative. Fairness Opinions dienen der Absicherung der zuständigen Unternehmensorgane und der Dokumentation ihrer Entscheidungsgrundlagen. Fairness Opinions können Hinweise geben, ob Entscheidungsträger ihre aktienrechtlichen Sorgfaltspflichten im Sinne der sog. Business Judgement Rule[265] beachtet haben.[266]

Die „finanzielle Angemessenheit" ist gesetzlich nicht definiert. Nach dem IDW S 8 ist ein Transaktionspreis dann finanziell angemessen, wenn er innerhalb einer Bandbreite von zum Vergleich herangezogenen Transaktionspreisen liegt.[267]

„Unternehmerische Initiativen" umfassen Käufe und Verkäufe von Unternehmen, wesentlichen Unternehmensteilen, Unternehmensanteilen und wesentlichen Vermögenswerten.[268]

Für die **Auftragsannahme** und den **Auftragsinhalt**[269] existieren ebenfalls keine gesetzlichen Vorgaben, allerdings kann die Transaktion selbst gesetzlichen Anforderungen unterliegen, bspw. Verschmelzungen und öffentliche Übernahmen.

---

[265] Vgl. § 93 Abs. 1 Satz 2 AktG.
[266] Vgl. IDW S 8 Grundsätze für die Erstellung von Fairness Opinions (Stand: 17.01.2011), Tz. 4 und 9.
[267] Vgl. IDW S 8, Tz. 5 f.
[268] Vgl. IDW S 8, Tz. 7.
[269] Vgl. IDW S 8, Tz. 11 ff.

Die Erstellung der Fairness Opinion muss im Einklang mit den allgemeinen Berufspflichten – insbesondere Unparteilichkeit und Unabhängigkeit – erfolgen. Die Fairness Opinion stellt keinen Ersatz für die eigenverantwortliche Beurteilung des Transaktionspreises durch den Auftraggeber dar. Der Wirtschaftsprüfer sollte dies in seiner Auftragsbestätigung klarstellen. Außerdem sollte der Wirtschaftsprüfer darauf hinweisen, dass die der Fairness Opinion zugrunde liegenden Informationen weder geprüft noch prüferisch durchgesehen wurden. In der Auftragsbestätigung muss ein Hinweis erfolgen, dass die finanzielle Angemessenheit nach Maßgabe des IDW S 8 bestimmt wird.[270]

Im Rahmen der Beauftragung sollten der Anlass der Fairness Opinion genannt, der Leistungsgegenstand genauestens festgelegt, die Mitwirkungspflichten und die Verantwortlichkeit des Auftraggebers für Überlassung von Dokumenten und Informationen, die Form und der Umfang der Berichterstattung, der Verwendungszweck und die Weitergabebeschränkungen geregelt werden. Zudem sollten die berufsüblichen allgemeinen Auftragsbedingungen und ggf. ergänzende Sonderbedingungen, hier insbesondere Haftungsbedingungen, vereinbart werden.[271]

Im Rahmen der **Auftragsdurchführung**[272] ist der Wirtschaftsprüfer auf den Zugang zu Informationen angewiesen.

Im Veräußerungsfall ist die Informationsbasis in der Regel umfassend. Der Wirtschaftsprüfer hat für gewöhnlich Zugang zu Daten des Rechnungswesens, Planungsrechnungen und Bewertungen, beispielsweise interne Berechnungen sowie externe Gutachten, und Vendor-Due-Diligence-Berichten.[273]

Im Erwerbsfall hingegen stellt sich die Informationsbeschaffung i.d.R. sehr schwierig dar, da der Wirtschaftsprüfer gerade keinen Zugang zu den firmeninternen Daten hat. Der Wirtschaftsprüfer muss daher seine Informationen auf Informationsmemoranden, Due Diligence-Berichte des Käufers, Unternehmensbewertungen auf Basis von Schätzungen des Käufers und öffentlich verfügbare Informationen beschränken.[274]

---

[270] Vgl. IDW S 8, Tz. 13 bis 15.
[271] Vgl. IDW S 8, Tz. 16.
[272] Vgl. IDW S 8, Tz. 21 ff.
[273] Vgl. IDW S 8, Tz. 22.
[274] Vgl. IDW S 8, Tz. 23.

Die finanzielle Angemessenheit des Transaktionspreises ist unter Berücksichtigung subjektiver Faktoren, z.B. erwartete Synergien und Wertbeiträge aus geplanten Restrukturierungsmaßnahmen, zu beurteilen. Zu den gängigen Bewertungsverfahren zählen kapitalwertorientierte Verfahren – hierzu gehören die Discounted-Cash-Flow Methoden und das Ertragswertverfahren[275] – und marktpreisorientierte Verfahren – z.B. die Analyse von Börsenkursen – oder die Anwendung von Multiplikatorverfahren. Bei den Multiplikatorverfahren bilden beobachtete Preise bei vergleichbaren Transaktionen, die sog. Transaction Multiples oder Marktpreise vergleichbarer börsennotierter Unternehmen, die sog. Trading Multiples, die Beurteilungsgrundlage.[276]

Aus den angewandten Verfahren resultiert in der Regel eine Bandbreite von Vergleichspreisen. Der Transaktionspreis ist im Veräußerungsfall angemessen, wenn er innerhalb oder oberhalb der Bandbreite liegt. Im Erwerbsfall ist der Transaktionspreis angemessen, wenn er innerhalb oder unterhalb der Bandbreite liegt.[277]

Für den Transaktionspreis im Veräußerungsfall gilt, der Verkäufer sollte sich nicht schlechter stellen, als wenn er das Unternehmen nicht veräußern würde. Die Preisuntergrenze im Veräußerungsfall ermittelt sich aus dem Preis des Transaktionsobjekts unter „stand-alone-Gesichtspunkten", wobei unechte Synergien und das vorhandene nicht betriebsnotwendige Vermögen zu berücksichtigen sind. Echte Synergien hingegen sind bei der Ermittlung der Preisuntergrenze nicht zu berücksichtigen.[278]

Für den Transaktionspreis im Erwerbsfall ist die Preisobergrenze der Wert des Transaktionsobjekts unter „stand-alone-Gesichtspunkten", wobei sowohl echte als auch unechte Synergien einzubeziehen sind.[279]

Die **Berichterstattung und Dokumentation**[280] nach dem IDW S 8 sieht die drei Bestandteile Opinion Letter, Valuation Memorandum und Factual Memorandum vor.

---

[275] Die Anwendung erfolgt jeweils in Übereinstimmung mit IDW S 1 i.d.F. 2008 Grundsätze zur Durchführung von Unternehmensbewertungen (Stand: 02.04.2008).
[276] Vgl. IDW S 8, Tz. 25 ff.
[277] Vgl. IDW S 8, Tz. 30.
[278] Vgl. IDW S 8, Tz. 41 ff.
[279] Vgl. IDW S 8, Tz. 45 ff.
[280] Vgl. IDW S 8, Tz. 49 ff.

Der Opinion Letter enthält neben Auftrag und Auftragsdurchführung eine Beschreibung des Transaktionsobjekts, der zugrunde liegenden Informationsbasis, eine Erläuterung der durchgeführten Analysen und der verwendeten Methoden sowie die Erklärung, ob der Transaktionspreis aus finanzieller Sicht angemessen i.S.d. IDW S 8 ist.[281]

Das Valuation Memorandum enthält eine detaillierte Darstellung der angewandten Methoden, der Vorgehensweise, der Prämissen und das Beurteilungsergebnis. Das Valuation Memorandum ergänzt die Berichterstattung des Opinion Letters, stellt aber kein Bewertungsergebnis dar.[282]

Das Factual Memorandum schließlich ist eine Zusammenstellung aller wesentlichen vom Auftraggeber zur Verfügung gestellten und von dem Wirtschaftsprüfer ggf. zusätzlich herangezogenen Informationen und Dokumenten.[283]

Zum Schluss meines Vortrags gehe ich kurz auf die **Besonderheiten** bei der Erstellung einer Fairness Opinion **im Zusammenhang mit Stellungnahmen nach § 27 WpÜG**[284] ein. Nach § 27 WpÜG haben Aufsichtsrat und Vorstand eine Stellungnahme zu dem unterbreiteten Übernahmeangebot der Zielgesellschaft abzugeben. Diese Vorschrift dient als Entscheidungshilfe für die Annahme oder Ablehnung des Angebots und somit der Transparenz.[285]

Wird der Wirtschaftsprüfer von der Zielgesellschaft mit der Beurteilung der finanziellen Angemessenheit des angebotenen Kaufpreises im Zusammenhang mit einer Stellungnahme nach § 27 WpÜG beauftragt, sind einige Besonderheiten zu beachten.

Problematisch ist die Definition der Angemessenheit. Diese ist im WpÜG nicht definiert, daher sollte der Angemessenheitsbegriff des IDW S 8 „innerhalb der Bandbereite der zum Vergleich herangezogenen Transaktionspreises" herangezogen werden, wobei das Angebot stets aus Sicht der Aktionäre der Zielgesellschaft zu beurteilen ist.[286]

---

[281] Vgl. IDW S 8, Tz. 50.
[282] Vgl. IDW S 8, Tz. 51 ff.
[283] Vgl. IDW S 8, Tz. 54 f.
[284] Vgl. IDW S 8, Tz. 56 ff.
[285] Vgl. Wackerbarth, Münchener Kommentar zum Aktiengesetz, Band 9a, 2. Auflage, 2004, § 27 WpÜG, Rn. 2 ff.
[286] Vgl. IDW S 8, Tz. 57.

Eine Fairness Opinion ersetzt weder die eigenständige Würdigung der angebotenen Gegenleistung durch Vorstand und Aufsichtsrat der Zielgesellschaft und stellt auch keine Empfehlung gegenüber den Aktionären der Zielgesellschaft zur Annahme oder Ablehnung des Angebots dar. Dieses sollte dringend in der Berichterstattung klargestellt werden.[287]

Mit diesen Worten möchte ich meinen Vortrag schließen, ich danke für Ihre Aufmerksamkeit.

Anja Chalupa

---

[287] Vgl. IDW S 8, Tz. 58.

1.15 Berufsaufsicht

Sehr geehrter Herr Vorsitzender, sehr geehrte Prüfungskommission,

aus den mir zur Verfügung gestellten Themen habe ich mich für das Thema „Berufsaufsicht" entschieden und meinen Vortrag wie folgt gegliedert: Nach einer kurzen Einführung in die Thematik werde ich zunächst auf die **anlassabhängige** und die **anlassunabhängige Berufsaufsicht** eingehen und im Anschluss die **Qualitätskontrolle** erläutern. Mit einem kurzen Ausblick auf die anstehende **EU-Abschlussprüferreform** werde ich meinen Vortrag schließen.

Die Berufsaufsicht über Wirtschaftsprüfer und vereidigte Buchprüfer obliegt gem. § 57 WPO der Wirtschaftsprüferkammer.[288] Die Wirtschaftsprüferkammer untersteht der berufsstandsunabhängigen Fachaufsicht der Abschlussprüferaufsichtskommission und der Rechtsaufsicht des Bundesministeriums für Wirtschaft und Energie. Die Berufsaufsicht hat sowohl präventive als auch repressive Ansätze; beide Ansätze können zu Disziplinarmaßnahmen führen.

Die **anlassabhängige Berufsaufsicht** beinhaltet die Disziplinaraufsicht nach § 61a WPO[289], die Rücknahme- und Widerrufverfahren der Bestellung von Wirtschaftsprüfern[290] und der Anerkennung von Wirtschaftsprüfungsgesellschaften[291].

Die Disziplinarsaufsicht wird bei Vorliegen von hinreichenden Anhaltspunkten einer Berufspflichtverletzung eingeschaltet. Die Disziplinarsaufsicht hat bei kleinen und mittelschweren Verstößen ein Rügerecht. Bei kleinen und mittelschweren Verstößen kann ein Rügeverfahren[292] eingeleitet werden, in dem das pflichtwidrige Verhalten des Berufsangehörigen untersagt und die Rüge mit einer Geldbuße von bis zu 50.000 EUR verbunden werden kann. Bei schweren Verstößen müssen die Verfahren an die Berufsgerichtsbarkeit[293] abgegeben werden.[294]

---

[288] Im Folgenden werden die vereidigten Buchprüfer/-innen und Buchprüfungsgesellschaften nicht mehr explizit aufgeführt.
[289] Vgl. § 61a Satz 2 Nr. 1 WPO.
[290] Vgl. § 20 WPO.
[291] Vgl. § 34 WPO.
[292] Vgl. § 63 WPO.
[293] Vgl. § 84a WPO.
[294] Vgl. § 61a Satz 2, 2. Halbsatz WPO.

Sobald ein berufsgerichtliches Verfahren gegen den Berufsangehörigen eingeleitet wurde, hat die Disziplinarsaufsicht kein Rügerecht mehr.[295] Das Rügerecht wird auch verwirkt, wenn seit der Pflichtverletzung mehr als fünf Jahre vergangen sind.[296]

Im Rahmen der Rücknahme- und Widerrufsverfahren beschäftigt sich die Wirtschaftsprüferkammer mit der Rücknahme und dem Widerruf von Bestellungen eines Wirtschaftsprüfers oder der Rücknahme und dem Widerruf der Anerkennung von Wirtschaftsprüfungsgesellschaften.

Die Bestellung eines Wirtschaftsprüfers ist zu widerrufen,[297] wenn u.a. keine eigenverantwortliche oder eine mit dem Wirtschaftsprüferberuf unvereinbare Tätigkeit[298] ausgeübt wird, der Berufsangehörige infolge strafgerichtlicher Verurteilung die Fähigkeit zur Bekleidung öffentlicher Ämter verloren hat oder aus z.B. gesundheitlichen Gründen nicht nur vorübergehend nicht in der Lage ist, den Beruf ordnungsgemäß auszuüben. Die Bestellung ist außerdem zu widerrufen, wenn der Berufsangehörige nicht die vorgeschriebene Berufshaftpflichtversicherung[299] unterhält, sich nicht in geordneten wirtschaftlichen Verhältnissen – insbesondere in Vermögensverfall[300] – befindet oder keine berufliche Niederlassung[301] unterhält.

Die Anerkennung einer Wirtschaftsprüfungsgesellschaft ist zurückzunehmen oder zu widerrufen,[302] wenn u.a. bei einem Vorstandsmitglied, Geschäftsführer, persönlich haftenden Gesellschafter oder Partner die Bestellung widerrufen wurde[303], nachträglich bekannt wird, dass die Anerkennung hätte versagt werden müssen oder wenn die Voraussetzungen für die Anerkennung nachträglich wegfallen oder ein Vorstandsmitglied, ein Geschäftsführer, ein persönlich haftender Gesellschafter oder ein Partner durch rechtskräftiges berufsgerichtliches Urteil aus dem Beruf ausgeschlossen ist.[304]

---

[295] Vgl. § 63 Abs. 2 Satz 1, 1. Halbsatz WPO.
[296] Vgl. § 63 Abs. 2 Satz 1, 2. Halbsatz WPO.
[297] Vgl. § 20 Abs. 2 WPO.
[298] Vgl. §§ 43 Abs. 2 Satz 1 oder 43a Abs. 3 WPO.
[299] Vgl. §§ 44b Abs. 4, 54 WPO.
[300] Vgl. § 16 Abs. 1 Nr. 7 WPO.
[301] Vgl. § 3 Abs. 1 Satz 1 WPO.
[302] Vgl. § 34 Abs. 1 WPO.
[303] Es sei denn, jede Vertretungs- und Geschäftsführungsbefugnis wurde unverzüglich widerrufen oder entzogen (vgl. § 34 Abs. 1 Nr. 1 WPO).
[304] Es sei denn, jede Vertretungs- und Geschäftsführungsbefugnis des Verurteilten wurde unverzüglich widerrufen oder entzogen (vgl. § 34 Abs. 1 Nr. 3 WPO).

Die **anlassunabhängige Berufsaufsicht** beinhaltet Sonderuntersuchungen[305] und die Abschlussdurchsicht.

Die Sonderuntersuchungen erfolgen bei Wirtschaftsprüfern und Wirtschaftsprüfungsgesellschaften, die gesetzlich vorgeschriebene Abschlussprüfungen i.S.d. § 319a Abs. 1 HGB durchführen. Im Rahmen der Sonderuntersuchungen werden ausgewählte Teilbereiche des Qualitätssicherungssystems sowie Arbeitspapiere und Prüfungsberichte ausgewählter Mandate durchgesehen. Bei den Sonderuntersuchungen festgestellte Berufspflichtverletzungen können zu einer Maßnahme der Disziplinaraufsicht führen. Im Falle von Beanstandungen des Qualitätssicherungssystems kann es zu Maßnahmen im Rahmen der Qualitätskontrolle kommen. Sofern im Rahmen der Sonderuntersuchungen Beanstandungen festgestellt werden, kann die Prüfung zudem auf andere gesetzlich vorgeschriebene – nicht § 319a HGB-Mandate – ausgeweitet werden.[306]

Im Rahmen der Abschlussdurchsicht erfolgt eine stichprobenweise Sichtung der veröffentlichten Bestätigungsvermerke sowie der veröffentlichten Jahres- und Konzernabschlüsse. Hierbei beschränkt sich die Auswahl nicht auf Wirtschaftsprüfer und Wirtschaftsprüfungsgesellschaften, die Unternehmen von besonderem öffentlichen Interesse i.S.d. § 319a HGB prüfen. Die Abschlussdurchsicht bezieht sämtliche prüfungspflichtige Jahres- und Konzernabschlüsse und somit alle Wirtschaftsprüfer und Wirtschaftsprüfungsgesellschaften, die gesetzlich vorgeschriebene Abschlussprüfungen durchführen, mit ein. Die Abschlussdurchsicht erfolgt auf der Grundlage des § 57 Abs. 1 WPO. Die Wirtschaftsprüferkammer prüft im Wege einer formalen Kontrolle, ob die publizierten Abschlüsse und Bestätigungsvermerke den gesetzlichen Vorschriften und den allgemein anerkannten fachlichen Regeln zur Rechnungslegung und Prüfung entsprechen.

---

[305] Vgl. §§ 61a Satz 2 Nr. 2 i.V.m. 62 WPO.
[306] Vgl. § 62b Abs. 1 Satz 2 WPO.

Die **Qualitätskontrolle** als dritte Säule der Berufsaufsicht ist in § 57a WPO und der Satzung für Qualitätskontrolle geregelt.

Nach § 57a WPO besteht Teilnahmepflicht an der Qualitätskontrolle für alle Berufsangehörigen und Wirtschaftsprüfungsgesellschaften, die gesetzlich vorgeschriebene Abschlussprüfungen und sonstige betriebswirtschaftliche Prüfungen, bei denen das Siegel zu verwenden ist, durchführen. Zudem fließen alle Mandate, bei denen das Berufssiegel freiwillig verwendet wird, in die Qualitätskontrolle ein. Zuständig für die Qualitätskontrolle ist die Kommission für Qualitätskontrolle der Wirtschaftsprüferkammer.

Die Qualitätskontrolle führt ein bei der Wirtschaftsprüferkammer registrierter Prüfer für Qualitätskontrolle durch. Die Berichterstattung über die durchgeführte Prüfung erfolgt in einem Qualitätskontrollbericht. Dieser Qualitätskontrollbericht ist der Kommission für Qualitätskontrolle einzureichen.

Die Aufdeckung von Mängeln im Qualitätssicherungssystem kann drei Maßnahmen der Wirtschaftsprüferkammer zur Folge haben:
1. Es werden Auflagen zur Beseitigung der Mängel angeordnet.
2. Es wird eine Sonderprüfung angeordnet.
3. Die Wirtschaftsprüferkammer macht von ihrer Möglichkeit zur Verhängung von Sanktionen bei Nichtbefolgung der Auflagen der zu prüfenden Praxis Gebrauch.

Bei erfolgreich absolvierter Teilnahme an der Qualitätskontrolle erhält der geprüfte Berufsangehörige bzw. die Gesellschaft eine Teilnahmebescheinigung[307], die drei bzw. sechs Jahre lang Gültigkeit[308] hat. Die generelle Gültigkeitsdauer von sechs Jahren wird bei Berufsangehörigen bzw. Gesellschaften, die Unternehmen von öffentlichem Interesse[309] prüfen, auf drei Jahre verkürzt.

---

[307] Vgl. § 57a Abs. 6 Satz 7 WPO.
[308] Vgl. § 57a Abs. 6 Satz 8 WPO.
[309] I.S.d. § 319a Abs. 1 Satz 1 HGB.

Die Berufsaufsicht ist durch europarechtliche Vorgaben derzeit stark im **Umbruch**. Die erforderliche Umsetzung der sog. überarbeiteten Abschlussprüferrichtlinie[310] in nationales Recht beinhaltet folgende kurz skizzierte Eckpunkte, die zu erheblichen Änderungen in der Organisation und der Tätigkeit der Berufsaufsicht führen werden:[311]

1. zukünftig wird eine Aufsichtsbehörde für die Abschlussprüferaufsicht zuständig sein, wobei die nach europarechtlichen Vorgaben delegationsfähigen Aufgaben auf die WPK übertragen werden sollen
2. europaweite Vereinheitlichung und Verbesserung der präventiven Berufsaufsicht
3. berufsrechtliche Erleichterungen, insbesondere für kleine und mittlere Wirtschaftsprüfer, vereidigte Buchprüfer und Prüfungsgesellschaften
4. Zusammenführung der Berufe des Wirtschaftsprüfers und des vereidigten Buchprüfers.

Mit diesen Worten möchte ich meinen Vortrag schließen, ich danke für Ihre Aufmerksamkeit.

Anja Chalupa

---

[310] Richtlinie 2014/56/EU des Europäischen Parlaments und des Rates zur Änderung der Richtlinie 2006/43/EG über Abschlussprüfungen von Jahresabschlüssen und konsolidierten Abschlüssen und Verordnung (EU) Nr. 537/2014 über spezifische Anforderungen an die Abschlussprüfung bei Unternehmen von öffentlichem Interesse und zur Aufhebung des Beschlusses 2005/909/EG der Kommission beide in Kraft getreten am 16.06.2014.

[311] Vgl. Eckpunkte zur Umsetzung der EU-Abschlussprüferreform, Schreiben des Bundesministeriums für Wirtschaft und Energie vom 06.02.2015.

1.16 Der Eigenkapitalspiegel

Sehr geehrter Herr Vorsitzender, sehr geehrte Prüfungskommission,

aus den mir zur Verfügung gestellten Themen habe ich mich für das Thema „der Eigenkapitalspiegel" entschieden und meinen Vortrag wie folgt gegliedert: Nach einer kurzen Einführung in die Thematik werde ich zunächst auf den **Eigenkapitalspiegel nach HGB und IFRS** eingehen und im Anschluss die **Prüfung des Eigenkapitalspiegels** behandeln. Mit einem kurzen **Ausblick** werde ich meinen Vortrag schließen.

Der Eigenkapitalspiegel soll neben der Informationsfunktion die materiellrechtlichen Funktionen des Eigenkapitals, die Haftungs- und Verlustausgleichfunktion, Gewinnbeteiligungsfunktion – welche als Zahlungsbemessungsbasis für Anteilseigner und Fiskus dient – und Kontinuitätsfunktion darstellen.

Der Eigenkapitalspiegel gliedert die einzelnen Eigenkapitalposten auf und stellt die Entwicklung des Eigenkapitals während des Geschäftsjahres dar. Ursachen für Eigenkapitalveränderungen sind z.B. das Konzernergebnis und Transaktionen mit Anteilseignern, d.h. Kapitalerhöhungen gegen Einlagen, aber auch Umgliederungen innerhalb des Eigenkapitals, wie z.B. Kapitalerhöhung aus Gesellschaftsmitteln.

Mit dem BilMoG ist der **Eigenkapitalspiegel** für kapitalmarktorientierte Kapitalgesellschaften, die nicht zur Aufstellung eines Konzernabschlusses verpflichtet sind, verpflichtend eingeführt worden.[312] Vor Einführung dieser Aufstellungspflicht galt diese ausschließlich für den Konzerneigenkapitalspiegel; die Aufstellungspflicht besteht unverändert fort.[313]

Der Eigenkapitalspiegel wird in den §§ 264 und 297 HGB als Teil des Jahres- bzw. Konzernabschlusses genannt und bildet eine Einheit mit Bilanz, Gewinn- und Verlustrechnung, Anhang und Kapitalflussrechnung. Der Eigenkapitalspiegel ist separat zu erstellen und darf daher nicht z.B. in den Anhang integriert werden.

---

[312] Vgl. § 264 Abs. 1 Satz 2 HGB.
[313] Vgl. §§ 290 Abs. 1 i.V.m. 297 Abs. 1 Satz 1 HGB.

Es existieren keine expliziten gesetzlichen Vorgaben zur Ausgestaltung des Eigenkapitalspiegels. Die Gliederung des Eigenkapitalspiegels ergibt sich aus dem HGB,[314] gesellschaftsrechtliche Vorgaben[315] zur Gliederung des Eigenkapitals sind ggf. zu beachten. Bei haftungsbeschränkten Personenhandelsgesellschaften sind die Sondervorschriften des § 264c HGB zu beachten.[316]

Der DRS 7[317] regelt die Darstellung der Entwicklung des Konzerneigenkapitals und des Konzernergebnisses. Er gibt ein konkretes Schema in Form einer Matrix vor.

Der DRS 7 bezieht sich ausschließlich auf den Konzerneigenkapitalspiegel. Es wird die Anwendung auch für den Jahresabschluss kapitalmarktorientierter Unternehmen ebenso wie für Unternehmen, die freiwillig einen Eigenkapitalspiegel aufstellen, empfohlen.[318]

Die **IFRS** regeln die Aufstellungspflicht für den **Eigenkapitalspiegel** in IAS 1.[319] Der Eigenkapitalspiegel ist Teil des Jahresabschlusses nach den IFRS. In IAS 1 wird der Eigenkapitalspiegel als Eigenkapitalveränderungsrechnung bezeichnet. Auch nach den IFRS gibt es keine Vorgaben hinsichtlich der Form oder der exakten Gliederung. In IAS 1 werden lediglich Pflichtbestandteile genannt. Die Pflichtbestandteile sind das Periodenergebnis, rückwirkende Anwendung oder Anpassungen von Eigenkapitalbestandteilen nach IAS 8 und die Entwicklung jeder Eigenkapitalposition innerhalb des Geschäftsjahres.[320]

Nach den IFRS besteht die Möglichkeit einer verkürzten Eigenkapitalveränderungsrechnung, die nur die Pflichtangaben enthält oder der vollständigen Eigenkapitalveränderungsrechnung, die sämtliche Angaben enthält, auch jene, die optional im Anhang gemacht werden können, wie z.B. die Dividende und die Dividende pro Aktie[321].

---

[314] Vgl. § 266 Abs. 3 Buchstabe A. HGB.
[315] Vgl. z.B. § 152 AktG.
[316] Vgl. §§ 264c Abs. 2 i.V.m. 264a und 266 Abs. 3 Buchstabe A. HGB.
[317] DRS 7 Verabschiedung der geänderten Fassung durch den DSR am 05.01.2010; Bekanntmachung gem. § 342 Abs. 2 HGB durch das BMJ am 18.02.2010.
[318] Vgl. DRS 7 Tz. 1c f.
[319] Vgl. IAS 1.106 ff.
[320] Vgl. IAS 1.106.
[321] Vgl. IAS 1.107.

Neben den bereits in der Einführung angesprochenen Ursachen für eine Eigenkapitalveränderung, nämlich Transaktionen mit Anteilseignern, d.h. Kapitalerhöhungen gegen Einlagen, und Umgliederungen innerhalb des Eigenkapitals, z.b. Kapitalerhöhung aus Gesellschaftsmitteln, kennen die IFRS im Gegensatz zum HGB zwei weitere Ursachen. Zum einen verändern die direkt im Eigenkapital verrechneten Ergebnisse, wie z.b. Veränderung der Rücklage für die Neubewertung von Sachanlagen[322] und von Finanzinstrumenten der Kategorie „Available for Sale"[323] und zum anderen die retrospektiven – erfolgsneutralen – Änderungen nach IAS 8 das Eigenkapital.

Da der Eigenkapitalspiegel Bestandteil des Jahres- bzw. Konzernabschlusses ist, wird er von der **Prüfungspflicht** gem. §§ 316 i.V.m. 264 Abs. 1 bzw. 297 Abs. 1 HGB erfasst.

Der Eigenkapitalspiegel nach HGB ist daraufhin zu prüfen, ob er den handelsrechtlichen, gesellschaftsrechtlichen Anforderungen und den Anforderungen des DRS 7 entspricht.

Die DRS gelten über § 342 HGB, sofern von Bundesministerium der Justiz bekannt gemacht, als Grundsätze ordnungsmäßiger Buchführung (GoB) und müssen somit bei der Aufstellung und Prüfung der Jahresabschlüsse bzw. Konzernabschlüsse beachtet werden.

Der Abschlussprüfer prüft, ob der Jahres- bzw. Konzernabschluss in Übereinstimmung mit den gesetzlichen Vorschriften und somit in Übereinstimmung mit den GoB aufgestellt ist. Weicht der Jahres- bzw. Konzernabschluss von den Vorschriften des DRS 7 ab, obliegt dem Abschlussprüfer eine Berichtspflicht im Prüfungsbericht.[324] Ist die Ordnungsmäßigkeit des Jahresabschlusses hierdurch gefährdet, muss eine Einschränkung oder ggf. Versagung des Bestätigungsvermerks erfolgen.

Die Eigenkapitalveränderungsrechnung nach IFRS ist daraufhin zu prüfen, ob sie den Anforderungen des IAS 1 genügt.

---

[322] Vgl. IAS 16.39.
[323] Vgl. IAS 39.55 (b).
[324] Vgl. IDW PS 450 Grundsätze ordnungsmäßiger Berichterstattung bei Abschlussprüfungen (Stand: 01.03.2012), Tz. 67.

Seit Einführung des BilMoG ist die Aufstellungspflicht des Eigenkapitalspiegels für den Jahresabschluss geregelt. Dies gilt bislang zwar nur für kapitalmarktorientierte Unternehmen, durch die **angestrebte** weitere Angleichung der deutschen Rechnungslegungsvorschriften an internationale Vorschriften ist eine Ausweitung der Aufstellungspflicht für den Eigenkapitalspiegel auf alle Jahresabschlüsse – wie es auch international üblich ist – denkbar.

Mit diesen Worten möchte ich meinen Vortrag schließen, ich danke für Ihre Aufmerksamkeit.

Anja Chalupa

1.17 Einschränkung und Versagung des Bestätigungsvermerks

Sehr geehrter Herr Vorsitzender, sehr geehrte Prüfungskommission,

aus den mir zur Verfügung gestellten Themen habe ich das Thema „Einschränkung und Versagung des Bestätigungsvermerks" gewählt und meinen Vortrag wie folgt gegliedert: Nach einer kurzen Einführung werde ich zunächst auf den **eingeschränkten Bestätigungsvermerk** eingehen und im Folgenden auf den Versagungsvermerk, wobei ich den **Versagungsvermerk aufgrund von Einwendungen** und den Versagungsvermerk **aufgrund von Prüfungshemmnissen** jeweils gesondert behandeln werde. Ich werde meinen Vortrag mit einem kurzen **Fazit** schließen.

Nach § 322 Abs. 1 HGB hat der Abschlussprüfer das Ergebnis der Jahres- bzw. Konzernabschlussprüfung in einem Bestätigungsvermerk zusammenzufassen.[325] Der Bestätigungsvermerk ist das Prüfungsgesamturteil.[326] Die Grundsätze ordnungsgemäßer Erteilung von Bestätigungsvermerken sind in dem IDW PS 400 festgehalten.

Das HGB unterscheidet vier Arten von Prüfungsgesamturteilen:[327]
1. den uneingeschränkten Bestätigungsvermerk,
2. den eingeschränkten Bestätigungsvermerk,
3. die Versagung des Bestätigungsvermerks aufgrund von Einwendungen und
4. die Versagung des Bestätigungsvermerks, da der Abschlussprüfer nicht in der Lage ist, ein Prüfungsurteil abzugeben,

wobei sich aus dem Wortlaut zweifelsfrei ergeben muss, um welche dieser vier Arten es sich handelt.

Kommt der Abschlussprüfer aufgrund seiner vorgenommenen Prüfungshandlungen zu der Erkenntnis, dass er dem Jahres- bzw. Konzernabschluss keinen uneingeschränkten Bestätigungsvermerk erteilen kann, muss er den Bestätigungsvermerk einschränken oder gegebenenfalls versagen.

---

[325] Vgl. § 322 Abs. 1 Satz 1 HGB.
[326] Vgl. IDW PS 400 Grundsätze für die ordnungsmäßige Erteilung von Bestätigungsvermerken bei Abschlussprüfungen (Stand: 28.11.2014), Tz. 8.
[327] Vgl. § 322 Abs. 2 Satz 1 HGB.

Ein **eingeschränkter Bestätigungsvermerk** darf nur erteilt werden, wenn der Jahres- bzw. Konzernabschluss trotz der Einschränkung ein den tatsächlichen Verhältnissen im Wesentlichen entsprechendes Bild der Vermögens-, Finanz- und Ertragslage vermittelt und die Einschränkung in ihrer Tragweite abgrenzbar und erkennbar ist.[328]

Für eine Einschränkung des Bestätigungsvermerks muss eine eingeschränkt positive Gesamtaussage möglich sein.[329]

Eine Einschränkung des Bestätigungsvermerks muss vorgenommen werden, wenn wesentliche Beanstandungen gegen abgrenzbare Teile des Abschlusses vorliegen oder aufgrund von Prüfungshemmnissen bestimmte abgrenzbare Teile nicht mit hinreichender Sicherheit beurteilt werden können; ein Prüfungshemmnis liegt auch dann vor, wenn durch alternative Prüfungshandlungen zwar Indizien für eine Ordnungsmäßigkeit der Position gewonnen wurden, für ein hinreichend sicheres Prüfungsurteil diese Prüfungshandlungen aber nicht ausreichen.[330]

Die Einschränkung des Bestätigungsvermerks setzt voraus, dass der beanstandete Teil wesentlich ist. Bei unwesentlichen Beanstandungen hat keine Einschränkung zu erfolgen.[331]

Beispiele für mögliche Prüfungshemmnisse[332] sind die Verweigerung der direkten Kontaktaufnahme mit den Anwälten der Gesellschaft durch die Geschäftsleitung, die Verweigerung der Herausgabe von Unterlagen und/oder der Erteilung von Auskünften durch die Unternehmensleitung, Beschränkungen oder sogar Verweigerung der Einholung von Saldenbestätigungen der Kreditoren, Debitoren oder Banken oder auch die mangelnde Nachprüfbarkeit von Geschäftsvorfällen mit nahe stehenden Personen.

Die Einschränkung des Bestätigungsvermerks ist in jedem Falle zu begründen.[333]

Kann keine Einschränkung des Bestätigungsvermerks mehr erfolgen, muss der Bestätigungsvermerk versagt werden.

Das HGB unterscheidet zwei Fälle von Versagungsvermerken – die Versagung des Bestätigungsvermerks aufgrund von Einwendungen und die Versagung des Bestätigungsvermerks aufgrund von Prüfungshemmnissen.[334]

---

[328] Vgl. § 322 Abs. 4 Satz 4 HGB.
[329] Vgl. IDW PS 400, Tz. 50.
[330] Vgl. IDW PS 400, Tz. 50.
[331] Vgl. IDW PS 400, Tz. 51.
[332] Vgl. IDW PS 400, Tz. 56.
[333] Vgl. § 322 Abs. 4 Satz 3 HGB.
[334] Vgl. § 322 Abs. 2 Satz 1 Nr. 3 und 4 HGB.

Der **Bestätigungsvermerk ist aufgrund von Einwendungen zu versagen**, wenn die Einwendungen so wesentlich sind, dass durch den Abschluss kein den tatsächlichen Verhältnissen entsprechendes Bild der Vermögens-, Finanz- und Ertragslage mehr vermittelt wird.[335] In diesen Fällen wäre eine Einschränkung des Bestätigungsvermerks nicht mehr angemessen, um die missverständliche oder unvollständige Darstellung der Vermögens-, Finanz- und Ertragslage im Jahresabschluss zu verdeutlichen.[336]

Die Annahme einer positiven Fortführungsprognose durch die gesetzlichen Vertreter bei offensichtlicher Überschuldung des Unternehmens wäre ein Fall für die Versagung des Bestätigungsvermerks aufgrund von Einwendungen.

Die Versagung des Bestätigungsvermerks ist wie auch die Einschränkung des Bestätigungsvermerks in jedem Fall zu begründen.[337]

Der **Bestätigungsvermerk ist aufgrund von Prüfungshemmnissen zu versagen**, wenn der Abschlussprüfer nach Ausschöpfen aller Möglichkeiten nicht in der Lage ist, ein Prüfungsurteil abzugeben.[338] Eine Versagung des Bestätigungsvermerks muss somit erfolgen, wenn die folgenden vier Voraussetzungen erfüllt sind: Es liegt erstens ein Prüfungshemmnis vor, zweitens sind alternative Prüfungshandlungen ausgeschöpft bzw. nicht möglich, drittens ist die Beanstandung wesentlich und viertens ist der Abschlussprüfer nicht in der Lage, noch einen eingeschränkten Bestätigungsvermerk zu erteilen.

Die Versagung des Bestätigungsvermerks kann z.B. erforderlich sein, wenn keine Teilnahme an der Inventur und somit keine Inventurbeobachtung möglich ist und das Vorratsvermögen eine wesentliche Bilanzposition darstellt. Sofern keine alternative Prüfungshandlung möglich ist, stellt das Prüfungshemmnis eine wesentliche Beanstandung dar, der Abschlussprüfer muss den Bestätigungsvermerk versagen. Ein weiteres Beispiel sind gravierende, nicht behebbare Mängel in der Buchführung.

Die Versagung des Bestätigungsvermerks aufgrund von Prüfungshemmnissen ist ebenfalls in jedem Falle zu begründen.

---

[335] Vgl. § 322 Abs. 4 Satz 4 HGB im Umkehrschluss.
[336] Vgl. IDW PS 400, Tz. 65.
[337] Vgl. § 322 Abs. 4 Satz 3 HGB.
[338] Vgl. IDW PS 400, Tz. 68a.

Gerade in Zeiten der Finanz- bzw. EURO-Krise ist die **Problematik Einschränkung oder der Versagung** besonders aktuell. Zum einen muss die Annahme der Going-Concern-Prämisse kritisch betrachtet werden, zum anderen steigt in Krisenzeiten tendenziell die Neigung zu Verstößen gegen Bilanzierungsvorschriften zwecks besserer Darstellung der Vermögens-, Finanz- und Ertragslage.

Mit diesen Worten möchte ich meinen Vortrag schließen, ich danke für Ihre Aufmerksamkeit.

Anja Chalupa

1.18 Ereignisse nach dem Bilanzstichtag

Sehr geehrter Herr Vorsitzender, sehr geehrte Prüfungskommission,

aus den mir zur Verfügung gestellten Themen habe ich das Thema „Ereignisse nach dem Bilanzstichtag" gewählt und meinen Vortrag wie folgt gegliedert: Nach einer kurzen Einführung in die Thematik werde ich zunächst die Berücksichtigung von **Ereignissen nach dem Bilanzstichtag** nach HGB und IFRS behandeln und anschließend auf die **Pflichten des Abschlussprüfers** in diesem Kontext eingehen. Meinen Vortrag schließe ich mit einem kurzen **Fazit**.

Die Thematik der Berücksichtigung von **Ereignissen nach dem Bilanzstichtag** beschäftigt sich im Wesentlichen mit den zwei Fragestellungen:
- Welche Ereignisse, die nach dem Bilanzstichtag eintreten, werden im Abschluss beachtet?
- Bis zu welchem Zeitpunkt sind Ereignisse nach dem Bilanzstichtag zu berücksichtigen?

Unterschieden wird zum einen in wertaufhellende und wertbegründende Ereignisse nach dem Bilanzstichtag und zum anderen in Ereignisse, die bis zur Erteilung des Bestätigungsvermerks sowie in Ereignisse, die nach Erteilung des Bestätigungsvermerks eintreten.[339]

Wertaufhellende Ereignisse sind Ereignisse, die am Bilanzstichtag begründet waren, aber erst nach dem Bilanzstichtag bekannt werden, das heißt, sie führen nachträglich zu besseren Erkenntnissen über die Verhältnisse am Bilanzstichtag.[340] Dies können sowohl negative als auch positive Tatsachen sein.
Als Beispiel für ein wertaufhellendes Ereignis nach dem Bilanzstichtag kann das Folgende genannt werden: Sofern ein Schuldner bereits am Bilanzstichtag in finanziellen Schwierigkeiten ist, ist die Insolvenzeröffnung kurz nach dem Bilanzstichtag eine wertaufhellende Tatsache. Folglich ist diese bereits bei der Bewertung zum Bilanzstichtag zu berücksichtigen. Als weiteres Beispiel können unter bestimmten Umständen Schadensersatzansprüche angeführt werden. Der Schuldner muss bereits zum Bilanzstichtag eine Rückstel-

---

[339] Vgl. IDW PS 203 n.F. Ereignisse nach dem Abschlussstichtag (Stand: 09.09.2009), Tz. 8 und 2.
[340] Vgl. IDW PS 203 n.F., Tz. 8.

lung bilden, wenn die Schadenshandlung im alten Geschäftsjahr erfolgt ist, auch wenn die Schadensersatzansprüche erst nach dem Bilanzstichtag durch den Gläubiger geltend gemacht werden.

Wertaufhellende Ereignisse werden nach dem **HGB** im Jahresabschluss berücksichtigt, wenn sie bis zum Aufstellungszeitpunkt bekannt geworden sind. Muss der Jahres- bzw. Konzernabschluss nach § 316 HGB[341] geprüft werden, so sind wertaufhellende Ereignisse, die bis zum Bestätigungsvermerk eintreten, im Jahres- bzw. Konzernabschluss zu berücksichtigen.[342]

Wertbegründende Ereignisse sind Ereignisse nach dem Bilanzstichtag, die keinen Rückschluss auf die Verhältnisse an dem Bilanzstichtag zulassen. Wertbegründende Ereignisse nach dem Bilanzstichtag werden nicht im Jahres- bzw. Konzernabschluss berücksichtigt.

Einzige Ausnahme hiervon stellt der folgende Fall dar: Ist der Jahresabschluss unter der Annahme einer positiven Fortführungsprognose aufgestellt, obwohl zum Zeitpunkt der Aufstellung des Jahresabschlusses hiervon nicht ausgegangen werden konnte, muss sich der Abschlussprüfer anhand angemessener und ausreichender Prüfungsnachweise davon überzeugen, dass zwischenzeitlich die Bestandsgefährdung beseitigt und somit die Annahme der Going-Concern-Prämisse im Jahresabschluss zu Recht erfolgt ist.[343]

Als Beispiele für wertbegründende Ereignisse nach dem Bilanzstichtag können der Brand in der Lagerhalle am 2. Januar des nachfolgenden Geschäftsjahres oder die Rückzahlung eines wertberichtigten Darlehens kurz nach dem Bilanzstichtag genannt werden.

Nach dem HGB dürfen wertbegründende Ereignisse nach dem Bilanzstichtag nicht in der Bilanz berücksichtigt werden. Zu beachten ist aber die Vorschrift des § 289 Abs. 2 Nr. 1 HGB, nach der über Vorgänge von besonderer Bedeutung, die nach dem Bilanzstichtag eingetreten sind, im Lagebericht berichtet werden muss.

Diese Vorschrift hat eine Korrekturfunktion. Es wird über Vorgänge berichtet, die sich wesentlich auf die Vermögens-, Finanz- und Ertragslage auswirken, aber keinen Niederschlag im Jahresabschluss gefunden haben.

Im Lagebericht erfolgt nur eine Berichterstattung über wertbegründende Ereignisse, denn wertaufhellende Ereignisse sind bereits im Jahresabschluss berücksichtigt worden.

---

[341] Vgl. § 316 Abs. 1 und 2 HGB.
[342] Vgl. IDW PS 203 n.F., Tz. 8.
[343] Vgl. IDW PS 270, Tz. 31.

Die Berichterstattung gilt sowohl für negative als auch für positive Ereignisse, die sich wesentlich auf die Lage des Unternehmens auswirken.

Die **IFRS** regeln die Berücksichtigung von Ereignissen nach dem Bilanzstichtag in IAS 10. Auch die IFRS unterscheiden in wertaufhellende und wertbegründende Ereignisse, kennen aber im Gegensatz zum HGB auch ansatzaufhellende und ansatzbegründende Ereignisse nach dem Bilanzstichtag.

Wertaufhellende Ereignisse werden definiert als Ereignisse, die weitere substanzielle Hinweise zu Gegebenheiten liefern, die bereits am Bilanzstichtag vorgelegen haben. Wertaufhellende Ereignisse nach dem Bilanzstichtag müssen im Abschluss berücksichtigt werden.[344]

Im Unterschied zum HGB werden nach IFRS auch ansatzaufhellende Ereignisse berücksichtigt. Ansatzaufhellende Ereignisse sind Ereignisse, die weitere substanzielle Hinweise zu Bilanzansätzen geben, die bereits am Bilanzstichtag vorgelegen haben.[345]

Wert- und ansatzaufhellende Ereignisse werden bis zur Genehmigung des Abschlusses berücksichtigt.[346] Dieser Zeitpunkt muss im Anhang angegeben werden.[347]

Wert- und ansatzbegründende Ereignisse werden hingegen definiert als Ereignisse, die Gegebenheiten anzeigen, die nach dem Abschluss eingetreten sind.[348] Wert- und ansatzbegründende Ereignisse nach dem Bilanzstichtag sind nicht im Abschluss zu berücksichtigen.[349] IAS 10 sieht aber umfangreiche Angaben im Anhang zu den wert- und ansatzbegründenden Ereignissen nach dem Bilanzstichtag vor.[350]

Die **Pflichten des Abschlussprüfers** bei der Prüfung von Ereignissen nach dem Bilanzstichtag sind im IDW PS 203 n.F. geregelt, u.a. folgende Prüfungshandlungen werden zur Feststellung von wertaufhellenden Ereignissen vorgeschlagen:[351] die Prüfung der Vorratsabgrenzung, die Prüfung der Begleichung von Verbindlichkeiten in zeitlicher Nähe zum Abschlussstichtag und kritisches Lesen von Sitzungsprotokollen.

---

[344] Vgl. IAS 10.3 (a).
[345] Vgl. IAS 10.8.
[346] Vgl. IAS 10.3.
[347] Vgl. IAS 10.17.
[348] Vgl. IAS 10.3 (b).
[349] Vgl. IAS 10.3 (b), IAS 10.10.
[350] Vgl. IAS 10.21 f.
[351] Vgl. IDW PS 203 n.F., Tz. 11, 13.

Liegt zwischen Erteilung des Bestätigungsvermerks und der Berichtsauslieferung ein nicht unbeachtlicher Zeitraum, sind weitere Prüfungshandlungen durch den Abschlussprüfer zur Feststellung, ob möglicherweise wertaufhellende Ereignisse eingetreten sind, vorzunehmen.[352]

Werden wertaufhellende Ereignisse nach Auslieferung des Prüfungsberichts bekannt, die schon zum Datum des Bestätigungsvermerks bestanden haben, ist eine Änderung des Jahres- bzw. Konzernabschlusses erforderlich, sofern sich das wertaufhellende Ereignis wesentlich auf die Vermögens-, Finanz- und Ertragslage auswirkt.

Der erteilte Bestätigungsvermerk muss widerrufen werden. Wird der Jahres- bzw. Konzernabschluss geändert, muss eine Nachtragsprüfung[353] erfolgen und ein erneuter Bestätigungsvermerk mit Doppeldatum, d.h. dem des ersten Bestätigungsvermerks und dem des Bestätigungsvermerks aufgrund der Nachtragsprüfung, erteilt werden. Wird der Jahresabschluss nach Widerruf nicht geändert, muss ein neuer Bestätigungsvermerk mit gegebenenfalls anderem Prüfungsurteil erteilt werden.[354]

Ereignisse nach dem Bilanzstichtag stellen sowohl für den Bilanzierenden als auch für den Abschlussprüfer generell ein **sensibles Thema** dar. Zum einen besteht eine hohe Fehleranfälligkeit durch Abgrenzung der wert- bzw. ansatzaufhellenden zu den wert- bzw. ansatzbegründenden Ereignissen. Zum anderen sind umfangreiche Prüfungshandlungen des neuen Geschäftsjahres erforderlich.

Mit diesen Worten möchte ich meinen Vortrag schließen, ich danke für Ihre Aufmerksamkeit.

Anja Chalupa

---

[352] Vgl. IDW PS 203 n.F., Tz. 18.
[353] Vgl. § 316 Abs. 3 Satz 1 HGB.
[354] Vgl. IDW PS 203 n.F., Tz. 19 ff.

1.19 Die Prüfung des Eigenkapitals

Sehr geehrter Herr Vorsitzender, sehr geehrte Prüfungskommission,

aus den mir zur Verfügung gestellten Vortragsthemen habe ich das Thema „die Prüfung des Eigenkapitals" gewählt und meinen Vortrag wie folgt gegliedert: Nach einer kurzen Einführung werde ich auf die **Bestandteile des Eigenkapitals** eingehen, bevor ich die **Prüfung des Eigenkapitals** darstelle, wobei ich zunächst **allgemeine Aspekte** und anschließend einige **ausgewählte Besonderheiten** behandeln werde. Meinen Vortrag werde ich mit der Darstellung **grundlegender Unterscheide zwischen HGB und IFRS** und einem kurzen Fazit schließen.

Das Kapital errechnet sich aus dem Vermögen abzüglich der Schulden, stellt somit eine Residualgröße dar. Das Eigenkapital hat diverse Funktionen, wobei als die beiden wichtigsten die Haftungsfunktion und die Gewinnbeteiligungsfunktion zu nennen sind. Aber auch die Kontinuitätsfunktion zur Beurteilung der Going-Concern-Annahme und die Verlustausgleichsfunktion sind weitere wichtige Funktionen des Eigenkapitals.[355]

Nach dem Handelsrecht enthält das **Eigenkapital** die fünf **Bestandteile**[356] Gezeichnetes Kapital[357], Kapitalrücklage[358], Gewinnrücklagen[359], Gewinn- oder Verlustvortrag und Jahresüberschuss oder Jahresfehlbetrag.
 Die Bilanz darf auch unter vollständiger oder teilweiser Verwendung des Jahresergebnisses aufgestellt werden. Statt der Posten Jahresüberschuss bzw. Jahresfehlbetrag und Gewinn- oder Verlustvortrag wird der Posten Bilanzgewinn bzw. Bilanzverlust ausgewiesen.[360]

---

[355] Vgl. Fischer, Bankrechts-Handbuch, 4. Auflage, 2011, § 129 Eigenmittel und Liquidität, Rn. 1.
[356] Vgl. § 266 Abs. 3 Buchstabe A. HGB.
[357] Bei der AG Grundkapital gem. § 6 AktG, bei der GmbH Stammkapital gem. § 5 Abs. 1 GmbHG.
[358] U.a. Ausgabeaufgelder, § 272 Abs. 2 Nr. 1 und 2 HGB i.V.m.§§ 9, 23 Abs. 2 AktG.
[359] Bestehend aus gesetzlicher Rücklage, z.B. § 150 AktG und § 5a Abs. 3 GmbHG, Rücklage für Anteile an einem herrschenden oder mehrheitlich beteiligten Unternehmen, satzungsmäßige Rücklagen und andere Gewinnrücklagen.
[360] Vgl. § 268 Abs. 1 HGB.

Bei haftungsbeschränkten Personenhandelsgesellschaften sieht § 264c Abs. 2 HGB eine besondere Gliederung vor. Statt des Gezeichneten Kapitals werden die Kapitalanteile der Gesellschafter ausgewiesen, die Rücklagen werden in einer Position zusammengefasst,[361] anschließend werden der Gewinn- bzw. Verlustvortrag und Jahresüberschuss bzw. Jahresfehlbetrag oder alternativ der Bilanzgewinn oder Bilanzverlust ausgewiesen.

Bei der **Prüfung** der Bilanzposition „Eigenkapital" muss der Abschlussprüfer **im Allgemeinen** Folgendes beachten:
Entspricht das ausgewiesene gezeichnete Kapital gesellschaftsrechtlichen Vereinbarungen, dem Eintrag im Handelsregister und dem gesetzlichen Mindestkapital?[362]

Ist bei der haftungsbeschränkten Unternehmergesellschaft die gesetzlich vorgeschriebene Zuführung zur Rücklage berücksichtigt worden?[363]

Sind bei der Aktiengesellschaft die Vorschriften zur gesetzlichen Rücklage berücksichtigt worden?[364]

Sind bei erfolgten Sachkapitalerhöhungen die gesetzlichen Vorschriften[365] eingehalten worden?

Sind die Einzahlungen auf Kapitalanteile durch die jeweiligen Gesellschafter erbracht oder stehen sie noch aus?

Sind bei Überschuldung oder einem Verlust in Höhe der Hälfte des Grund- bzw. Stammkapitals Vorstand bzw. Geschäftsführung den gesetzlichen Pflichten[366] nachgekommen?

Ist die insolvenzrechtliche Antragspflicht[367] beachtet worden?

Ist der Kauf der eigenen Anteile innerhalb der gesellschaftsrechtlichen Vorschriften erfolgt?[368]

Sind ggf. gesellschaftsrechtliche Angabe- und Ausweispflichten beachtet worden: die Angabe der Aktiengattungen nach § 152 AktG, der Ausweis der Forderungen und Verbindlichkeiten gegenüber Gesellschaftern nach § 4 GmbHG, die Höhe des genehmigten Kapitals und die Angabe des Bestands an eigenen Aktien nach § 160 AktG.

---

[361] Vgl. § 264c Abs. 2 Satz 8 HGB; wobei nur Rücklagen aufgrund gesellschaftsrechtlicher Vereinbarungen ausgewiesen werden dürfen.
[362] 50.000 EUR gem. § 7 AktG / 25.000 EUR gem. § 5 Abs. 1 GmbHG bzw. 1 EUR bei der haftungsbeschränkten Unternehmergesellschaft gem. §§ 5a Abs. 1 i.V.m. 5 Abs. 1 GmbHG.
[363] Vgl. § 5a Abs. 3 GmbHG.
[364] Vgl. § 150 AktG.
[365] Vgl. § 27 AktG, § 5 Abs. 4 GmbHG.
[366] Vgl. § 92 AktG, § 49 Abs. 3 GmbHG.
[367] Vgl. § 15a InsO.
[368] Vgl. § 71 AktG, § 33 GmbHG.

Nach den allgemeinen Ausführungen werde ich nun auf **ausgewählte Besonderheiten** eingehen.

Ist das Eigenkapital aufgebraucht, muss auf der Aktivseite ein „nicht durch Eigenkaptal gedeckter Fehlbetrag" ausgewiesen werden.[369] Durch diesen aktivischen Ausweis wird explizit auf die bilanzielle Überschuldung der Kapitalgesellschaft hingewiesen.

Bei der Bilanzierung von Kapitalanteilen bei Personenhandelsgesellschaften ist ein Verlust des persönlich haftenden Gesellschafters von seinem Kapitalanteil abzuschreiben.[370] Übersteigt der Verlustanteil den Kapitalanteil, muss ein Ausweis auf der Aktivseite als Forderung aus Einzahlungsverpflichtung gegenüber dem persönlich haftenden Gesellschafter – sofern eine Nachschusspflicht besteht – oder als "Nicht durch Vermögenseinlagen gedeckter Verlustanteil persönlich haftender Gesellschafter" – sofern keine Nachschusspflicht besteht – erfolgen.[371]

Bei der AG müssen nur 25% des Nennbetrags der Bareinlagen bzw. bei der GmbH 25% des Nennbetrags auf jeden Geschäftsanteil bei Gründung voll eingezahlt sein[372], somit kann es zum Ausweis ausstehender Einlagen kommen. Bei den ausstehenden Einlagen ist seit der Reform des HGB durch das BilMoG nur der sog. Nettoausweis möglich. Die nicht eingeforderten ausstehenden Einlagen werden vom Gezeichneten Kapital abgezogen, die eingeforderten ausstehenden Einlagen werden als Forderung auf der Aktivseite gesondert ausgewiesen.[373]

Werden erworbene eigene Anteile ausgewiesen, sind diese offen vom Gezeichneten Kapital abzusetzen. Der Unterschiedsbetrag zwischen den Anschaffungskosten und dem Nennwert der erworbenen eigenen Anteile ist mit den frei verfügbaren Rücklagen zu verrechnen. Anschaffungsnebenkosten der eigenen Anteile sind sofortiger Aufwand. Bei Verkauf der eigenen Anteile entfällt der vom Eigenkapital offen abgesetzte Betrag wieder. Ein den Nennbetrag übersteigender Betrag ist den frei verfügbaren Rücklagen wieder zuzurechnen bis zur Höhe der bei Kauf vorgenommen Verrechnung. Ein darüber hinausgehender Betrag ist in die Kapitalrücklage einzustellen.[374]

---

[369] Vgl. § 268 Abs. 3 HGB.
[370] Vgl. § 264c Abs. 2 Satz 3 HGB.
[371] Vgl. § 264c Abs. 2 Satz 4 f. HGB.
[372] Vgl. § 36a Abs. 1 AktG, § 7 Abs. 2 GmbH (wobei die Hälfte des Mindeststammkapitals zusammen mit den Sacheinlagen erreicht werden muss).
[373] Vgl. § 272 Abs. 1 HGB.
[374] Vgl. § 272 Abs. 1a und 1b HGB.

Im Bereich der Mezzanine Finanzierung kann eine Zuordnung der Finanzierung entweder zum Eigenkapital oder zum Fremdkapital je nach Ausgestaltung der Qualitätsmerkmale der Investition erfolgen. Ein Sonderposten zwischen Eigen- und Fremdkapital entsprechend der vertraglichen Gestaltung ist grundsätzlich nicht zulässig.[375]

Schließlich möchte ich kurz auf einige **grundlegende Unterschiede** zwischen der Bilanzierung nach **HGB und IFRS** eingehen.

Die IFRS kennen im Gegensatz zum HGB als weiteren Eigenkapitalbestandteil die Neubewertungsrücklage.[376]

Die IFRS sehen grundsätzlich die Darstellung des Eigenkapitals in einem Eigenkapitalspiegel vor, im HGB ist der Eigenkapitalspiegel nur bei kapitalmarktorientierten Unternehmen und Konzernabschlüssen verpflichtend.[377]

Die Prüfung des Eigenkapitals ist ein sensibler und komplexer Themenbereich, aufgrund der zahlreichen Funktionen ist diesem Prüffeld stets besondere Aufmerksamkeit zu widmen.

Mit diesen Worten möchte ich meinen Vortrag schließen, ich bedanke mich für Ihre Aufmerksamkeit.

Anja Chalupa

---

[375] Vgl. IDW HFA Stellungnahme 1/1994 Zur Behandlung von Genussrechten im Jahresabschluss von Kapitalgesellschaften.
[376] Z.B. Veränderung des Eigenkapitals durch die Neubewertung von Sachanlagen (vgl. IAS 16.39).
[377] Vgl. §§ 264 Abs. 1 Satz 2, 297 Abs. 1 Satz 1 HGB.

1.20 Die MaBV-Prüfung

Sehr geehrter Herr Vorsitzender, sehr geehrte Prüfungskommission,

aus den mir zur Verfügung gestellten Themen habe ich mich für das Thema: „Die MaBV-Prüfung" entschieden und meinen Vortrag wie folgt gegliedert. Nach einigen **einführenden Erläuterungen zur MaBV-Prüfung** werde ich auf die **Siegelpflicht** bei der MaBV-Prüfung eingehen. Im Anschluss beschäftige ich mich mit der **MaBV-Prüfung im Einzelnen**, wobei ich zunächst das **Prüfungsziel** und die **Prüfungshandlungen** und anschließend den **Prüfungsbericht** und den **Prüfungsvermerk** behandeln werde. Meinen Vortrag schließe ich mit einem **Fazit**.

Die erforderliche Erlaubnispflicht nach § 34c GewO soll sicherstellen, dass keine ungeeigneten Personen als Makler, Anlageberater, Bauträger oder Baubetreuer auftreten. Nach § 16 MaBV müssen sich Anlageberater, Bauträger und Baubetreuer jährlich prüfen lassen und den Prüfungsbericht spätestens zum 31. Dezember des darauffolgenden Jahres der zuständigen Aufsichtsbehörde einreichen.[378] Der IDW PS 830 unterscheidet vier Typen der **MaBV-Prüfung**[379]:
1. Prüfung von Bauträgern i.S.d. § 34c Abs. 1 Satz 1 Nr. 4a GewO
2. Prüfung von Baubetreuern i.S.d. § 34c Abs. 1 Satz 1 Nr. 4b GewO
3. Prüfung von Darlehensvermittlern i.S.d. § 34c Abs. 1 Satz 1 Nr. 2 GewO[380]
4. Prüfung von Gewerbetreibenden, die keine Vermögenswerte entgegen genommen haben.

Die MaBV-Prüfung ist aufgrund der expliziten Nennung in § 16 Abs. 3 MaBV eine Vorbehaltsaufgabe des Wirtschaftsprüfers oder vereidigten Buchprüfers und unterliegt folglich der **Siegelpflicht**.[381]

---

[378] Vgl. §§ 16 Abs. 1 i.V.m. 34c Abs. 1 Satz 1 Nr. 2 und Nr. 4 GewO.
[379] Vgl. IDW PS 830 Zur Prüfung Gewerbetreibender i.S.d. § 34c Abs. 1 GewO gemäß § 16 der Makler- und Bauträgerverordnung (MaBV) (Stand: 10.06.2011), Tz. 22 ff.
[380] Da der § 34c Abs. 1 Satz 1 Nr. 2 GewO n.F. sich nunmehr nur auf Darlehensvermittlungen bezieht, wird im Folgenden in Abweichung zum derzeitigen Stand des IDW PS 830 nicht mehr die Anlagevermittlung allgemein, sondern nur noch die Darlehensvermittlung betrachtet.
[381] Vgl. URL: http://www.wpk.de/service/siegel_mabv.asp (Abrufdatum: 30.03.2015).

Durch die Siegelpflicht ist für die Durchführung von MaBV-Prüfungen eine Teilnahme an der externen Qualitätskontrolle[382] erforderlich, Dokumentation und Berichterstattung müssen dem Qualitätssicherungssystem genügen und die Aufträge unterliegen der Berichtskritik.

Die MaBV-Prüfung ist eine Gesetzmäßigkeitsprüfung. Ziel ist die Prüfung der Einhaltung der Vorschriften der §§ 2 bis 14 MaBV bei Vornahme erlaubnispflichtiger Tätigkeiten. Wurden im Berichtszeitraum keine erlaubnispflichtigen Tätigkeiten i.S.d. § 34c Abs. 1 Satz 1 GewO ausgeführt, besteht keine Prüfungspflicht.[383]

Die **Prüfungshandlungen** werden in vorbereitende Prüfungshandlungen und die eigentliche Prüfung der Erfüllung der Vorschriften der MaBV unterschieden.[384]

Zu den **vorbereitenden Prüfungshandlungen** gehört die Feststellung der Prüfungsberechtigung des Prüfers, wobei neben den Anforderungen der WPO an die Teilnahme an der externen Qualitätskontrolle keine Besorgnis der Befangenheit bestehen darf.[385]
Es folgt die Feststellung der Art der getätigten Geschäfte. Besondere Aufmerksamkeit gilt hierbei der erteilten gewerberechtlichen Erlaubnis und ob sämtliche ausgeführten Geschäfte von dieser erfasst sind. Die Anforderung einer Produkt- und Vertragspartnerübersicht sowie aller verwendeten Musterverträge und Formulare ermöglicht die Erfassung der getätigten Geschäft inklusive ihrer Konditionen.[386]

Ebenfalls im Rahmen der vorbereitenden Prüfungshandlungen hat der Wirtschaftsprüfer Informationen über die geführten Aufzeichnungen und die Organisation des Unternehmens einzuholen. Ein Großteil der Sachverhalte, die der Prüfung nach § 16 MaBV unterliegen, wird üblicherweise in der Buchhaltung des Gewerbetreibenden festgehalten. Die Buchhaltung als Informationslieferant ist daher auf eine vollständige und zeitgerechte Erfassung zu überprüfen. Ist der MaBV-Prüfung eine Abschlussprüfung nach berufsüblichen Grundsätzen vorausgegangen, kann diese Prüfung ggf. entfallen.

---

[382] Nach § 57a WPO, sofern die WP-Praxis keine gesetzlichen Abschlussprüfungen sondern ausschließlich MaBV-Prüfungen durchführt, kann eine Ausnahmegenehmigung beantragt werden (vgl. VG Berlin, Urteil vom 15.09.2014 – VG 22 K 59.14).
[383] Vgl. IDW PS 830, Tz. 6.
[384] Vgl. IDW PS 830, Tz. 12 ff.
[385] Vgl. § 16 Abs. 3 Satz 4 MaBV.
[386] Vgl. IDW PS 830, Tz. 14.

Die nach der MaBV geforderten Aufzeichnungs- und Dokumentationspflichten gehen über die handels- und steuerrechtlichen Buchführungspflichten hinaus. Insbesondere müssen auch nicht zustande gekommene Verträge bzw. die hierfür erbrachten Tätigkeiten dokumentiert werden. Neben der Buchhaltung muss der Wirtschaftsprüfer z.B. Einsicht in Organisationspläne, Korrespondenz mit Auftraggebern und Vereinbarungen mit Kreditinstituten erhalten.[387]

Die **eigentliche MaBV-Prüfung**, nämlich die Prüfung der Erfüllung der einzelnen Vorschriften der §§ 2 bis 14 MaBV, unterscheidet vier Typen.

Hat der Gewerbetreibende keine erlaubnispflichtigen Tätigkeiten im Berichtszeitraum ausgeführt, entfällt die Prüfungspflicht. Die Aufsichtsbehörde ist in diesem Fall mittels einer Negativerklärung durch den Gewerbetreibenden zu unterrichten.[388]

Die Prüfungsdurchführung unterscheidet sich hinsichtlich der Pflichten aus den §§ 4 bis 14 MaBV für die vier Typen nur geringfügig.[389] Im Folgenden nenne ich beispielhaft **Prüfungshandlungen** für die einzelnen Vorschriften:
- Einholung geeigneter Nachweise über die Verwendung von Vermögenswerten (§ 4 MaBV),
- Prüfung der Vorkehrungen (Verpflichtungserklärungen, mündliche oder schriftliche Anweisungen) bei Einsatz von Hilfspersonal (§ 5 MaBV),
- Prüfung anhand verwendeter Konten, ob eine getrennte Vermögensverwaltung erfolgt ist (§ 6 MaBV),
- Prüfung der Rechnungslegung gegenüber dem Auftraggeber bei Verwendung von Vermögenswerten (§ 8 MaBV),
- Prüfung der Erfüllung der Anzeigepflicht von Leitungspersonal gegenüber der Aufsichtsbehörde (§ 9 MaBV),
- Prüfung der Erfüllung der Buchführungspflicht (§ 10 MaBV),
- Prüfung der Beachtung der Informationspflicht und den Vorschriften zur Werbung (§ 11 MaBV) und
- Prüfung anhand von Verträgen, ob unzulässige abweichende Vereinbarungen getroffen wurden (§ 12 MaBV).

---

[387] Vgl. IDW PS 830, Tz. 16 ff.
[388] Vgl. IDW PS 830, Tz. 20.
[389] Vgl. IDW PS 830, Tz 24 ff.

Bei der Prüfungsdurchführung sind die Besonderheiten der einzelnen Typen zu beachten.

Für **Bauträger** gilt der § 2 MaBV (Sicherungsleistung, Versicherung) regelmäßig nicht. Stattdessen sind die „besonderen Sicherungspflichten des Bauträgers" nach § 3 MaBV zu prüfen.[390] Hierfür sind Vertragsdaten wie z.b. die Daten der Baugenehmigung und der notariellen Beurkundung und Vereinbarungen über den Kaufpreis einzuholen, die abgeschlossenen Bauabschnitte (Baustände) und Zahlungseingänge sind zu erfassen.[391]

Bei **Baubetreuern** und Darlehensvermittlern ist zur Feststellung der Einhaltung des § 2 MaBV zu prüfen, ob Verfügungsberechtigungen ohne Mitwirkung des Betreuten bestehen. Liegen Verfügungsberechtigungen vor, ist zu prüfen, ob und in welcher Form Sicherheiten geleistet wurden.[392]

Bei **Darlehensvermittlern** handelt es sich bei der Buchführungspflicht nach MaBV nicht um handels- oder steuerrechtliche Aufzeichnungen, sondern um Kundendaten, Angaben über Vertragspartner, Informationen über produktspezifische Merkmale und Unterlagen über die Risikoeinschätzung des Auftraggebers. Zudem hat die Erfüllung der Informationspflichten über das vermittelte Produkt bei Darlehensvermittlern einen hohen Stellenwert.[393]

Hat der **Gewerbetreibende keine Vermögenswerte von Auftraggebern entgegen genommen**, ist Folgendes zu beachten. Der Bauträger übt in diesem Fall keine erlaubnispflichtige Tätigkeit i.S.d. § 34c GewO aus. Beabsichtigt er allerdings, Vermögenswerte entgegenzunehmen, müssen die Vorschriften der MaBV eingehalten werden.

Der **Prüfungsbericht** dient der Unterrichtung der Aufsichtsbehörde darüber, ob der Gewerbetreibende die Vorschriften der MaBV eingehalten hat. Durch den Bericht des Wirtschaftsprüfers soll die Aufsichtsbehörde in die Lage versetzt werden, sich ein eigenes Urteil über den Gewerbetreibenden und dessen Zuverlässigkeit bei der Ausübung der erlaubnispflichtigen Tätigkeit zu bilden. Genügt der Prüfungsbericht nicht den an die Berichterstattung zu stellenden Anforderungen, kann die Aufsichtsbehörde eine außerordentliche Prüfung[394] anordnen, wobei Aufbau und Inhalt des Prüfungsberichts nicht detailliert geregelt sind.[395]

---

[390] Vgl. IDW PS 830, Tz. 22 ff.
[391] Vgl. IDW PS 830, Tz. 23.
[392] Vgl. IDW PS 830, Tz. 46.
[393] Vgl. IDW PS 830, Tz. 58 ff.
[394] Vgl. § 16 Abs. 2 MaBV.
[395] Vgl. IDW PS 830, Tz. 64 ff.

Der Bericht muss einen **Prüfungsvermerk** darüber enthalten, ob Verstöße des Gewerbetreibenden gegen die §§ 2 bis 14 MaBV festgestellt worden sind. Der Prüfungsvermerk enthält kein abschließendes Gesamturteil über die Einhaltung, sondern eine Negativerklärung des Wirtschaftsprüfers, dass keine Verstöße festgestellt wurden. Wurden hingegen Verstöße gegen die Vorschriften der MaBV festgestellt, so sind diese einzeln im Prüfungsvermerk aufzuführen.[396]

Die MaBV-Prüfung sollte hinsichtlich ihres Prüfungsumfangs nicht unterschätzt werden. Oftmals ist eine umfangreiche Einsichtnahme in Unterlagen und Aufzeichnungen des Gewerbetreibenden notwendig, um die Einhaltung der MaBV-Vorschriften prüfen zu können. Die Tatsache, dass es sich um eine Vorbehaltsaufgabe handelt, unterstreicht den Stellenwert der MaBV-Prüfung.

Mit diesen Worten möchte ich meinen Vortrag schließen, ich danke für Ihre Aufmerksamkeit.

Anja Chalupa

---

[396] Vgl. IDW PS 830, Tz. 68 ff.

1.21 Anforderungen an die Wirtschaftsprüferpraxis durch das Geldwäschegesetz

Sehr geehrter Herr Vorsitzender, sehr geehrte Prüfungskommission,

aus den mir zur Verfügung gestellten Themen habe ich mich für das Thema: „Anforderungen an Wirtschaftsprüferpraxen durch das Geldwäschegesetz" entschieden und meinen Vortrag wie folgt gegliedert. Nach einigen einführenden Anmerkungen zu allgemeinen **Regelungen des Geldwäschegesetzes** werde ich auf die **Anforderungen an interne Sicherungsmaßnahmen** in der Wirtschaftsprüferpraxis und die Erforderlichkeit eines **Geldwäschebeauftragten** eingehen. Im Anschluss beschäftige ich mich mit der **Überwachungsfunktion der Wirtschaftsprüferkammer** sowie den **Erleichterungsvorschriften** und werde meinen Vortrag mit einem **Fazit** schließen.

Mit dem Geldwäschegesetz vom 13.08.2008 wurde die Dritte EU-Geldwäsche Richtlinie 2005 in Deutschland umgesetzt. Hintergrund für die EU-Richtlinie war die verstärkte Terrorismusbekämpfung als Reaktion auf die Anschläge vom 11.09.2001 in den USA und den darauffolgenden weltweiten Terroraktivitäten. Durch das Gesetz zur Optimierung der Geldwäscheprävention vom 22.12.2011[397] wurden im GwG erneut zahlreiche Vorschriften geändert und für Wirtschaftsprüferpraxen neue Pflichten zur Bekämpfung der Geldwäsche und der Terrorismusfinanzierung eingeführt.

Die **Regelungen des Geldwäschegesetzes** gelten nach § 2 Abs. 1 Nr. 8 GwG auch für Wirtschaftsprüfer, vereidigte Buchprüfer, Steuerberater und Steuerbevollmächtigte.[398]

In § 3 GwG sind zunächst allgemeine Sorgfaltspflichten aufgeführt, die bei Begründung einer Geschäftsbeziehung oder außerhalb der laufenden Geschäftsbeziehung bei Bargeld-Transaktionen über 15.000 EUR zu beachten sind.

---

[397] In Kraft getreten am 01.03.2012.
[398] Im nachfolgenden Vortrag werden die Berufsgruppen der vereidigten Buchprüfer, der Steuerberater und der Steuerbevollmächtigten vernachlässigt.

Diese umfassen u.a. die Identifizierung des Vertragspartners z.B. durch Kopie des Personalausweises bei natürlichen Personen oder durch Handelsregisterauszüge bei juristischen Personen, bei Vertretern von juristischen Personen die Überprüfung der Vertretungsbefugnis, die Abklärung, ob der Vertragspartner für einen wirtschaftlich Berechtigten handelt und, soweit dies der Fall ist, dessen Identifizierung.[399] Zudem müssen der Hintergrund der angestrebten Geschäftsbeziehung abgeklärt, die Geschäftsbeziehung kontinuierlich überwacht, sämtliche erhaltenen Informationen und Dokumente überprüft und ggf. aktualisiert werden.[400] Liegen die Informationen bei langjährigen Mandanten nicht vor, müssen diese nachgeholt werden, die langjährige „persönliche Bekanntheit" ändert hieran nichts.

Die erhobenen Angaben und eingeholten Informationen sind aufzuzeichnen und für mindestens fünf Jahre aufzubewahren. Die Aufbewahrungsfrist beginnt mit Ablauf des Kalenderjahres, in dem die Geschäftsbeziehung endet.[401]

In Verdachtsfällen gilt eine mündliche, telefonische oder schriftliche, d.h. auch per Fax oder elektronisch, Meldepflicht[402] an das Bundeskriminalamt – Zentralstelle für Verdachtsmeldungen[403]. Die Transaktion darf nach erfolgter Meldung erst durchgeführt werden, wenn die Staatsanwaltschaft ihre Zustimmung erteilt hat oder wenn der zweite Werktag, wobei der Samstag nicht als Werktag gilt, nach dem Abgangstag der Meldung verstrichen ist, ohne dass die Staatsanwaltschaft ein Verbot ausgesprochen hat.[404] Eine mündliche oder telefonische Meldung muss schriftlich wiederholt werden.[405] Der Verdächtige oder ein Dritter darf über die erfolgte oder die beabsichtigte Meldung nicht in Kenntnis gesetzt werden.[406]

---

[399] Vgl. § 3 Abs. 1 Nr. 1 und 3 GwG.
[400] Vgl. § 3 Abs. 1 Nr. 2 und 4 GwG.
[401] Vgl. § 8 Abs. 3 GwG.
[402] Vgl. § 11 Abs. 1 GwG.
[403] Vgl. § 10 GwG.
[404] Vgl. § 11 Abs. 1a GwG.
[405] Vgl. § 11 Abs. 2 GwG.
[406] Vgl. § 12 Abs. 1 GwG.

§ 9 GwG stellt detaillierte **Anforderungen an** die zu treffenden **internen Sicherungsmaßnahmen**.

Nach § 9 Abs. 2 Nr. 2 GwG müssen Sicherungssysteme und Kontrollen zur Verhinderung der Geldwäsche und der Terrorismusfinanzierung entwickelt und erforderlichenfalls aktualisiert werden.

Die Beschäftigten müssen über Typologien und aktuelle Methoden der Geldwäsche und der Terrorismusfinanzierung und die zu deren Verhinderung bestehenden Pflichten informiert werden. Die Kanzleiführung hat hierfür geeignete Verfahren und Maßnahmen bereitzustellen.[407]

Die Kanzleiführung muss außerdem geeignete risikoorientierte Maßnahmen zur Prüfung der Zuverlässigkeit der Beschäftigten einführen.[408]

Die internen Sicherungsmaßnahmen können beispielsweise wie folgt aussehen:
- Erstellung einer praxisinternen Geldwäscherichtlinie,
- Anfertigung von Handlungsanweisungen, Merkblättern und/oder Checklisten für die Mitarbeiter,
- Erstellung eines mandatsbezogenen Risikoprofils und Identifizierung besonderer Risiken und
- Einführung eines Risikomanagementsystems.[409]

Durch Anordnung der Wirtschaftsprüferkammer muss zudem ein **Geldwäschebeauftragter** in der Wirtschaftsprüferpraxis bestellt werden, der als Ansprechpartner für die Behörden fungiert.[410] Dem Geldwäschebeauftragten ist ein Vertreter zuzuordnen. Die Bestellung und die Entpflichtung des Geldwäschebeauftragten sind der Wirtschaftsprüferkammer mitzuteilen.[411]

---

[407] Vgl. § 9 Abs. 2 Nr. 3 GwG.
[408] Vgl. § 9 Abs. 2 Nr. 4 GwG.
[409] Vgl. Auslegungs- und Anwendungshinweis der WPK zum Geldwäschegesetz; URL: http://www.wpk.de/uploads/tx_templavoila/WPK-Bekaempfung_der_Geldwaesche-Anwendungshinweise_01.pdf (Abrufdatum: 02.06.2015). Das IDW hat zudem umfangreiche „Empfehlungen für die Ausgestaltung interner Sicherungsmaßnahmen zur Geldwäscheprävention in der WP-Praxis" in seinem Praxishinweis 2/2012 (Stand: 06.09.2012) herausgegeben.
[410] Über § 9 Abs. 4 Satz 1 GwG ist die WPK als Aufsichtsbehörde für die Wirtschaftsprüfer und vereidigte Buchprüfer hierzu berechtigt.
[411] Vgl. Auslegungs- und Anwendungshinweis der WPK zum Geldwäschegesetz.

Die Erfüllung der durch das GwG bestehenden Pflichten muss durch die **Wirtschaftsprüferkammer überwacht** werden.[412] Auf Anforderung ist der Wirtschaftsprüferkammer darzulegen, dass der Umfang der getroffenen Maßnahmen als risikoangemessen anzusehen ist.[413] Die Überwachung der Pflichten aus dem GwG erfolgt im Rahmen der anlassbezogenen Berufsaufsicht und der anlassunabhängigen Sonderuntersuchungen und ist Bestandteil der externen Qualitätskontrolle.[414] Verstöße gegen die in § 17 GwG[415] aufgeführten Pflichten stellen Ordnungswidrigkeiten dar, die mit einer Geldbuße von bis zu 100.000 EUR geahndet werden. Für die Ahndung der Ordnungswidrigkeiten ist ebenfalls die Wirtschaftsprüferkammer zuständig.

Zu beachten ist weiterhin, dass – auch bedingt – vorsätzliche Verletzungen der Sorgfaltspflichten nach dem Geldwäschegesetz das Risiko einer Strafbarkeit wegen u.a. Beihilfe zur Geldwäsche[416] begründen können.[417]

Die Wirtschaftsprüferkammer sieht folgende **Befreiungen** von den Pflichten im Zusammenhang mit dem Geldwäschegesetz vor.[418]

Die Vorschriften zu den Pflichten über die Einrichtung interner Sicherungsmaßnahmen finden keine Anwendung, wenn in der Praxis nicht mehr als insgesamt zehn Berufsangehörige oder Berufsträger sozietätsfähiger Berufe[419] tätig sind. Dies gilt nicht für Wirtschaftsprüfer/innen, die überwiegend treuhänderische Tätigkeiten[420] ausüben.

Von der Bestellung eines Geldwäschebeauftragten als Ansprechpartner für das Bundeskriminalamt sind Wirtschaftsprüferpraxen mit nicht mehr als 30 Berufsträgern sozietätsfähiger Berufe[421] befreit.[422]

Entsprechendes gilt für Wirtschaftsprüfungsgesellschaften mit nicht mehr als zehn bzw. 30 Berufsträgern.

Im Rahmen der Geldwäscheprävention ergeben sich für die Wirtschaftsprüferpraxis umfangreiche Pflichten, die nicht unterschätzt werden sollten. Das

---

[412] Vgl. §§ 16 Abs. 1 i.V.m. 2 Nr. 7 GwG sowie § 57 Abs. 2 Nr. 1 WPO.
[413] Vgl. Auslegungs- und Anwendungshinweis der WPK zum Geldwäschegesetz.
[414] Vgl. Auslegungs- und Anwendungshinweis der WPK zum Geldwäschegesetz.
[415] Vgl. § 17 Abs. 1 GwG.
[416] Vgl. §§ 261, 27 StGB.
[417] Vgl. Auslegungs- und Anwendungshinweis der WPK zum Geldwäschegesetz.
[418] Vgl. Geldwäschegesetz (GwG) – Sicherungsmaßnahmen – Anordnung der Wirtschaftsprüferkammer nach § 9 Abs. 5 Satz 2 GwG, abgedruckt im WPK Magazin 2/2012.
[419] Gem. § 44b Abs. 1 WPO.
[420] I.S.d. §§ 2 Abs. 3 Nr. 3, 129 Abs. 3 Nr. 3 WPO.
[421] Gem. § 44b Abs.1 WPO.
[422] Vgl. Auslegungs- und Anwendungshinweis der WPK zum Geldwäschegesetz.

Thema Geldwäscheprävention sollte jedem Wirtschaftsprüfer allgegenwärtig sein und in den stetigen Überarbeitungsprozess interner Strukturen und Systemen integriert werden. Im Juni 2015 ist die vierte EU-Geldwäsche Richtlinie beschlossen worden, die im Rahmen ihrer Umsetzung in nationales Recht bis 2017 voraussichtlich zahlreiche Neuerungen des Geldwäschegesetzes mit sich bringen wird.

Mit diesen Worten möchte ich meinen Vortrag schließen, ich danke für Ihre Aufmerksamkeit.

Anja Chalupa

1.22 Aufstellung von Einzelabschlüssen nach IFRS – Erleichterungsvorschriften für den handelsrechtlichen Jahresabschluss

Sehr geehrter Herr Vorsitzender, sehr geehrte Prüfungskommission,

aus den mir zur Verfügung gestellten Themen habe ich mich für das Thema: „Aufstellung von Einzelabschlüssen nach IFRS – Erleichterungsvorschriften für den handelsrechtlichen Jahresabschluss" entschieden und meinen Vortrag wie folgt gegliedert. Nach einigen **einführenden Erläuterungen** werde ich zunächst auf die **Befreiungsvorschrift des § 264 Abs. 3 HGB** eingehen. Im Anschluss werde ich mich mit den **Erleichterungen des § 291 HGB** und des **§ 325 Abs. 2a HGB** beschäftigen. Meinen Vortrag schließe ich mit einem kurzen **Fazit**.

Auch für mittelständische Unternehmen wird es zunehmend üblicher, neben dem handelsrechtlichen Jahresabschluss[423] einen IFRS-Einzelabschluss aufzustellen, sei es aus vertraglichen Verpflichtungen oder zwecks Einbeziehung in den IFRS-Konzernabschluss der Muttergesellschaft. Es stellt sich daher häufig die Frage, ob und inwieweit Erleichterungen aus der Aufstellung des IFRS-Einzelabschlusses für den handelsrechtlichen Jahresabschluss resultieren. Der deutsche Gesetzgeber verfolgt hierbei folgenden Ansatz:
– die Aufstellung eines IFRS-Einzelabschlusses erfolgt aus Gründen der Informationsverbesserung ausschließlich auf freiwilliger Basis,
– der handelsrechtliche Jahresabschluss bleibt daneben für Zwecke des Gesellschafts- und Steuerrechts erforderlich[424].

Neben diesem Grundsatz sieht das HGB bei der Aufstellung, Prüfung und Offenlegung von Jahresabschlüssen Erleichterungen vor.

---

[423] Im Folgenden wird „Einzelabschluss" für den IFRS-Einzelabschluss und „Jahresabschluss" für den Jahresabschluss nach HGB verwendet.
[424] Z.B. für Zwecke der Kapitalerhaltung und als Ausschüttungsbemessungs- und Besteuerungsgrundlage.

Von den Pflichten nach §§ 264 ff. HGB bzgl. der Aufstellung, Prüfung und Offenlegung von Jahresabschluss und Lagebericht ist eine Kapitalgesellschaft[425] nach § 264 Abs. 3 HGB befreit, wenn
- sie in den Konzernabschluss einer in der EU/EWR ansässigen Muttergesellschaft einbezogen wird,
- alle Gesellschafter des Tochterunternehmens dieser Befreiung für das jeweilige Jahr zustimmen und der Beschluss im Bundesanzeiger offengelegt wird,
- ein Ergebnisabführungsvertrag mit der Muttergesellschaft nach § 302 AktG besteht und dieser im Bundesanzeiger offengelegt ist,
- die Inanspruchnahme der Befreiung im Anhang der Muttergesellschaft angegeben und der Anhang im Bundesanzeiger offengelegt wird und
- die Inanspruchnahme der Befreiung vom Tochterunternehmen ebenfalls offengelegt wird.

Die Befreiung gilt für die
- Aufstellung eines Anhangs und des Lageberichtes,
- Anwendung der besonderen Ansatz- und Gliederungsvorschriften,
- Prüfung nach § 316 ff. HGB und
- Offenlegung.

Die Befreiung gilt nicht für die Vorschriften der §§ 242 bis 263 HGB, folglich müssen trotz Inanspruchnahme der Befreiung eine Bilanz und eine Gewinn- und Verlustrechnung zum Bilanzstichtag aufgestellt werden. Der nach den §§ 242 ff. HGB aufgestellte Jahresabschluss[426] bildet die Grundlage für die Gewinnausschüttung und die Steuerbilanz[427].

---

[425] Entsprechendes gilt über § 264a HGB für haftungsbeschränkte Personenhandelsgesellschaften.
[426] Ggf. unter Nichtbeachtung der Gliederungsvorschriften für Kapitalgesellschaften.
[427] Vgl. § 5 Abs.1 Satz 1 EStG.

Daneben befreit § 291 HGB von der Aufstellung eines (Teil-) Konzernabschlusses, wenn das Unternehmen zugleich Tochterunternehmen ist und
- in den Konzernabschluss seines Mutterunternehmens einbezogen wird,
- das Mutterunternehmen seinen Sitz in der EU oder im EWR hat,
- der Konzernabschluss nach den geltenden Vorschriften für das Mutterunternehmen aufgestellt ist und in Einklang mit der 7. EG-Richtlinie steht[428],
- der Konzernabschluss des Mutternehmens nach dort geltendem Recht geprüft wurde und mit einem Bestätigungs- oder Versagungsvermerk versehen ist,
- in deutscher Sprache im Bundesanzeiger offengelegt wird und
- im Konzernanhang des Mutterunternehmens der Name und Sitz des den Konzernabschluss aufstellenden Mutterunternehmens, ein Hinweis auf die Befreiung von der Konzernabschlusspflicht für das Tochterunternehmen und eine Erläuterung der von dem HGB abweichenden Bilanzierungs-, Bewertungs- und Konsolidierungsvorschriften enthalten ist.

Schließlich ist nach § 325 Abs. 2a HGB eine Gesellschaft von der Offenlegung ihres Jahresabschlusses nach HGB befreit, wenn
- ein IFRS-Einzelabschluss aufgestellt,
- dieser einschließlich Bestätigungs-/Versagungsvermerk offengelegt,
- der Ergebnisverwendungsvorschlag in die Offenlegung einbezogen und
- der Jahresabschluss nebst Bestätigungsvermerk beim Bundesanzeiger eingereicht wurde[429].

Eine Gesellschaft, die freiwillig einen IFRS-Einzelabschluss aufstellt, kann somit diesen anstelle des Jahresabschlusses im Bundesanzeiger offen legen. Durch die parallele Einreichungspflicht des handelsrechtlichen Jahresabschlusses kann der IFRS-Einzelabschluss den HGB-Jahresabschluss allerdings nicht ersetzen. Im Übrigen gelten die Regelungen zur Prüfung nach den §§ 316 ff. HGB für den IFRS-Einzelabschluss gem. § 324a Abs. 1 HGB entsprechend.

---

[428] Bei EU-Mitgliedstaat ist dies regelmäßig erfüllt, bei einem EWR-Staat ist eine gesonderte Prüfung erforderlich.
[429] Veröffentlichung nicht erforderlich mangels Bezug auf § 325 Abs.2 HGB in § 325 Abs.2b Nr.3 HGB.

Wird ein Einzelabschluss freiwillig aufgestellt, muss daneben ein Jahresabschluss aufgestellt werden. Erleichterungen sieht das HGB lediglich bei den für Kapitalgesellschaften geltenden Vorschriften[430] sowie für den Konzernabschluss vor. Das handelsrechtliche Jahresergebnis ist weiterhin Bemessungsgrundlage für Gewinnausschüttungen. Daneben muss für Besteuerungszwecke eine auf dem Jahresabschluss basierenden Steuerbilanz aufgestellt werden.

Folglich sollte die Buchführung einer deutschen Kapitalgesellschaft stets den handelsrechtlichen Vorschriften genügen, der IFRS-Einzelabschluss sollte per Überleitungsrechnung erstellt werden.

Mit diesen Worten möchte ich meinen Vortrag schließen, ich danke für Ihre Aufmerksamkeit.

Anja Chalupa

---

[430] Betreffend Anhang, Lagebericht, Prüfung und Offenlegung, sowie besondere Ansatz- und Gliederungsvorschriften.

1.23 Die Prüfung von Finanzanlagevermittlern

Sehr geehrter Herr Vorsitzender, sehr geehrte Prüfungskommission,

aus den mir zur Verfügung gestellten Themen habe ich mich für das Thema: „Die Prüfung von Finanzanlagevermittlern" entschieden und meinen Vortrag wie folgt gegliedert. Nach einigen **einführenden Erläuterungen** werde ich mich mit der Prüfung im Einzelnen beschäftigen, wobei ich zunächst kurz auf den **Prüfungsgegenstand** und anschließend auf die **Prüfungshandlungen** eingehen werde. Meinen Vortrag schließe ich mit einem kurzen Hinweis zu den **Dokumentationspflichten** und dem **Prüfungsbericht** nebst **Prüfungsvermerk**.

Seit dem 1. Januar 2013 benötigen gewerbliche Finanzanlagevermittler eine Erlaubnis nach § 34f GewO und sind prüfungspflichtig nach § 24 Abs. 1 der Finanzanlagevermittlungsverordnung – kurz Verordnung. Diese neue eigenständige Erlaubnisvorschrift soll besseren Schutz von Anlegern vor unsachgemäßer und unqualifizierter Beratung und Vermittlung von Finanzanlagen sicherstellen.[431]

Gegenstand der Prüfung ist die Einhaltung der sich aus den §§ 12 bis 23 FinVermV ergeben Pflichten des Gewerbetreibenden bei Vornahme erlaubnispflichtiger Tätigkeiten i.S.d. § 34 f Abs. 1 Satz 1 GewO. Sind im Prüfungszeitraum keine erlaubnispflichtigen Tätigkeiten ausgeübt worden, entfällt die Prüfungspflicht. Die Prüfungshandlungen sind nicht auf die Aufdeckung betrügerischer Handlungen[432] des Gewerbetreibenden oder seiner Mitarbeiter ausgerichtet.[433]

---

[431] Vgl. IDW PS 840 Prüfung von Finanzanlagevermittlern i.S.d. § 34 f Abs. 2 Satz 1 GewO nach § 24 Finanzanlagevermittlungsverordnung (Stand 05.03.2015), abgedruckt in den IDW FN Nr. 5/2015, Seite 259 ff., Tz. 1.
[432] Z.B. Unterschlagungen, Fälschungen, Schneeballsysteme.
[433] Vgl. IDW PS 840, Tz. 11.

Die Prüfung nach § 24 FinVermV ist keine Vorbehaltsaufgabe,[434] eine Teilnahme an der externen Qualitätskontrolle ist daher keine Voraussetzung für die Annahme eines solchen Prüfungsmandats. Vor Auftragsannahme ist jedoch zu prüfen, ob sämtliche Berufspflichten einschließlich des Unabhängigkeitsgrundsatzes eingehalten werden können und ob ausreichend personelle Ressourcen sowohl in fachlicher als auch in zeitlicher Hinsicht in der Wirtschaftsprüferpraxis vorhanden sind.[435]

Im Rahmen der Prüfungsdurchführung hat sich der Prüfer zunächst einen Überblick über den Geschäftsbetrieb des Gewerbetreibenden einschließlich der Organisation der einzuhaltenden Pflichten aus der Verordnung und des hierfür eingerichteten internen Kontrollsystems[436] zu verschaffen.[437]

Die **Prüfungshandlungen im Einzelnen** erfolgen zu den Vorschriften der Verordnung.

Bei der Prüfung der Einhaltung der Informationspflichten werden neben den sog. statusbezogenen Informationspflichten[438] – Gewerbetreibende haben den Anlegern vor der ersten Beratung in Schriftform allgemeine Daten wie Firma, Adresse und zuständige Gewerbeaufsicht vorzulegen – die erfolgte Information des Anlegers über Risiken, Kosten, Nebenkosten und Interessenkonflikte[439] und die Einhaltung der Pflicht zur redlichen eindeutigen und nicht irreführenden Information und Werbung[440] geprüft. Der Prüfer hat hierbei sowohl die Informationsunterlagen, wie die Homepage des Gewerbetreibenden, Informationsbroschüren, Rahmenvereinbarungen und Verkaufsprospekte, an sich zu prüfen, als auch Nachweise über den Zeitpunkt der erfolgten Information einzuholen.[441]

---

[434] Vgl. § 24 Abs. 3 und Abs. 4 FinVermV.
[435] Vgl. IDW PS 840, Tz. 13 ff., 19.
[436] Die Prüfung des internen Kontrollsystems erfolgt wie auch der gesamte Umfang der Prüfungshandlungen in Abhängigkeit von der Größe und der Komplexität des Geschäftsbetriebs.
[437] Vgl. IDW PS 840, Tz. 19 ff.
[438] Vgl. §§ 12 und 12a FinVermV.
[439] Vgl. § 13 FinVermV.
[440] Vgl. § 14 FinVermV.
[441] Vgl. IDW PS 840 Tz. 26 ff.

Weiterhin sind die Einhaltung der Pflichten zur Empfehlung geeigneter Finanzanlagen[442], d.h. Durchführung von Geeignetheitstests und Angemessenheitstests sowie Beachtung des Verbots der Verleitung zum Unterlassen von Angaben[443], durch geeignete Unterlagen wie Gesprächsprotokolle und Prüfung von Kundenangaben zu prüfen.[444]

Bei der Prüfung der Pflichterfüllung bei der Anlageberatung sind das Vorhandensein und die Ausgestaltung des erforderlichen Informationsblattes[445] und die Anfertigung und der Inhalt des erforderlichen Beratungsprotokolls[446] Prüfungsgegenstand.[447]

Zudem muss die erforderliche Offenlegung gegenüber dem Anleger von Zuwendungen neben den Vermittlungsprovisionen, z.B. vergünstigte Teilnahme an Veranstaltungen, die Pflichteinhaltung auch von Beschäftigten des Gewerbetreibenden, die Einhaltung der Vorschriften zur unzulässigen Annahme von Geldern und Anteilen der Anleger, die Einhaltung der Anzeigepflicht bei Änderungen in der Betriebs- oder Zweigstellenleitung, der Aufzeichnungspflicht über die Einhaltung der Verhaltenspflichten und der fünfjährigen Aufbewahrungspflicht von Vertragsunterlagen geprüft werden.[448]

Der Prüfer hat sämtliche Prüfungshandlung in seinen Arbeitspapieren zu dokumentieren. Form und Inhalt der **Dokumentation** stehen im pflichtgemäßen Ermessen des Prüfers.[449]

Nach § 24 FinVermV[450] hat der Prüfer einen **Prüfungsbericht** zu erstellen, der Prüfungsbericht muss einen **Prüfungsvermerk**[451] enthalten. Die Verordnung macht keine Angaben zur Ausgestaltung und zum Inhalt des Berichtes und des Prüfungsvermerks.

---

[442] Vgl. § 16 FinVermV.
[443] Finanzanlagevermittler dürfen Anleger nicht dazu verleiten, Angaben z.B. über das persönliche Risikobewusstsein u.a. durch vorformulierte Textpassagen, die angekreuzt werden können, zurückzuhalten.
[444] Vgl. IDW PS 840, Tz. 49 ff.
[445] Vgl. § 15 FinVermV.
[446] Vgl. § 18 FinVermV.
[447] Vgl. IDW PS 840, Tz. 61 ff.
[448] Vgl. IDW PS 840, Tz. 73 ff.
[449] Vgl. IDW PS 840, Tz. 102 f.
[450] Vgl. § 24 Abs. 1 Satz 1 FinVermV.
[451] Vgl. § 24 Abs. 1 Satz 2 FinVermV.

Daher gibt das IDW neben den allgemeinen Berichtsgrundsätzen[452] einen Mindestinhalt für den Prüfungsbericht und eine Formulierung für den abschließenden Prüfungsvermerk in IDW PS 840 vor.[453] Der Prüfungsbericht ist von dem Prüfer unter Angabe von Ort und Datum eigenhändig zu unterzeichnen.[454]

Die Prüfung von Finanzanlagevermittlern nach der Verordnung sollte hinsichtlich ihres Prüfungsumfangs nicht unterschätzt werden. Oftmals ist eine umfangreiche Einsichtnahme in Unterlagen und Aufzeichnungen des Gewerbetreibenden notwendig, um die Einhaltung der Vorschriften der Verordnung prüfen zu können.

Mit diesen Worten möchte ich meinen Vortrag schließen, ich danke für Ihre Aufmerksamkeit.

Anja Chalupa

---

[452] Bei der Erstellung des Berichts sind die allgemeinen Berichtsgrundsätze der Unparteiligkeit, Vollständigkeit, Wahrheit und Klarheit zu beachten (vgl. IDW PS 450, Tz. 8-20.
[453] Vgl. IDW PS 450, Tz. 104 ff., 112.
[454] Vgl. § 24 Abs. 1 Satz 3 FinVermV.

1.24 Besonderheiten der Abschlussprüfung kleiner und mittelgroßer Unternehmen

Guten Tag, sehr geehrte Prüfungskommission,

Thema meines Vortrags ist „Besonderheiten der Abschlussprüfung kleiner und mittelgroßer Unternehmen". In der Einleitung gebe ich einen kurzen Überblick über die **allgemeinen Grundsätze**. Danach werde ich auf wesentliche Besonderheiten bei der **Beauftragung, Prüfungsplanung**, den **Fehlerrisiken** sowie auf die **Durchführung der Prüfung** eingehen. Abschließen möchte ich meinen Vortrag mit Aussagen zur **Dokumentation und zum Prüfungsergebnis**.

Wie für alle gesetzlichen und freiwilligen Prüfungen von Jahresabschlüssen gelten auch für die Prüfung von kleinen und mittelgroßen Unternehmen, auch KMU genannt, die Regelungen des HGB und der IDW Prüfungsstandards. Allerdings sind einige Besonderheiten bei der Prüfung im Rahmen der skalierten Prüfungsdurchführung zu beachten. Diese **Grundsätze** sind im § 24b Abs. 1 der Berufssatzung für Wirtschaftsprüfer kodifiziert und sind auch im IDW PH 9.100.1 zusammengefasst.

Eine gesetzliche Definition für ein KMU gibt es nicht. Es liegt typischerweise vor, wenn Eigentum bei einer kleinen Anzahl von Personen liegt und die Eigentümer mit geschäftsführender Funktion ausgestattet sind. Ein KMU ist durch wenige Geschäftsbereiche, ein einfaches Rechnungswesen sowie durch einfache interne Kontrollen geprägt. Typische Unternehmensrisiken sind beispielsweise der starke Einfluss von Nachfrageänderungen bedingt durch die Abhängigkeit von nur wenigen Produkten oder Kunden sowie durch teilweise ungenügende Eigenkapitalausstattung.[455]

Für die **Beauftragung** des Abschlussprüfers sind die allgemeinen Grundsätze des IDW PS 220 maßgeblich. Bei einer gesetzlichen Prüfung – beispielsweise einer GmbH – sind zwingend die Vorschriften zur Wahl durch die Gesellschafterversammlung und zur Beauftragung durch den Geschäftsführer einzuhalten. Ein Auftragsschreiben des Geschäftsführers allein reicht auch bei Personenidentität von Gesellschafter und Geschäftsführer nicht aus.

---

[455] Vgl. IDW PH 9.100.1, Tz. 3.

Bei freiwilligen Prüfungen wiederum können Unklarheiten über den Umfang der Haftung des Prüfers entstehen. Hier sollte unbedingt eine Haftungsvereinbarung im schriftlichen Auftragsschreiben aufgenommen werden.[456]

Für die **Prüfungsplanung** sind die allgemeinen Grundsätze des IDW PS 240 zu beachten. Allerdings sind Umfang und Dokumentation der Planung an die Größe und geringe Komplexität des Unternehmens anzupassen. Insbesondere bei kleineren Unternehmen wird auf Grundlage von Vorgesprächen mit dem Eigentümer-Unternehmer die Planung im Prüfungsplanungsmemorandum aufgenommen. Als Dokumentation der Prüfungsstrategie kann es ausreichend sein, die festgestellten Prüfungssachverhalte des Vorjahres heranzuziehen. Wichtig ist allerdings, die Planung regelmäßig an neue Erkenntnisse anzupassen.[457]

Die Festlegung der Wesentlichkeitsgrenzen hat der Abschlussprüfer nach den Umständen des Einzelfalls nach pflichtgemäßem Ermessen zu bestimmen. Oftmals werden bei Prüfungen von KMU die Wesentlichkeitsgrenzen geringer angesetzt, um eine höhere Aussagesicherheit zu erlangen. Folge ist allerdings der höhere Prüfungsaufwand.[458]

Für die **Festlegung und Beurteilung von Fehlerrisiken** ist ein Verständnis vom Unternehmen und seinem rechtlichen und wirtschaftlichen Umfeld zwingend. Oftmals besteht ein enger Kontakt zwischen Wirtschaftsprüfer und Eigentümer-Unternehmer. Dies erleichtert die Informationsbeschaffung zu Unternehmenszielen, Wirtschaftsplänen etc.[459]

Auch KMU verfügen stets über ein IKS, auch wenn es nicht vollständig dokumentiert ist, welches beispielsweise aus Organisations- und Kontrollanweisungen sowie aus Abstimmungen der Bankbestände und Kassenbücher besteht. Die Kontrollaktivitäten beziehen sich meist auf Geschäftsabläufe wie Umsatzerlöse, Beschaffungsvorgänge und Personalaufwand. Die Probleme des IKS können bei KMU beispielsweise in der eingeschränkten Funktionstrennung und der mangelnden Dokumentation liegen. Besonders zu beachten hat der Prüfer den Gesamteinfluss der Führungskräfte auf das IKS. Die Unternehmensleitung ist regelmäßig ins Tagesgeschäft eingebunden und führt so die Kontrollen oftmals selbst durch.

---

[456] Vgl. IDW PH 9.100.1, Tz. 9 und 11.
[457] Vgl. IDW PH 9.100.1, Tz. 14.
[458] Vgl. IDW PH 9.100.1, Tz. 16 f.
[459] Vgl. IDW PH 9.100.1, Tz. 18.

Risiken können nicht oder nur zu spät erkannt werden. Die Beurteilung der Risiken erfolgt meist durch die Geschäftsleitung.[460] Der Prüfer hat sich durch Befragungen, Beobachtungen und Nachvollziehen von der Wirksamkeit des IKS zu überzeugen.

Das IKS beinhaltet meist den Einsatz von Standard-Software-Paketen. Die Komplexität der IT bestimmt den Umfang von IT-Prüfungen. Stellt der Prüfer fest, dass es sich um ein komplexes IT-System handelt, ist eine umfassende IT-Prüfung nach den Grundsätzen des IDW PS 330 durchzuführen. Bei KMU ist i.d.R. ein wenig komplexes IT-System mit einfacher Software, Hardwarestruktur und IT-Organisation vorzufinden. Häufig sind diese extern erworben und stellen vom Anwender nicht modifizierte Standardsoftware dar. Die Prüfung ist dann für ausgewählte Teilbereiche und Elemente durchzuführen, z.B. Prüfung der Sicherheit der rechnungsrelevanten Daten und der Implementierung der Software. Der Abschlussprüfer sollte sich auch die aktuellste Softwarebescheinigung vorlegen lassen.[461]

Gerade bei KMU sind vielfach Beziehungen zu nahe stehenden Unternehmen und Personen vorzufinden. Der Abschlussprüfer hat diese in seiner Prüfung besonders zu berücksichtigen. Die Prüfung der Angemessenheit der Konditionen von Geschäftsbeziehungen zu nahe stehenden Personen ist grundsätzlich nicht Gegenstand der Abschlussprüfung bei kleinen Gesellschaften und mittelgroßen Gesellschaften, die nicht Aktiengesellschaften sind. Durch den starken Einfluss des Eigentümer-Unternehmers auf die Konditionen kann es zu möglichen Rückforderungsansprüchen oder Steuerrisiken kommen. Entsprechend hat der Abschlussprüfer dies besonders zu berücksichtigen.[462]

Der Abschlussprüfer hat nach pflichtgemäßem Ermessen festzulegen, welche **Prüfungshandlungen durchzuführen** sind. In Frage kommen Funktionsprüfungen des IKS und IT-Systems, analytische Prüfungshandlungen und Einzelfallprüfungen. Eine Funktionsprüfung des IKS kommt dann nicht in Betracht, wenn bereits die Aufbauprüfung im Ergebnis zu einem unangemessenen IKS führt.[463] Schwierigkeiten bei der Beschaffung von Prüfungsnachweisen kann es beispielsweise dann geben, wenn eine besondere Bedeutung der Abgrenzung von betrieblicher und privater Sphäre bei von Eigentümern dominierten Unternehmen gegeben ist.

---

[460] Vgl. IDW PH 9.100.1, Tz. 20 ff.
[461] Vgl. IDW PH 9.100.1, Tz. 38 ff.
[462] Vgl. IDW PH 9.100.1, Tz. 59 i.V.m. IDW PS 255, Tz. 1 und Tz. 9.
[463] Vgl. IDW PH 9.100.1, Tz. 65.

Können keine ausreichenden und angemessenen Prüfungsnachweise erlangt werden, hat der Prüfer eine geeignete Erklärung des gesetzlichen Vertreters nach Maßgabe des IDW PS 303 als Prüfungsnachweis einzuholen.[464] Analytische Prüfungshandlungen können bei der Prüfung von KMU wirkungsvoll eingesetzt werden. Beispielsweise kann in der Vorprüfung ein Vergleich der Saldenlisten zu einem bestimmten Zeitpunkt mit der Vorjahressaldenliste durchgeführt werden.[465] Aber auch durch Abweichungsanalysen, Kennzahlen- und Branchenvergleiche sind Plausibilitätsbeurteilungen möglich.

Die **Dokumentation** in den Arbeitspapieren erfolgt nach den Grundsätzen des IDW PS 460. Bei der Dokumentation sind keine Abstriche in der Qualität zu machen. Die Quantität ist entsprechend der Größe und Komplexität des KMU i.d.R. geringer als beispielsweise bei einer Prüfung eines DAX30-Unternehmens.

Das **Prüfungsergebnis** ist im Prüfungsbericht und Bestätigungsvermerk festzuhalten. Es sind die allgemeinen Grundsätze der IDW PS 450 bzw. IDW PS 400 zu beachten. Oftmals ist bei KMU der Bericht durch auftragsbezogene Erläuterungen umfangreicher als die gesetzlichen Bestimmungen es vorsehen. Er nimmt auch eine Funktion der Dokumentation des geprüften Jahresabschlusses und Lageberichts ein, die bei einem KMU regelmäßig besonders ausgeprägt ist.[466]

Zusammenfassend ist festzustellen, dass der Umfang der Prüfung stark von der Komplexität und Größe des Unternehmens abhängig ist und Abstriche nicht in der Qualität, sondern nur in der Quantität zu machen sind. Dieser Grundsatz ist inzwischen auch in der Berufssatzung kodifiziert.

Ich danke Ihnen für Ihre Aufmerksamkeit.

Maren Hunger

---

[464] Vgl. IDW PH 9.100.1, Tz. 66 f.
[465] Vgl. IDW PH 9.100.1, Tz. 70.
[466] Vgl. IDW PH 9.100.1, Tz. 85 ff.

1.25 Die handelsrechtliche Bilanzierung von Bewertungseinheiten

Guten Tag, sehr geehrte Prüfungskommission,

Thema meines Vortrags ist „die handelsrechtliche Bilanzierung von Bewertungseinheiten". Nach **einleitenden** Worten werde ich auf die einzelnen **Voraussetzungen von Bewertungseinheiten**[467] eingehen. Danach beschreibe ich die **bilanzielle Abbildung** sowie die notwendigen **Anhang- und Lageberichtsangaben**. Abschließen werde ich meinen Vortrag mit einem kurzen **Ausblick**.

Die Gesetzesnorm zur Bilanzierung von Bewertungseinheiten ist im § 254 HGB kodifiziert und gilt für alle Kaufleute, unabhängig von Rechtsform, Größe und Branche. Mit dem IDW RS HFA 35 hat der Hauptfachausschuss des IDW einen Standard zur Bilanzierung von Bewertungseinheiten verabschiedet.

§ 254 HGB regelt die Sachverhalte, in denen Grundgeschäfte mit Finanzinstrumenten zusammengefasst werden, um gegenläufige Wertänderungen oder Zahlungsströme aus dem Eintritt vergleichbarer Risiken auszugleichen. Grundgeschäfte im Sinne dieser Vorschrift sind Vermögensgegenstände, Schulden, schwebende Geschäfte oder mit hoher Wahrscheinlichkeit erwartete Transaktionen. Als Sicherungsinstrument sind nur Finanzinstrumente zulässig. Eine gesetzliche Definition ist im HGB nicht enthalten. Ein Finanzinstrument ist ein Vertrag, der für eine Vertragspartei zu einem finanziellen Vermögenswert und für die andere Partei zu einer finanziellen Verbindlichkeit oder einem Eigenkapitalinstrument führt.[468] Nur Finanzinstrumente, die nicht akut ausfallgefährdet sind, kommen als Sicherungsinstrument in Frage. Das Finanzinstrument muss geeignet sein, das spezifizierte Risiko des Grundgeschäfts abzusichern. Zwischen Grund- und Sicherungsgeschäft muss ein wirtschaftlicher Zusammenhang bestehen und sich eine kompensierende Wirkung ergeben.[469]

---

[467] Vgl. § 254 HGB.
[468] Vgl. Förschle/Usinger, Beck'scher Bilanzkommentar, 9. Auflage, 2014, § 254 HGB, Tz. 21.
[469] Vgl. Pfitzer/Scharpf/Schaper, Voraussetzungen für die Bildung von Bewertungseinheiten und Plädoyer für die Anerkennung antizipativer Hedges (Teil 1), WPg Nr. 16/2007, Seite 680.

Nach § 254 HGB ist die Bildung aller Arten von Bewertungseinheiten, sprich micro, macro und portfolio hedges, zulässig, sofern die objektiven **Voraussetzungen** hinsichtlich der Wirksamkeit der Sicherungsbeziehung als auch die Dokumentationsanforderungen erfüllt sind.[470]

Weitere Voraussetzung für die Bildung einer Bewertungseinheit nach § 254 HGB ist, dass das Sicherungsinstrument vergleichbaren Risiken wie das abzusichernde Grundgeschäft ausgesetzt ist. D.h., dass das Grundgeschäft und das Sicherungsinstrument demselben Risiko unterliegen müssen. In Frage kommen beispielsweise Marktpreisrisiken und Bonitätsrisiken. Die Bildung von Bewertungseinheiten ist nur bei der Absicherung eindeutig ermittelbarer einzelner Risiken, z.B. Zins- und Währungsrisiken zulässig. Die Absicherung des allgemeinen Unternehmensrisikos ist dagegen nicht zulässig.[471]

Als weiteres Erfordemiskriterium für die Bildung einer Bewertungseinheit nimmt die Dokumentation als Nachweis für die Zusammenfassung von Grundgeschäft und Sicherungsinstrument eine große Bedeutung ein. Eine für Zwecke des Risikomanagements erstellte Dokumentation kann hier für die handelsrechtlichen Zwecke verwendet werden.[472] Inhaltlich müssen u.a. folgende Daten aufgenommen werden:
- die wesentlichen Vertragsdaten beider Geschäfte,
- eine eindeutige Willensbekundung des Bilanzierenden über die Zusammenfassung der beiden Geschäfte zu einer Bewertungseinheit,
- der Zeitraum der Absicherung,
- die Geeignetheit des Sicherungsinstruments zur Absicherung,
- Art des abzusichernden Risikos und
- eine getrennte Bestandsaufnahme der Geschäfte.[473]

Weitere Voraussetzungen für die Bildung einer Bewertungseinheit sind die Durchhalteabsicht und die Wirksamkeit der Sicherungsbeziehung. Zum Zeitpunkt der Herstellung der Sicherungsbeziehung muss die Absicht bestehen, diese über einen bestimmten Zeitraum aufrechtzuerhalten. Die Wirksamkeit der Sicherungsbeziehung ist in dem Umfang gegeben, in dem sich die gegenläufigen Wertänderungen oder Zahlungsströme in Bezug auf das abgesicherte Risiko in gleicher Höhe gegenüberstehen.[474]

---

[470] Vgl. IDW RS HFA 35 Handelsrechtliche Bilanzierung von Bewertungseinheiten (Stand: 10.06.2011), Tz. 16.
[471] Vgl. IDW RS HFA 35, Tz. 25 ff.
[472] Vgl. IDW RS HFA 35, Tz. 41.
[473] Vgl. IDW RS HFA 35, Tz. 42 ff.
[474] Vgl. IDW RS HFA 35, Tz. 47 ff.

Sind die Voraussetzungen für die Bildung einer Bewertungseinheit erfüllt, sind die Vorschriften zur Bildung von Drohverlustrückstellungen[475], zum Einzelbewertungs-[476] und Realisationsgrundsatz[477], zum Anschaffungskostenprinzip[478] sowie zur Währungsumrechnung[479] nicht anzuwenden, soweit sich die gegenläufigen Wertänderungen oder Zahlungsströme ausgleichen.[480]

Gleichen sich die positiven und negativen Wertänderungen bzw. Zahlungsströme von Grundgeschäft und Sicherungsinstrument auf Basis des abgesicherten Risikos vollständig aus, werden diese grundsätzlich saldiert und weder im bilanziellen Wertansatz des Grundgeschäfts und Sicherungsinstruments noch in der GuV erfasst.

Ein nicht abgesichertes negatives Risiko wird unter Beachtung des Imparitätsprinzips aufwandswirksam erfasst. Wertänderungen der nicht abgesicherten Risiken sind unter Beachtung des Grundsatzes der Einzelbewertung nach den allgemeinen Bilanzierungsvorschriften zu behandeln.[481] Für die **bilanzielle Abbildung** des verbleibenden wirksamen Teils der Bewertungseinheit kommen zwei Methoden in Frage: die Einfrierungs- und die Durchbuchungsmethode. Beide Methoden sind unter dem Gebot der Stetigkeit zulässig. Bei der Einfrierungsmethode werden die ausgleichenden Wertänderungen aus dem abgesicherten Risiko nicht bilanziert, während bei der Durchbuchungsmethode die ausgleichenden Wertänderungen aus dem abgesicherten Risiko sowohl beim Grundgeschäft als auch beim Sicherungsinstrument bilanziert werden.[482]

Verbleibt ein unrealisierter Verlust aufgrund einer teilweisen Unwirksamkeit der Sicherungsbeziehung, ist eine Rückstellung für Bewertungseinheiten zu bilden und auszuweisen.

---

[475] Vgl. § 249 Abs. 1 HGB.
[476] Vgl. § 252 Abs. 1 Nr. 3 HGB.
[477] Vgl. § 252 Abs. 1 Nr. 4 HGB.
[478] Vgl. § 253 Abs. 1 Satz 1 HGB.
[479] Vgl. § 256a HGB.
[480] Vgl. § 254 Satz 1 HGB.
[481] Vgl. IDW RS HFA 35, Tz. 65 ff.
[482] Vgl. IDW RS HFA 35, Tz. 75 ff.

Im Zusammenhang mit der Bilanzierung von Bewertungseinheiten müssen umfangreiche **Anhang- und Lageberichtsangaben** beachtet werden. Dabei sind im Anhang Angaben über Art der gesicherten Grundgeschäfte und Sicherungsinstrumente sowie der Absicherungs- und der abgesicherten Risikokategorien zu machen. Das betragsmäßige Gesamtvolumen der durch Bewertungseinheiten abgesicherten Risiken sowie der Betrag, der in Bewertungseinheiten einbezogenen Vermögensgegenstände, Schulden, schwebende Geschäfte und mit hoher Wahrscheinlichkeit vorgesehene Transaktionen, sind ebenfalls in Anhang anzugeben. Darüber hinaus sind auch Angaben über Umfang und Zeitraum der Risikoabsicherung in differenzierter Darstellung nach Risikokategorien sowie mit hoher Wahrscheinlichkeit erwartete Transaktionen, die in Bewertungseinheiten einbezogen worden sind, zu erläutern.[483]
Sofern diese Angaben in der Risikoberichterstattung im Lagebericht bzw. Konzernlagebericht[484] enthalten sind, kann im Anhang auf die Angabe verzichtet werden.[485] Kapitalmarktorientierte Kapitalgesellschaften haben im Lagebericht die wesentlichen Merkmale des IKS und des Risikomanagementsystems[486] darzulegen. Weitere Pflichtangaben sind zu den Risikomanagementzielen und -methoden[487] sowie zu den Methoden zur Absicherung zu machen.

Die **Vorschrift** des § 254 HGB lässt noch **einige Fragen offen**. Insbesondere die Ausübung des Wahlrechts lässt einigen bilanzpolitischen Spielraum sowohl im Einzel- wie auch im Konzernabschluss zu.

Damit möchte ich meinen Vortrag beenden und bedanke mich für Ihre Aufmerksamkeit.

Maren Hunger

---

[483] Vgl. §§ 285 Nr. 23, 314 Abs. 1 Nr. 15 HGB.
[484] Vgl. §§ 289 Abs. 2 Nr. 2, 315 Abs. 2 Nr. 2 HGB.
[485] Vgl. §§ 285 Nr. 23, 2. Halbsatz, 314 Abs. 1 Nr. 15, 2. Halbsatz HGB.
[486] Vgl. §§ 289 Abs. 5, 315 Abs. 2 Nr. 5 HGB.
[487] Vgl. §§ 289 Abs. 2 Nr. 2, 315 Abs. 2 Nr. 2 HGB.

1.26 Zweckgesellschaften und deren Konsolidierung nach deutschem Handelsrecht

Sehr geehrte Damen und Herren,

als Thema meines Vortrags habe ich „Zweckgesellschaften und deren Konsolidierung nach deutschem Handelsrecht" gewählt. Zunächst möchte ich auf **Allgemeines zum § 290 Handelsgesetzbuch** eingehen, dann die **Tatbestandsmerkmale zur Konsolidierung von Zweckgesellschaften** vorstellen, anschließend **Befreiungsvorschriften** erläutern und meinen Vortrag mit einem **Fazit** beenden.

Für die Pflicht zur Aufstellung eines Konzernabschlusses stellt **§ 290 HGB** auf ein Konzept der möglichen Ausübung eines beherrschenden Einflusses ab. Das Konzept der einheitlichen Leitung ist somit inzwischen aufgegeben worden.

Sofern also ein Unternehmen auf ein anderes Unternehmen mittelbar oder unmittelbar einen beherrschenden Einfluss ausüben kann, führt dies zu einem Mutter-Tochter-Verhältnis. Eine tatsächliche Ausübung des beherrschenden Einflusses ist nicht erforderlich. Ein Beteiligungsverhältnis muss nicht vorliegen.[488]

Der Gesetzgeber hat im zweiten Absatz zu § 290 HGB vier Fälle definiert, in denen stets eine unwiderlegbare Vermutung für die Möglichkeit der Ausübung eines beherrschenden Einflusses besteht. Gem. § 290 Abs. 2 Nr. 4 HGB ist dies immer bei Vorliegen einer Zweckgesellschaft gegeben, wenn die Mehrheit der Chancen und Risiken beim potentiellen Mutterunternehmen liegt.

Bei der Prüfung der Anwendung des § 290 Abs. 2 Nr. 4 HGB ist zu untersuchen, ob eine Zweckgesellschaft vorliegt und ob das Mutterunternehmen bei einer wirtschaftlichen Betrachtungsweise die Mehrheit der Risiken und Chancen der Zweckgesellschaft trägt.[489]

---

[488] Vgl. Kozikowski/Kreher, Beck'scher Bilanzkommentar, 9. Auflage, 2014, § 290, Tz. 20 ff.
[489] Vgl. Stibi/Kirsch/Ewelt-Knauer, DRS 19: Pflicht zur Konzernrechnungslegung und Abgrenzung des Konsolidierungskreises, WPg 16/2011, Seite 767.

Wann liegt eine Zweckgesellschaft vor? Eine Zweckgesellschaft ist ein Unternehmen, das für einen klar definierten und eingegrenzten Zweck gegründet wird. Neben Unternehmen können auch sonstige juristische Personen oder unselbständige Sondervermögen des Privatrechts Zweckgesellschaften sein.[490] Spezial-Sondervermögen sind jedoch explizit ausgenommen.

Zweckgesellschaften werden in der Praxis aus verschiedenen Gründen eingesetzt, vorwiegend für strukturierte Finanzierungen. So kann z.b. durch Gründung einer Projektgesellschaft das Risiko der Eigen- und Fremdkapitalgeber auf dieses Projekt eingegrenzt werden.

Der Gesetzgeber nennt in seiner Gesetzesbegründung zum Bilanzrechtsmodernisierungsgesetz aus 2009 Kriterien, die alleine oder in Kombination auf das Vorliegen einer Zweckgesellschaft hinweisen. So liegt eine Zweckgesellschaft dann vor, wenn die Geschäftstätigkeit der Gesellschaft zugunsten der besonderen Geschäftsbedürfnisse des Mutterunternehmens ausgeübt wird. Kann ein Unternehmen faktisch mittels Entscheidungsmacht die Mehrheit des Nutzens aus einer Gesellschaft ziehen oder verfügt ein Unternehmen über das Recht, die Mehrheit des Nutzens aus der Gesellschaft zu ziehen und ist deshalb gegebenenfalls Risiken ausgesetzt, die mit der Geschäftstätigkeit der Gesellschaft verbunden sind, handelt es sich bei der Gesellschaft um eine Zweckgesellschaft. Auch wenn ein Unternehmen die Mehrheit der mit der Geschäftstätigkeit der Gesellschaft verbundenen Residual- und Eigentumsrisiken oder Vermögensgegenstände zurückbehält, um daraus Nutzen für seine eigene Geschäftstätigkeit zu ziehen, liegt eine Zweckgesellschaft vor.[491]

Wenn eine solche Zweckgesellschaft vorliegt, ist zur **Feststellung einer Konsolidierungspflicht** weiter zu beurteilen, ob bei einer wirtschaftlichen Betrachtungsweise das Mutterunternehmen die wesentlichen Risiken und Chancen aus der Geschäftstätigkeit der Zweckgesellschaft trägt.

Risiken sind künftige, dem Grunde oder der Höhe nach unsichere negative finanzielle Auswirkungen auf die Vermögens-, Finanz- und Ertragslage des Konzerns. Chancen sind unsichere positive finanzielle Auswirkungen, die sich aus der Zweckgesellschaft oder aus Beziehungen zu der Zweckgesellschaft ergeben.[492]

---

[490] Vgl. § 290 Abs. 2 Nr. 4 Satz 2 HGB.
[491] Vgl. Kozikowski/Kreher, Beck'scher Bilanzkommentar, 9. Auflage, 2014, § 290, Tz. 65 ff.
[492] Vgl. Stibi/Kirsch/Ewelt-Knauer, DRS 19: Pflicht zur Konzernrechnungslegung und Abgrenzung des Konsolidierungskreises, WPg 16/2011, Seite 769.

Zur Beurteilung, ob eine Konsolidierungspflicht gegeben ist, sind sämtliche Risiken und Chancen zu berücksichtigen, wobei die Risiken im Zweifelsfall schwerer wiegen.[493] Auch ist die Beurteilung aus der Perspektive der vollständigen wirtschaftlichen Einheit durchzuführen. Es sind also auch Risiken und Chancen aus der Zweckgesellschaft auf andere Konzernunternehmen einzubeziehen. Dabei ist eine rein quantitative Betrachtung nicht zielführend. Vielmehr müssen auch nicht-quantifizierbare Risiken und Chancen einkalkuliert werden.[494]

Sind diese Tatbestandsmerkmale erfüllt, so sind ein beherrschender Einfluss und ein Mutter-Tochterverhältnis gegeben. Eine grundsätzliche Pflicht zur Aufstellung eines Konzernabschlusses für das Mutterunternehmen besteht.[495]

Die **Befreiungsvorschriften** des § 296 Abs. 1 HGB regeln, in welchen drei Fällen auf die Einbeziehung von Tochterunternehmen in den Konzernabschluss verzichtet werden kann. Fraglich ist, inwiefern diese Vorschriften auf Zweckgesellschaften bezogen werden können. Die erste Alternative besagt, dass im Fall nachhaltiger andauernder erheblicher Beschränkungen der Ausübung der Rechte des Mutterunternehmens in Bezug auf das Vermögen oder die Geschäftsführung des Tochterunternehmens auf eine Einbeziehung in den Konzernabschluss verzichtet werden kann.[496] Da die Einbeziehung von Zweckgesellschaften in den Konzernabschluss allerdings auf der Grundlage einer rein wirtschaftlichen Betrachtungsweise erfolgt, wird dieses Befreiungskriterium in der Praxis keine Anwendung finden.[497]

Gem. der zweiten Alternative kann auf die Einbeziehung verzichtet werden, wenn die notwendigen Informationen für den Konzernabschluss nicht ohne unverhältnismäßig hohe Kosten oder Verzögerungen zu erhalten sind.[498] Auch dieses Kriterium wird in der Praxis nur sehr eingeschränkt anwendbar sein. Denn der Nutzen der Informationen über Zweckgesellschaften für den Abschlussadressaten wird in der Regel höher sein als die Kosten für den Abschlussaufsteller.[499]

---

[493] Vgl. Kozikowski/Kreher, Beck'scher Bilanzkommentar, 9. Auflage, 2014, § 290, Tz. 67.
[494] Vgl. Stibi/Kirsch/Ewelt-Knauer, DRS 19: Pflicht zur Konzernrechnungslegung und Abgrenzung des Konsolidierungskreises, WPg 16/2011, Seite 769.
[495] Vgl. § 290 HGB.
[496] Vgl. § 296 Abs.1 Nr. 1 HGB.
[497] Vgl. Stibi/Kirsch/Ewelt-Knauer, DRS 19: Pflicht zur Konzernrechnungslegung und Abgrenzung des Konsolidierungskreises, WPg 16/2011, Seite 770.
[498] Vgl. § 296 Abs. 2 Nr. 2 HGB.
[499] Vgl. Stibi/Kirsch/Ewelt-Knauer, DRS 19: Pflicht zur Konzernrechnungslegung und Abgrenzung des Konsolidierungskreises, WPg 16/2011, Seite 770.

Die dritte Alternative besagt, dass Tochterunternehmen nicht in den Konzernabschluss einbezogen werden müssen, wenn das Mutterunternehmen die Anteile am Tochterunternehmen lediglich zum Zweck der Weiterveräußerung hält.[500] Dieses Kriterium wird in der Praxis keine Anwendung finden, da das Halten der Anteile zum Zweck der Weiterveräußerung der Definition von Zweckgesellschaften entgegensteht.[501]

Lediglich der Verzicht auf Einbeziehung aus Gründen der Unwesentlichkeit aus § 296 Abs. 2 HGB dürfte in der Praxis auf Zweckgesellschaften anwendbar sein. Im Vergleich mit anderen Tochterunternehmen wird der Anwendungsbereich jedoch begrenzt sein, weil die qualitativen Aspekte der Informationen aus Sicht der Abschlussadressaten von besonderer Bedeutung sein können.[502]

Es bleibt **festzuhalten**, dass § 290 HGB Komponenten der IFRS auch für den deutschen handelsrechtlichen Konzernabschluss enthält. Durch die Annäherung an die IFRS Vorschriften soll so die Einbeziehung von Zweckgesellschaften in den Konsolidierungskreis im weitest möglichen Umfang erfolgen, um die Auslagerung von Risiken aus dem deutschen handelsrechtlichen Konzernabschluss möglichst einzugrenzen.[503]

Vielen Dank für Ihre Aufmerksamkeit.

Alexandra Langusch

---

[500] Vgl. § 296 Abs. 1 Nr. 3 HGB.
[501] Vgl. Stibi/Kirsch/Ewelt-Knauer, DRS 19: Pflicht zur Konzernrechnungslegung und Abgrenzung des Konsolidierungskreises, WPg 16/2011, Seite 770.
[502] Vgl. Stibi/Kirsch/Ewelt-Knauer, DRS 19: Pflicht zur Konzernrechnungslegung und Abgrenzung des Konsolidierungskreises, WPg 16/2011, Seite 770.
[503] Vgl. Kozikowski/Kreher, Beck'scher Bilanzkommentar, 9. Auflage, 2014, § 290, Tz. 65 ff.

1.27 Nichtigkeit des Jahresabschlusses

Guten Tag, sehr geehrte Prüfungskommission,

ich halte heute einen Vortrag zum Thema „Nichtigkeit des Jahresabschlusses". Zunächst gehe ich auf die **allgemeinen Vorschriften der Nichtigkeit des Jahresabschlusses** ein. Danach zeige ich die Möglichkeiten der **Heilung** und **Beseitigung** der Nichtigkeit auf. Abschließend werde ich meinen Vortrag kurz **zusammenfassen**.

Der Begriff der Nichtigkeit ist vielschichtig. Die Nichtigkeit von Hauptversammlungsbeschlüssen und die Nichtigkeit von Jahresabschlüssen sind im Aktiengesetz in den §§ 241 bis 261 AktG geregelt. Das Gesetz unterscheidet Beschlüsse, die nichtig sind und Beschlüsse, die nur der Anfechtung unterliegen. Meine weiteren Ausführungen beschäftigen sich nunmehr ausschließlich mit der Nichtigkeit des Jahresabschlusses.

Die **Rechtsgrundlage** der Nichtigkeit des Jahresabschlusses findet sich im Aktiengesetz wieder. Zentrale Norm ist der § 256 AktG, der abschließend alle Fälle regelt, in denen ein festgestellter Jahresabschluss nichtig ist. Die Vorschrift ist nicht nur für Jahresabschlüsse von Aktiengesellschaften zu beachten, sondern gilt auch analog für andere Rechtsformen. Lediglich für solche Personenhandelsgesellschaften, die unter die Größenkriterien des Publizitätsgesetzes fallen, findet sich in § 10 PublG eine spezielle Regelung zu Nichtigkeit von Jahresabschlüssen bei Verletzung von Prüfungsvorschriften. Nach § 256 AktG sind festgestellte Jahresabschlüsse bei folgenden Gründen nichtig:
– bei Verletzung von Gläubigerschutzvorschriften,
– bei unterlassener Pflichtprüfung,
– bei Prüfung des Jahresabschlusses durch ausgeschlossene Personen i.S.d. § 319 Abs. 1 HGB,
– bei Verletzung von Vorschriften über die Einstellung und Entnahme aus Kapital- und Gewinnrücklagen,
– bei nicht ordnungsgemäßer Mitwirkung bei der Feststellung des Jahresabschlusses durch den Vorstand oder Aufsichtsrat,
– bei Feststellung im Rahmen einer nicht ordentlich einberufenen Hauptversammlung,

- bei mangelnder Beurkundung der Feststellung,
- bei Feststellung durch Urteil auf Nichtigkeit des Jahresabschlusses im Rahmen einer Anfechtungsklage,
- bei Verstoß gegen Gliederungsvorschriften und
- bei Verstoß gegen Bewertungsvorschriften, soweit die Posten überbewertet worden sind oder bei Unterbewertung, sofern die Vermögens-, Finanz- und Ertragslage vorsätzlich unrichtig wiedergegeben oder verschleiert wurde.

Die Nichtigkeit des Jahresabschlusses umfasst alle korporationsrechtlichen Rechtsgeschäfte, d.h. die Vorlage des Jahresabschlusses durch den Vorstand, den Billigkeitsbeschluss durch den Aufsichtsrat sowie seine zum Jahresabschluss abgegebenen Schlusserklärung nach § 172 AktG. Dies trifft auch auf die GmbH zu, allerdings sind die spezifischen aktienrechtlichen Vorschriften[504] für die GmbH gegenstandslos, z.B. die nicht ordnungsgemäße Mitwirkung des Aufsichtsrats oder der Hauptversammlung an der Feststellung des Jahresabschlusses. Die Geltendmachung der Nichtigkeit des Jahresabschlusses erfolgt durch Feststellungsklage gegen die Gesellschaft nach den Regelungen zur Nichtigkeit eines Hauptversammlungsbeschlusses gem. § 249 AktG.[505] Die Feststellung der Nichtigkeit kann durch Einrede oder Erhebung einer Widerklage erfolgen.

Ein nichtiger Jahresabschluss hat keine Rechtswirkung. Er ist von Anfang an unwirksam. Hinsichtlich der Auswirkung ist insbesondere auf den Ergebnisverwendungsbeschluss sowie auf die Folgen der Nichtigkeit für die späteren Jahresabschlüsse hinzuweisen. Dies bedeutet u.a., dass aufgrund nichtiger Abschlüsse vorgenommene Gewinnausschüttungen von der Gesellschaft zurückzufordern sind.

Die Nichtigkeit eines Jahresabschlusses löst schwerwiegende Folgen aus. Deshalb hat das Gesetz unter bestimmten Voraussetzungen eine **Heilung** der Nichtigkeit vorgesehen, d.h. eine Feststellung des Jahresabschlusses wird nachträglich rechtswirksam. Nach § 256 Abs. 6 AktG kann die Nichtigkeit nicht mehr geltend gemacht werden, wenn seit der Bekanntmachung, sprich der Offenlegung des Jahresabschlusses[506], 6 Monate bzw. 3 Jahre verstrichen sind. Der Zeitablauf nach 6 Monaten bezieht sich auf die Nichtigkeitsgründe bei Formfehlern, d.h. bei Prüfung durch eine ausgeschlossene Person[507].

---

[504] Vgl. § 256 Abs. 2 und Abs. 3 Nr. 3 AktG.
[505] Vgl. § 256 Abs. 7 AktG.
[506] Vgl. § 325 Abs. 2 HGB.
[507] Vgl. § 319 Abs. 1 HGB, §§ 319 Abs. 2 bis 4, 319a Abs. 1 oder 319b Abs. 1 HGB sind ausgenommen.

Die Nichtigkeit des Jahresabschlusses durch Verletzung der Gläubigerschutzvorschriften oder durch Verstoß gegen die Gliederungsvorschriften kann nicht mehr nach Ablauf von 3 Jahren nach der Offenlegung des Jahresabschlusses geltend gemacht werden. Liegt ein Verstoß gegen Bewertungsvorschriften vor, ist ebenfalls der Zeitraum von 3 Jahren maßgeblich.

Eine Heilung der Nichtigkeit tritt nicht bei unterlassener Pflichtprüfung sowie bei Feststellung der Nichtigkeit durch Urteil im Rahmen einer Anfechtungsklage ein.[508]

Von der Heilung ist die **Beseitigung der Nichtigkeit** zu unterscheiden. Diese kann dadurch erreicht werden, dass der Jahresabschluss für das betreffende Geschäftsjahr unter Vermeidung des Nichtigkeitsgrundes neu auf- und festgestellt wird. Die Organe der Gesellschaft sind berechtigt und grundsätzlich verpflichtet, die Nichtigkeit durch Neuvornahme zu beseitigen. Beruht die Nichtigkeit auf fehlender Pflichtprüfung oder einer Prüfung durch ungeeignete Prüfer, muss die Prüfung durch geeignete Prüfer nachgeholt und der Jahresabschluss danach neu festgestellt werden. Reicht bei materiellen Bilanzfehlern eine Korrektur in laufender Rechnung nicht aus und ist daher eine Rückwärtsrechnung des Jahresabschlusses vorgenommen worden, bedarf es zur Beseitigung der Nichtigkeit der Korrektur des vormals aufgestellten Jahresabschlusses.

Der geänderte Jahresabschluss ist zu prüfen und neu festzustellen. Hierbei gelten die Regeln der Nachtragsprüfung nach § 316 Abs. 3 HGB, auch wenn bisher kein rechtsgültiger Jahresabschluss vorhanden war. Die Prüfung erstreckt sich grundsätzlich nur auf die vorgenommenen Änderungen und etwaigen Folgewirkungen. Sind mehrere aufeinanderfolgende Jahresabschlüsse nichtig, kann die Nichtigkeit grundsätzlich nur dadurch beseitigt werden, dass sämtliche nichtige Jahresabschlüsse bis zurück zu demjenigen, in dem die Fehlerquelle liegt, berichtigt und nach erneuter Prüfung neu festgestellt werden. Eine Ausnahme der Rückwärtsrechnung ist nur bei Heilung nach § 256 Abs. 6 AktG gegeben. Nach Eintritt der Heilung genügt die Beseitigung des Mangels in der laufenden Rechnung.[509]

Bei Nichtigkeit eines festgestellten Jahresabschlusses bei einer dem Enforcement-Verfahren unterliegenden Gesellschaft besteht im Falle des Eingangs einer Anfechtungsklage eine Mitteilungspflicht des Gerichts gegenüber der Bundesanstalt für Finanzdienstleistungsaufsicht, der BaFin. Die Entscheidungen sind ebenfalls der BaFin mitzuteilen.

---

[508] Vgl. § 256 Abs. 6 HGB negativ.
[509] Zur Vorgehensweise bei der Änderung von Jahresabschlüssen ist auf IDW RS HFA 6 Änderung von Jahres- und Konzernabschlüssen (Stand: 12.04.2007) hingewiesen.

Zum Ende meines Vortrags möchte ich nochmals **hervorheben**, dass die Nichtigkeit von Jahresabschlüssen gravierende Auswirkungen haben kann, die insbesondere die Gesellschafter in Form von Rückforderungsansprüchen der Gesellschaft aus durchgeführten Gewinnausschüttungen treffen können. Bei Feststellung der Nichtigkeit eines Jahresabschlusses sind die entsprechenden Maßnahmen unbedingt zeitnah einzuleiten, um mögliche Folgewirkungen auszuschließen oder den Bedürfnissen der Adressaten an einer zeitnahen Richtigstellung des Jahresabschlusses zu genügen.

Mit diesen Worten schließe ich meinen Vortrag. Vielen Dank für Ihre Aufmerksamkeit.

Maren Hunger

1.28 Die Prüfung des Finanzanlagevermögens

Guten Tag, sehr geehrte Prüfungskommission,

ich werde meinen Vortrag zum Thema „die Prüfung des Finanzanlagevermögens" halten. Nach **einleitenden** Worten werde ich im Hauptteil des Vortrags auf die **Risikoanalyse**, den **Nachweis**, den **Ansatz** und die **Bewertung** sowie den **Ausweis** des Finanzanlagevermögens eingehen. Mit einem Ausblick auf die **Bilanzierung von Anteilen an Personenhandelsgesellschaften** werde ich meinen Vortrag schließen.

Die Definition des Anlagevermögens gem. § 247 Abs. 1 HGB gilt auch für Finanzanlagevermögen. Finanzanlagen sind dazu bestimmt, dem Geschäftsbetrieb dauerhaft zu dienen. Hinsichtlich der Dauerhaftigkeit stützt sich der Abschlussprüfer auf die Angaben der Unternehmensleitung. Als Ausgangspunkt der Jahresabschlussprüfung des Finanzanlagevermögens verschafft sich der Wirtschaftsprüfer einen Überblick mit Hilfe eines Beteiligungsorganigramms. Zweckmäßigerweise sollte der Nachweis vom obersten Mutterunternehmen angefordert werden.[510] Außerdem sollte ein vollständiges Verzeichnis über alle Unternehmensverbindungen von Unternehmen vorgelegt werden. Neben Rechtsform und Höhe der Beteiligungen sind auch die Anschaffungskosten und der Buchwert zum Stichtag ins Verzeichnis aufzunehmen.

Bereits im Rahmen der **Risikoanalyse** hat der Prüfer das inhärente und das Kontrollrisiko zu quantifizieren. Für die Beurteilung des inhärenten Risikos sind insbesondere die Komplexität, Zusammensetzung und Internationalität der Finanzanlagen, der Wechsel in der Unternehmensleitung bzw. in der Rechtsform und der Abschluss ungewöhnlicher oder komplexer Geschäfte relevant.[511] Als Instrumente der Analyse bieten sich Bilanzkennzahlen an wie bspw. die Finanzanlagequote, die Verbundquote oder die Beteiligungsquote.[512] Im Rahmen der Prüfung des IKS sind die organisatorischen Regelungen zum Erwerb bzw. zur Veräußerung, die Führung der Anlagenkartei und die regelmäßige Abstimmung der Anlagenkartei mit den Konten der Finanzbuchfüh-

---

[510] Vgl. Graumann, Wirtschaftliches Prüfungswesen, Seite 351.
[511] Vgl. Graumann, Wirtschaftliches Prüfungswesen, Seite 351.
[512] Vgl. Graumann, Wirtschaftliches Prüfungswesen, Seite 352.

rung zu würdigen. Checklisten bieten bei dieser Prüfung hilfreiche Unterstützung.

Korrespondierend zur Prüfung des Finanzanlagevermögens sind insbesondere die Geschäfte mit nahe stehenden Personen zu begutachten. Hierbei ist der Prüfungsstandard IDW PS 255 mit seinen Prüfungshinweisen zu beachten.

Der **Nachweis** des Finanzanlagevermögens erfolgt u.a. durch die Anlagenkartei, den Anlagenspiegel, Registerauszüge, Gesellschaftsverträge, Kaufverträge und Depotauszüge. Die Veränderungen des Bestands der Finanzanlagen sind anhand der Zu- und Abgangslisten zusätzlich zu prüfen. An dieser Stelle möchte ich deutlich machen, dass Unterlagen aus externen Quellen eine höhere Prüfungssicherheit geben als interne, meist selbst angefertigte Unterlagen.[513] Die Prüfungsnachweise hat der Abschlussprüfer in seinen Arbeitspapieren zu dokumentieren, insbesondere Angaben zu Bewertung, Haftungsverhältnissen, Anschaffungskosten, Buchwerten und Kurswerten.

Der **Ansatz** der Finanzanlagen erfolgt entsprechend des allgemeinen Aktivierungsgrundsatzes. Maßgeblich ist die Zurechnung des wirtschaftlichen Eigentums gem. § 246 Abs. 1 Satz 2 HGB. Dieses wird durch den Übergang von Besitz, Gefahr, Nutzen und Lasten erlangt bzw. durch die Erlangung der tatsächlichen Sachherrschaft über den Vermögensgegenstand, sofern Dritte an diesem Vermögensgegenstand keine Verfügungsrechte innehaben. Es gibt eine ganze Reihe von Besonderheiten bei der Beurteilung des wirtschaftlichen Eigentums.[514] An dieser Stellen seien Pensionsgeschäfte, Total return swaps oder asset-backed securities genannt, auf die ich hier nicht weiter eingehen möchte.

Grundsätzlich gilt nach § 246 Abs. 2 HGB ein Verrechnungsverbot der Finanzanlagen mit den durch sie begründeten Verbindlichkeiten. Durch BilMoG ist nach § 246 Abs. 2 Satz 2 HGB ein ausnahmsweises Verrechnungsgebot für das sog. Deckungsvermögen eingeführt worden. Voraussetzung ist, dass die Vermögensgegenstände insolvenzsicher und dem Zugriff aller übrigen Gläubiger entzogen sind und ausschließlich der Erfüllung der Schulden aus Altersversorgungsverpflichtungen oder vergleichbaren langfristig fälligen Verpflichtungen dienen. Der Abschlussprüfer hat sich durch entsprechende Unterlagen wie Verträge und Bescheinigungen der Versicherungen davon zu überzeugen, dass die Finanzanlagen – hier insbesondere die Wertpapiere des Anlagevermögens – die genannten Voraussetzungen erfüllen.

---

[513] Vgl. IDW PS 300, Tz. 39.
[514] Siehe hierzu auch IDW RS HFA 8 Zweifelsfragen der Bilanzierung von asset backed securities Gestaltungen und ähnlichen Transaktionen (Stand: 09.12.2003).

Die Finanzanlagen werden bei ihrem Zugang mit den Anschaffungs- und Anschaffungsnebenkosten bewertet.[515] Als Anschaffungsnebenkosten kommen insbesondere Kosten der Gründungsprüfung, Maklerprovisionen sowie Beurkundungs- und Eintragungskosten in Betracht. Anhand der entsprechenden Kaufverträge und Bewertungsgutachten hat sich der Abschlussprüfer von der korrekten **Bewertung** der Anschaffungskosten zu überzeugen.

Finanzanlagen sind nicht abnutzbare Vermögensgegenstände und somit nicht planmäßig abzuschreiben. Bei einer voraussichtlich dauernden Wertminderung gilt das gemilderte Niederstwertprinzip nach § 253 Abs. 3 Satz 3 HGB. Außerplanmäßige Abschreibungen müssen vorgenommen werden, um die Finanzanlagen mit dem niedrigeren Wert anzusetzen, der ihnen am Abschlussstichtag beizulegen ist. Für Finanzanlagen besteht ein Wahlrecht, diese auch bei nur vorübergehender Wertminderung außerplanmäßig abzuschreiben.[516] Für den Abschlussprüfer stellt sich das Risiko, dass ein Krisen-Unternehmen eine tatsächliche dauernde Wertminderung als vorübergehende Wertminderung dokumentiert und keine Abschreibungen vornimmt. Durch die Vorlage entsprechender Unterlagen, insbesondere auch externer Unterlagen, wie Börsenkurse, geprüfte Jahresabschlüsse, Geschäftsberichte und kurzfristige Erfolgsrechnungen hat sich der Prüfer von der Werthaltigkeit der Finanzanlagen zu überzeugen. Gründe für die Vornahme einer außerplanmäßigen Abschreibung liegen beispielsweise bei der Erzielung anhaltender Verluste vor. Aber auch der nachhaltige Rückgang des Börsenkurses, der Minderung des Unternehmenswertes oder der Einleitung eines Insolvenzverfahrens sind Indizien für eine notwenige außerplanmäßige Abschreibung.

Der ordnungsgemäße **Ausweis** der Finanzanlagen ist zur Abgrenzung zum Umlaufvermögen anhand des Gliederungsschemas nach HGB[517] vom Abschlussprüfer zu prüfen. Der Prüfer hat die Gliederungsvorschriften des Finanzanlagevermögens, im Einzelnen die Anteile an verbundenen Unternehmen, Ausleihungen an verbundene Unternehmen, Beteiligungen, Ausleihungen an Unternehmen, mit denen ein Beteiligungsverhältnis besteht, Wertpapiere des Anlagevermögens sowie sonstige Ausleihungen zu überwachen. Eine hohe Bedeutung in der Praxis nehmen die Anteile an verbundenen Unternehmen und die Beteiligungen ein. Verbundene Unternehmen[518] sind solche, die als Mutter- oder Tochterunternehmen in den Konzernabschluss eines Mutterunternehmens nach den Vorschriften über die Vollkonsolidierung

---

[515] Vgl. § 255 Abs. 1 HGB.
[516] Vgl. § 253 Abs. 3 Satz 4 HGB.
[517] Vgl. § 266 Abs. 2 A. III. HGB.
[518] Vgl. § 271 Abs. 2 Satz 1 HGB.

einzubeziehen sind, das als oberstes Mutterunternehmen den weitest gehenden Konzernabschluss nach dem Zweiten Unterabschnitt des HGB aufzustellen hat, auch wenn die Aufstellung unterbleibt oder ein befreiender Konzernabschluss besteht.

Beteiligungen[519] sind Anteile an verbundenen Unternehmen, die dazu bestimmt sind, dem eigenen Geschäftsbetrieb dauerhaft zu dienen. Als Beteiligung gelten im Zweifel Anteile von insgesamt mehr als 20% des Nennkapitals an Kapitalgesellschaften. Insbesondere bei einer Beteiligung unter 20% hat sich der Abschlussprüfer davon zu überzeugen, dass eine Dauerhaftigkeit und eine Zweckbestimmung des Anteilsbesitzes gegeben sind. Indizien sind langfristige Liefer- und Leistungsverträge, das Bestehen personeller Verflechtungen oder gemeinsame Entwicklungs- und Forschungsprojekte.

Im Zusammenhang mit der Prüfung des Ausweises werden auch die korrespondierenden GuV-Posten auf den korrekten Ausweis sowie die Angaben im Anhang und ggf. im Lagebericht geprüft. Betroffen sind die Posten sonstige betriebliche Erträge bzw. Aufwendungen, Erträge aus Beteiligungen und Erträge aus anderen Wertpapieren und Ausleihungen.

Festzuhalten ist, dass vor allem die **Bilanzierung von Anteilen an Personenhandelsgesellschaften** in der Praxis große Schwierigkeiten bereitet. Es stellen sich insbesondere Fragen zum richtigen Ausweis, zur Vereinnahmung von Gewinnanteilen und Abschreibungen auf den Beteiligungsbuchwert. Zur Beantwortung dieser Fragen ist der Rechnungslegungsstandard IDW RS HFA 18 heranzuziehen.

Hiermit möchte ich meinen Vortrag beenden und bedanke mich für Ihre Aufmerksamkeit.

Maren Hunger

---

[519] Vgl. § 271 Abs. 1 HGB.

1.29 Auf- und Abzinsung von Forderungen und Verbindlichkeiten

Guten Tag, sehr geehrte Prüfungskommission,

ich halte heute einen Vortrag zum Thema „Auf- und Abzinsung von Forderungen und Verbindlichkeiten". Einleitend werde ich einen Überblick über die **allgemeinen Grundsätze der Bewertung** von Forderungen und Verbindlichkeiten geben. Im Hauptteil meines Vortrags gehe ich dann auf einzelne Besonderheiten von **un- bzw. niedrig- und überverzinslichen Forderungen und Verbindlichkeiten** ein. Ich werde dann kurz **Wertsicherungsklauseln** in Verträgen darstellen. Beenden werde ich meinen Vortrag mit den **Auswirkungen der Bewertung auf die Steuerbilanz**.

Für die Forderungen und Verbindlichkeiten sind die **Bewertungsvorschriften** der §§ 253 und 255 HGB zu beachten. Die Vorschriften sind von allen Kaufleuten anzuwenden.

Ausgangspunkt bzw. Obergrenze der Bewertung von Forderungen sind die Anschaffungskosten.[520] Demzufolge sind Forderungen i.d.R. zu ihrem Nennbetrag zu bewerten. Besteht die begründete Annahme, dass ein Schuldner seinen Zahlungsverpflichtungen nicht bzw. nicht in voller Höhe nachkommen wird, sind Einzelwertberichtigungen auf jede einzelne Forderungsposition vorzunehmen. Forderungen, die gleichartigen Risiken unterliegen, werden häufig in Gruppen zusammengefasst und durch pauschale Wertberichtigungen auf den niedrigeren beizulegenden Wert angepasst.

Die Bewertung von Verbindlichkeiten erfolgt zum Erfüllungsbetrag.[521] Erfüllungsbetrag ist der Betrag, der zur Erfüllung der Verpflichtung aufgebracht werden muss.[522] Die Verbindlichkeiten umfassen danach nicht nur Geldleistungsverpflichtungen, sondern auch Sachleistungsverpflichtungen.

Wie werden nun niedrig- oder unverzinsliche Forderungen bewertet? Von einer Unterverzinslichkeit wird gesprochen, wenn der tatsächliche Zinssatz den angemessenen Zinssatz nicht nur geringfügig in der Bandbreite eines als üblich angesehenen Durchschnittszinses unterschreitet.[523]

---

[520] Vgl. § 255 Abs. 1 HGB.
[521] Vgl. § 253 Abs. 1 Satz 2 HGB.
[522] Vgl. Kozikowski/Schubert, Beck'scher Bilanzkommentar, 9. Auflage, 2014, § 253 HGB, Tz. 51.
[523] Vgl. Kozikowski/Roscher, Beck'scher Bilanzkommentar, 9. Auflage, 2014, § 253 HGB, Tz. 596.

Niedrig- oder unverzinsliche Forderungen sind in der Handelsbilanz mit dem Barwert anzusetzen. Eine Abzinsung erfolgt bspw. auf Basis des landesüblichen Zinsfußes für festverzinsliche Wertpapiere mit entsprechender Laufzeit. In der Praxis wird aus Vereinfachungsgründen zum Teil auch eine Restlaufzeit bis zu einem Jahr bei der Abzinsungsfrage unberücksichtigt gelassen.[524]

Ein Beispiel für unverzinsliche Forderungen sind Zero-Bonds, sog. Nullkupon-Anleihen. Diese sind mit ihren Anschaffungskosten zzgl. der auf Grund der kapitalmarktabhängigen Effektivzinsberechnung ermittelten Zinsforderung zu aktivieren.[525]

Bei originär gewinnrealisierend entstehenden Forderungen, entspricht insbesondere bei langfristig unverzinslicher Stundung von Kaufpreisforderungen der Barwert den Anschaffungskosten. Das Realisationsprinzip würde ansonsten bei Ansatz mit den Anschaffungskosten verletzt werden, da dadurch ein noch nicht realisierter Zinsgewinn ausgewiesen würde. Ein Umsatzerlös ist nur in Höhe des Barwerts der Forderungen auszuweisen.[526]

Eine un- oder niedrigverzinsliche Darlehensforderung ist mit dem Auszahlungsbetrag als Anschaffungskosten und nicht mit dem Barwert anzusetzen. Der Ansatz mit dem Barwert trifft nur auf gewinnrealisierende Forderungen zu.[527]

Bei den Verbindlichkeiten kann man u.a. auch in Bezug auf den aktuellen Markpreis zwischen un-, hoch- und niederverzinslichen Verbindlichkeiten unterscheiden. Im HGB sind keine zinsspezifischen Bewertungsvorschriften geregelt.

Auch **un- und unterverzinsliche Verbindlichkeiten** sind mit ihrem Erfüllungsbetrag anzusetzen. Eine Abzinsung dieser mit einer Laufzeit von mehr als einem Jahr ist handelsrechtlich unzulässig[528], da eine Abzinsung eine Vorwegnahme künftiger Erträge bedeutet, die das Realisationsprinzip verbietet. Auf Rentenverpflichtungen beruhende Verbindlichkeiten[529], für die eine Gegenleistung nicht mehr zu erwarten ist, dürfen jedoch entweder mit dem ihrer

---

[524] Vgl. Kozikowski/Roscher, Beck'scher Bilanzkommentar, 9. Auflage, 2014, § 253 HGB, Tz. 592.
[525] Vgl. Grottel/Gadek, Beck'scher Bilanzkommentar, 9. Auflage, 2014, § 255 HGB, Tz. 311.
[526] Vgl. Grottel/Gadek, Beck'scher Bilanzkommentar, 9. Auflage, 2014, § 255 HGB, Tz. 256.
[527] Vgl. Grottel/Gadek, Beck'scher Bilanzkommentar, 9. Auflage, 2014, § 255 HGB, Tz. 257.
[528] Vgl. Adler/Düring/Schmaltz, § 253 HGB, Tz. 81.
[529] Vgl. § 253 Abs. 2 Satz 1 bis 3 HGB.

Restlaufzeit entsprechenden durchschnittlichen Marktzinssatz der vergangenen sieben Geschäftsjahre oder pauschal mit dem durchschnittlichen Marktzinssatz, der sich aus einer angenommenen Restlaufzeit von 15 Jahren ergibt, abgezinst werden. Alle anderen Verbindlichkeiten sind nur abzuzinsen, wenn sie verdeckte Zinszahlungen enthalten, z.B. bei erhöhten Bezugspreisen.[530] Ist der Rückzahlungsbetrag einer Verbindlichkeit höher als der Ausgabebetrag, so besteht nach § 250 Abs. 3 HGB ein Wahlrecht, den Unterschiedsbetrag, das Disagio, in den aktiven Rechnungsabgrenzungsposten einzustellen und durch planmäßige Abschreibungen über die gesamte Laufzeit der Verbindlichkeit zu tilgen.[531]

Einen versteckten Zinsanteil enthält auch die Nullkupon-Anleihe. Hier ist nur der Ausgabebetrag zuzüglich aufgelaufener Zinsen zu passivieren. Der Unterschiedsbetrag zwischen dem Nominalwert und dem Barwert entspricht den noch nicht aufgelaufenen Zinsen.[532]

Bei Anschaffungsgeschäften, bei denen der Kaufpreis zinslos gestundet wird, ist mit dem Barwert zu passivieren.[533] In den Folgejahren ist die Verbindlichkeit um die aufgelaufenen Zinsen zu erhöhen. Als Zinssatz wird der Marktzins vergleichbarer Geschäfte herangezogen.

Verdeckte Zinszahlungen können ebenso bei einem Ratenkauf vorliegen. Auch hier ist der Erfüllungsbetrag der Barwert der noch zu zahlenden Raten.

Wie bei unverzinslichen Verbindlichkeiten sind auch **überverzinsliche Verbindlichkeiten** mit ihrem Erfüllungsbetrag zu passivieren. Die Überverzinslichkeit kann aus der Folge von in der Zwischenzeit gesunkenen Marktzinsen resultieren. Es ist zu prüfen, ob eine Rückstellung für drohende Verluste aus schwebenden Geschäften zu bilden ist.[534]

Die Rückstellung ist in Höhe des Verpflichtungsüberschusses zwischen dem Barwert der Zinszahlungen zum vertraglich vereinbarten Zinssatz und dem Barwert bei Diskontierung mit dem niedrigeren Marktzinssatz zu passivieren.

---

[530] Vgl. Kozikowski/Schubert, Beck'scher Bilanzkommentar, 9. Auflage, 2014, § 253 HGB, Tz. 63.
[531] Vgl. Ellrott/Krämer, Beck'scher Bilanzkommentar, 9. Auflage, 2014, § 250 HGB, Tz. 35.
[532] Vgl. Kozikowski/Schubert, Beck'scher Bilanzkommentar, 9. Auflage, 2014, § 253 HGB, Tz. 65.
[533] Vgl. Kozikowski/Schubert, Beck'scher Bilanzkommentar, 9. Auflage, 2014, § 253 HGB, Tz. 66.
[534] Vgl. Kozikowski/Schubert, Beck'scher Bilanzkommentar, 9. Auflage, 2014, § 253 HGB, Tz. 60.

Eine Überverzinslichkeit kann auch bei anderen Vorteilen wie bspw. niedrigeren Bezugspreisen vorliegen. Eine Rückstellung entfällt insoweit. Liegt der Vorteil in dem Zufluss einer Einnahme, muss diese über die Laufzeit der Verbindlichkeit passiv abgegrenzt werden.[535]

Insbesondere in Verträgen über langfristig zu erbringende Geldleistungen werden sog. **Wertsicherungsklauseln** vereinbart, um den Geldgläubiger vor einer Entwertung seiner Forderung zu schützen. Vor Eintritt der Wertsicherungsbedingung bleibt diese in der Bewertung der Verbindlichkeit unberücksichtigt. Bei Eintritt der entsprechenden Bedingung und dadurch erhöhten Zahlungen ist die Verbindlichkeit mit dem entsprechend höheren Erfüllungsbetrag zu passivieren. Führt die Bedingung allerdings zu niedrigeren Zahlungen, erfolgt keine Anpassung des Wertansatzes der Verbindlichkeit, da ansonsten nicht realisierte Gewinne ausgewiesen werden, was dem Realisationsprinzip nach § 252 Abs. 1 Nr. 4 HGB widerspricht.[536]

In der **Steuerbilanz** wirkt sich die Unverzinslichkeit einer Forderung auf den Teilwert aus. Die Abzinsung langfristiger Forderungen erfolgt zu einem Zinssatz von 5,5% p.a. Verbindlichkeiten sind hingegen zum Anschaffungswert oder mit dem höheren Teilwert anzusetzen, falls nachträglich eine dauerhafte Überverzinslichkeit eintritt. Der Teilwert einer Verbindlichkeit entspricht dem Barwert. Eine auf Grund dauerhaft gesunkenen Marktzinsniveaus überverzinsliche Verbindlichkeit ist in der Steuerbilanz daher mit dem Barwert von Zins und Tilgung bei Diskontierung mit dem niedrigeren aktuellen Marktzinssatz anzusetzen.

Im Gegensatz zur Handelsbilanz kommt es in der Steuerbilanz bei un- oder unterverzinslichen Verbindlichkeiten mit einer Laufzeit von mehr als einem Jahr zur Abzinsungspflicht.[537] Zum Abzinsungssatz von 5,5% p.a. kommt es zwingend zu Diskrepanzen zwischen Handels- und Steuerbilanz und folglich zu Steuerlatenzen.

Ich bedanke mich für Ihre Aufmerksamkeit.

Maren Hunger

---

[535] Vgl. Kosikowski/Schubert, Beck'scher Bilanzkommentar, 9. Auflage, 2014, § 253 HGB, Tz. 62.
[536] Vgl. Kosikowski/Schubert, Beck'scher Bilanzkommentar, 9. Auflage, 2014, § 253 HGB, Tz. 57 ff.
[537] Vgl. § 6 Abs. 1 Nr. 3 EStG.

1.30 Erstellung des Jahresabschlusses durch den Wirtschaftsprüfer

Guten Tag, sehr geehrte Prüfungskommission,

aus den mir zur Verfügung gestellten Vortragsthemen werde ich den Vortrag über „die Erstellung des Jahresabschlusses durch den Wirtschaftsprüfer" halten. Meinen Vortrag gliedere ich in folgende Abschnitte: Einleitend werde ich die **drei Auftragsarten** kurz beschreiben. Im Hauptteil gebe ich einen Überblick über die **Auftragsannahme, -planung sowie -durchführung**. Abschließen möchte ich meinen Vortrag mit Ausführungen zur **Bescheinigung**.

Der Kaufmann bzw. der gesetzliche Vertreter einer Gesellschaft ist zur Aufstellung eines Jahresabschlusses verpflichtet.[538] Die zur Aufstellung erforderlichen Arbeiten, sprich die Erstellung, können auch auf externe Sachverständige übertragen werden. Nach § 2 Abs. 3 Nr. 1 WPO wird der Wirtschaftsprüfer als Sachverständiger bei der Jahresabschlusserstellung tätig. Dabei hat er die allgemeinen Berufspflichten zu beachten. Das IDW unterscheidet in S 7 nach dem Grad der Beurteilung der dem Wirtschaftsprüfer vorgelegten Unterlagen in folgende drei Fälle: Erstellung ohne Beurteilungen, Erstellung mit Plausibilitätsbeurteilungen und Erstellung mit umfassenden Beurteilungen.[539] Jeder Erstellungsauftrag umfasst unabhängig von der jeweiligen **Auftragsart** folgende Tätigkeiten:
- Einholung von Entscheidungsvorgaben zur Ausübung von Wahlrechten und bedeutsamen Ermessensspielräumen,
- Entwicklung der Bilanz und GuV aus der Buchführung,
- ggf. Erstellung des Anhangs sowie weiterer Abschlussbestandteile,
- Dokumentation der Erstellung und Erteilung einer Bescheinigung,
- Anfertigung eines Erstellungsberichts und
- ggf. beratende Mitwirkung bei der Erstellung des Lageberichts.[540]

---

[538] Vgl. §§ 242 Abs. 1 bis 3 HGB i.V.m. 264 Abs. 1 und 264a HGB.
[539] Vgl. IDW S 7 Grundsätze für die Erstellung von Jahresabschlüssen durch Wirtschaftsprüfer (Stand: 27.11.2009), Tz. 11.
[540] Vgl. IDW S 7, Tz. 7 ff.

Bei der Erstellung ohne Beurteilungen wird der Jahresabschluss lediglich aus den vorgelegten Belegen, Büchern und Bestandsnachweisen entwickelt. Bei der Erstellung mit Plausibilitätsbeurteilungen beurteilt der Wirtschaftsprüfer zusätzlich die ihm vorgelegten Belege, Bücher und Bestandsnachweise auf ihre Plausibilität, um mit einer gewissen Sicherheit auszuschließen, dass diese nicht ordnungsgemäß sind. Ein Auftrag zur Erstellung mit umfassenden Beurteilungen ist darauf gerichtet, dass der Wirtschaftsprüfer sich zusätzlich zur Erstellungstätigkeit von der Ordnungsmäßigkeit der ihm vorgelegten Belege, Bücher und Bestandsnachweise überzeugt.

Im Gegensatz zu den Vorschriften zur Bestellung des Abschlussprüfers gibt es keine gesetzlichen Regelungen zur Beauftragung. Mangels gesetzlicher Regelung ist es umso wichtiger, die beauftragte Leistung eindeutig festzulegen. Zur **Auftragsannahme** ist folgendes Vorgehen nach dem Standard gefordert:
- Der Tätigkeitsumfang ist zu beschreiben.
- Die Grundlage der Erstellung ist festzulegen.
- Es ist festzulegen, nach welcher Maßgabe der Jahresabschluss zu erstellen ist.
- Art und Umfang der Berichterstattung sind zu konkretisieren.
- Es ist zu vereinbaren, dass der Auftraggeber auf die Erstellung durch den Wirtschaftsprüfer nur in Verbindung mit dem vollständigen von ihm erstellten Jahresabschluss Bezug nehmen darf und
- es ist sicherzustellen, dass dem Wirtschaftsprüfer die nötigen Unterlagen und Auskünfte vollständig gegeben werden.[541]

Der Wirtschaftsprüfer hat den Auftrag abzulehnen, wenn die Erteilung der erforderlichen Informationen durch den Mandanten nicht sichergestellt ist.

In analoger Anwendung des IDW PS 240 hat der Wirtschaftsprüfer sowohl die bei dem Erstellungsauftrag durchzuführenden Tätigkeiten als auch die Gesamtheit aller **Aufträge** der Kanzlei angemessen zu **planen**. Ziel ist die zeitgerechte und wirtschaftliche Durchführung des Auftrags. Durch eine sachgerechte Planung ist ein angemessener Ablauf der Erstellungsarbeiten in sachlicher, personeller und zeitlicher Hinsicht zu gewährleisten.[542] Dabei ist mit der berufsüblichen kritischen Grundhaltung vorzugehen.

---

[541] Vgl. IDW S 7, Tz. 13 ff.
[542] Vgl. IDW PS 240, Tz. 7 ff.

Für die **Durchführung** der Erstellung bei allen drei Auftragsarten hebt der IDW S 7 vier bedeutende Konkretisierungen hervor: Bei der Jahresabschlusserstellung ist ein Qualitätssicherungssystem einzurichten und zu dokumentieren.[543] Der Wirtschaftsprüfer hat zu beurteilen, ob der Abschluss unter der Annahme der Fortführung der Unternehmenstätigkeit erstellt werden kann.[544] Verweigert der Mandant die zur Klärung von Zweifeln an der Ordnungsmäßigkeit der vorgelegten Unterlagen erforderlichen Aufklärungen und Nachweise, hat der Wirtschaftsprüfer den Auftrag niederzulegen.[545] Bei schwerwiegenden, in ihren Auswirkungen nicht abgrenzbaren Mängeln in der Buchführung und anderen wichtigen Unterlagen, die der Auftraggeber nicht beheben will oder kann, darf eine Bescheinigung nicht erteilt werden.[546]

Bei der Erstellung ohne Beurteilung erstreckt sich der Auftrag nicht auf die Beurteilung der Angemessenheit und Funktion interner Kontrollen und der vorgelegten Unterlagen auf deren Richtigkeit.[547] Der Wirtschaftsprüfer hat trotzdem den Mandanten auf offensichtliche Unrichtigkeiten in den zugrunde liegenden Unterlagen, die ihm als Sachverständigen bei der Durchführung des Auftrags auffallen, hinzuweisen und Vorschläge zur Korrektur zu unterbreiten.[548]

Gegenstand der Erstellung mit Plausibilitätsbeurteilungen ist neben der eigentlichen Erstellungstätigkeit die Durchführung von Befragungen und analytischen Beurteilungen. Die Beurteilungen sollen dem Wirtschaftsprüfer mit einer gewissen Sicherheit die Feststellung ermöglichen, dass ihm keine Umstände bekannt geworden sind, die gegen die Ordnungsmäßigkeit der vorgelegten Belege und Bücher in allen für den Jahresabschluss wesentlichen Belangen sprechen.[549] Analytische Prüfungshandlungen umfassen beispielsweise Mehrjahresvergleiche oder auch Kennzahlenanalysen. Der Wirtschaftsprüfer hat Kenntnisse über das rechnungslegungsbezogene interne Kontrollsystem zu erlangen. Eine eigenständige Aufbau- und Funktionsprüfung des IKS ist nicht vorzunehmen.[550]

---

[543] Vgl. IDW S 7, Tz. 25.
[544] Vgl. IDW S 7, Tz. 29.
[545] Vgl. IDW S 7, Tz. 30.
[546] Vgl. IDW S 7, Tz. 31.
[547] Vgl. IDW S 7, Tz. 34 ff.
[548] Vgl. IDW S 7, Tz. 36.
[549] Vgl. IDW S 7, Tz. 37.
[550] Vgl. IDW S 7, Tz. 42.

Bei der Erstellung mit umfassenden Beurteilungen muss der Wirtschaftsprüfer hinreichende Sicherheit über die Ordnungsmäßigkeit der ihm vorgelegten Unterlagen erlangen. Durch Systemprüfungshandlungen sowie analytischen Prüfungshandlungen und Einzelfallprüfungshandlungen hat sich der Wirtschaftsprüfer im Sinne der die Abschlussprüfung betreffenden IDW Prüfungsstandards von der Ordnungsmäßigkeit zu überzeugen.

Beispielhaft sind folgende Maßnahmen aufgezeigt:
– Inventurbeobachtungen, Einholung von Saldenbestätigungen (sofern von wesentlicher Bedeutung),
– Einholung von Bestätigungen Dritter und
– Untersuchung von Verträgen über Liefer- und Leistungsbeziehungen auf ungewisse Verbindlichkeiten und auf drohende Verluste.[551]

Der Wirtschaftsprüfer hat den von ihm erstellten Jahresabschluss mit einer **Bescheinigung** zu versehen, aus der sich Art und Umfang seiner Tätigkeit ergeben. Als Mindestinhalte der Bescheinigung sind folgende Punkte aufzunehmen:
– Überschrift und Adressat,
– Art des Erstellungsauftrags und eventuelle Ergänzungen,
– Abschlussstichtag bzw. zugrunde liegendes Geschäftsjahr,
– Verantwortlichkeiten der gesetzlichen Vertreter und des Wirtschaftsprüfers,
– maßgebende Rechtsvorschriften, vorgelegte Unterlagen,
– Hinweise auf die Einhaltung der Grundsätze des IDW S 7,
– Ergebnisse der Tätigkeit des Wirtschaftsprüfers ggf. Einwendungen,
– ggf. Ergänzungen zur Bescheinigung sowie
– Ort und Datum.[552]

Das IDW stellt entsprechende Formulierungsempfehlungen im IDW S 7 zur Verfügung.

Damit beende ich meinen Vortrag und bedanke mich für Ihre Aufmerksamkeit.

Maren Hunger

---

[551] Vgl. IDW S 7, Tz. 49.
[552] Vgl. IDW S 7, Tz. 56 ff.

1.31 Die Prüfung von geschätzten Werten in der Rechnungslegung einschließlich von Zeitwerten

Guten Tag, sehr geehrte Prüfungskommission,

Thema meines heutigen Vortrages ist „die Prüfung von geschätzten Werten in der Rechnungslegung einschließlich von Zeitwerten". Den Vortrag werde ich wie folgt gliedern: Zunächst ordne ich die Begriffe **„geschätzte Werte"** und **„Zeitwerte"** ein. Im Hauptteil meines Vortrags gehe ich dann auf die **Prüfungshandlungen** bei geschätzten Werten und Zeitwerten ein. Mit der **Berichterstattung** werde ich meinen Vortrag beenden.

Das IDW stellt die relevanten Grundsätze in dem Prüfungsstandard 314 n.F. „Die Prüfung von geschätzten Werten in der Rechnungslegung einschließlich von Zeitwerten" dar.

Geschätzte Werte sind ein notwendiger Bestandteil der Rechnungslegung, um sämtliche Geschäftsvorfälle abbilden zu können. Sie sind Näherungswerte, die immer dann Eingang in die Rechnungslegung finden, wenn eine exakte Ermittlung nicht möglich ist.[553] **Zeitwerte** sind i.d.R. geschätzte Werte.[554] Sie sind häufig Grundlage für Bewertung von Vermögensgegenständen und Schulden in der Rechnungslegung.

Schätzungen beinhalten Ermessensentscheidungen und Unsicherheiten bei der Bewertung bereits eingetretener oder erst in Zukunft wahrscheinlich eintretender Ereignisse. Es besteht ein erhöhtes Fehlerrisiko.[555] Die Unsicherheiten bei der Schätzung resultieren u.a. aus der Länge des Prognosezeitraums, der Anzahl bedeutender und komplexer Annahmen über bestehende Gesetzesmäßigkeiten und Ermessensspielräume bei den zugrunde liegenden Annahmen.[556] Beispiele für Schätzwerte finden wir in der Rechnungslegung z.B. bei der Bestimmung der Nutzungsdauern für Vermögensgegenstände des Anlagevermögens oder in der Bestimmung der Rückstellung für Gewährleistungsverpflichtungen wieder.

---

[553] Vgl. IDW PS 314 n.F. Die Prüfung von geschätzten Werten in der Rechnungslegung einschließlich von Zeitwerten (Stand: 09.09.2009), Tz. 1.
[554] Vgl. IDW PS 314 n.F., Tz. 2.
[555] Vgl. IDW PS 314 n.F., Tz. 10.
[556] Vgl. IDW PS 314 n.F., Tz. 14.

Die Definition von Zeitwerten richtet sich nach den anzuwendenden Rechnungslegungsvorschriften. Nach den IFRS wird der beizulegende Zeitwert als der Preis definiert, der in einem geordneten Geschäftsvorfall zwischen Marktteilnehmern am Bemessungsstichtag für den Verkauf eines Vermögenswerts eingenommen bzw. für die Übertragung einer Schuld gezahlt würde.[557] Im Wesentlichen entspricht der beizulegende Zeitwert dem Einzelveräußerungspreis des Vermögenswerts bzw. der Schuld.[558]

Nach HGB wird in Abhängigkeit von der Art der Vermögensgegenstände nach Beschaffungsmarkt und Absatzmarkt unterschieden und danach, ob bei Orientierung nach dem Beschaffungsmarkt Veräußerungsabsicht besteht oder nicht. Anwendungsbeispiele für handelsrechtliche Zeitwerte sind der niedrigere beizulegende Wert nach § 253 Abs. 3 und 4 HGB, die Bewertungsobergrenze bei Sacheinlagen oder der Barwert für bestimmte Schulden. Die Annahme über die Fortführung der Unternehmenstätigkeit beeinflusst die Ermittlung von Zeitwerten. So sind bei der Unternehmensfortführung marktübliche Transaktionen zu unterstellen.[559]

Die Ermittlung von Zeitwerten gestaltet sich in vielen Fällen relativ einfach, z.B. bei der Bestimmung der Nutzungsdauer von Büromöbeln. In einigen Fällen erfordert sie jedoch umfassende Analysen von aktuellen Informationen sowie Prognosen künftiger Ereignisse, z.B. bei der Ermittlung von Rückstellungen für Gewährleistungsverpflichtungen.

Der Abschlussprüfer hat die eingerichteten Prozesse zur Ermittlung von geschätzten Werten, die zugrunde liegenden Daten und die relevanten Kontrollen zu verstehen, um eine Beurteilung der Fehlerrisiken vornehmen sowie Art, Umfang und zeitliche Einteilung der weiteren **Prüfungshandlungen** planen zu können. Der Abschlussprüfer beurteilt, ob die Überprüfung und Genehmigung der geschätzten Werte von einer angemessenen Hierarchieebene des Unternehmens vorgenommen und dokumentiert wurde.

---

[557] Vgl. IFRS 13.9 als standardübergreifende Definition.
[558] Vgl. IDW PS 314 n.F., Tz. 15.
[559] Vgl. IDW PS 314 n.F., Tz. 17.

Bei dieser Würdigung sind u.a. folgende organisatorische Maßnahmen zu berücksichtigen und der Grad der Schätzunsicherheit zu beurteilen:
- Art der Geschäftsvorfälle.
- Wie wird vom Management festgestellt, dass in der Rechnungslegung Schätzungen erforderlich sind?
- Wurden Änderungen in den Bewertungsvorschriften vorgenommen?
- Welche Kontrollen stellen sicher, dass die in den Bewertungsmodellen verwendeten Informationen stetig, zeitnah und verlässlich sind?[560]

„Im Rahmen der Aufbauprüfung hat der Abschlussprüfer zu beurteilen, ob das Bewertungsverfahren geeignet ist, geschätzte Werte in Übereinstimmung mit den jeweiligen Rechnungslegungsgrundsätzen zu ermitteln".[561] Als Prüfungshandlungen kommen bspw. Befragungen der gesetzlichen Vertreter unter Berücksichtigung der Umsetzung geplanter Maßnahmen und der Durchsicht von Planungsunterlagen in Frage sowie der Abgleich der Pläne mit den Handlungsmöglichkeiten.[562] Bei bedeutenden Ermessensspielräumen sind die zulässige Bandbreite möglicher Werte und die willkürfreie Bewertung zu beurteilen.[563] Auch im Rahmen der Aufbauprüfung hat der Abschlussprüfer die zugrunde liegenden Annahmen auf Plausibilität und hinreichender Grundlage für die Bewertung zu beurteilen.[564]

Danach ist zu prüfen, ob die zuvor beurteilten Informationen auch in die Berechnungen eingeflossen sind und ob die Berechnungsverfahren auch weiterhin als Grundlage für eine Schätzung dienen können. Des Weiteren prüft der Abschlussprüfer die angewandten Bewertungsverfahren auf mathematische Richtigkeit und deren stetiger Anwendung.[565] Zudem hat er einen Vergleich der in Vorjahren vorgenommenen Schätzungen mit den tatsächlichen Ergebnissen vorzunehmen.[566]

---

[560] Vgl. IDW PS 314 n.F., Tz. 32 ff.
[561] Vgl. IDW PS 314 n.F., Tz. 35.
[562] Vgl. IDW PS 314 n.F., Tz. 37.
[563] Vgl. IDW PS 314 n.F., Tz. 39.
[564] Vgl. IDW PS 314 n.F., Tz. 40.
[565] Vgl. IDW PS 314 n.F., Tz. 52 ff.
[566] Vgl. IDW PS 314 n.F., Tz. 55.

Sofern der Abschlussprüfer bei der Aufbauprüfung zum Ergebnis gekommen ist, dass die eingerichteten Prozesse angemessen sind, hat er anschließend eine Funktionsprüfung durchzuführen. Neben der Funktionsprüfung hat er sich durch aussagebezogene Prüfungshandlungen wie bspw.

- Vergleich der Schätzwerte mit den Werten aus einer unabhängigen Schätzung,
- Prüfung der stetigen Anwendung der Ermittlungsverfahren,
- Beurteilung von Ereignissen nach dem Abschlussstichtag, welche die Schätzung bestätigen können und
- Prüfung der Angaben im Anhang und Lagebericht

von der Ordnungsmäßigkeit der Schätzverfahren zu überzeugen.[567]

Sind Unsicherheiten im Zusammenhang mit der Ermittlung und Darstellung von geschätzten Werten für die Aufsichtsorgane des Unternehmens von besonderer Bedeutung, hat der Abschlussprüfer im **Prüfungsbericht** dazu Stellung zu nehmen.[568]

Besteht die Notwendigkeit, die Aufmerksamkeit des Lesers auf bedeutsame Unsicherheiten zu lenken, nimmt der Abschlussprüfer einen Hinweis in den **Bestätigungsvermerk** auf.[569] Liegt ein Prüfungshemmnis vor, weil aufgrund der mit geschätzten Werten verbundenen Unsicherheit oder wegen des Fehlens objektiver Informationen eine Schätzung unmöglich ist, ist zu entscheiden, ob der Bestätigungsvermerk einzuschränken oder zu versagen ist.[570]

Hiermit möchte ich meinen Vortrag beenden und bedanke mich für Ihre Aufmerksamkeit.

Maren Hunger

---

[567] Vgl. IDW PS 314 n.F., Tz. 60 ff.
[568] Vgl. IDW PS 314 n.F., Tz. 85.
[569] Vgl. IDW PS 314 n.F., Tz. 83.
[570] Vgl. IDW PS 314 n.F., Tz. 84.

1.32 Die Liquidationseröffnungsbilanz

Guten Tag, sehr geehrte Prüfungskommission,

ich werde meinen Vortrag über das Thema „die Liquidationseröffnungsbilanz" halten. Den Vortrag gliedere ich folgendermaßen: Zunächst gehe ich einleitend auf **Aufstellungspflicht und Stichtag** ein. Im Hauptteil meines Vortrags gebe ich einen Überblick über die **Ansatz- und Bewertungsvorschriften**. Danach werde ich Ausführungen zum **Erläuterungsbericht** machen. Mit einem **Ausblick** beende ich meinen Vortrag.

Mit der Auflösung beginnt bei der Aktiengesellschaft die Abwicklung und bei der GmbH die Liquidation. Auflösungsgründe sind bspw. der formlose Mehrheitsbeschluss der Hauptversammlung bzw. der Gesellschafterversammlung oder der Ablauf der in der Satzung bzw. im Gesellschaftsvertrag bestimmten Zeit.[571] Auf die Auflösung einer Personenhandelsgesellschaft und damit auf die Liquidationseröffnungsbilanz dieser werde ich in meinem Vortrag nicht eingehen.

Die Regelungen zur Abwicklung einer Aktiengesellschaft sind in den §§ 262 bis 274 AktG und zur Liquidation einer GmbH in den §§ 60 bis 74 GmbHG aufgenommen. Im Verlaufe meines Vortrags werde ich den Begriff der „Liquidation" auch als Synonym für die „Abwicklung" verwenden.

Der Liquidator einer Gesellschaft ist **verpflichtet**, eine Liquidationseröffnungsbilanz nebst erläuterndem Bericht nach § 270 Abs. 1 AktG bzw. § 71 Abs. 1 GmbHG für den Beginn der Liquidation **aufzustellen**. Es handelt sich bei der Aufstellung um eine öffentlich-rechtliche Verpflichtung für den Liquidator. Bei Verstößen gegen die Rechnungslegungspflicht machen sich die Liquidatoren schadenersatzpflichtig gegenüber der Kapitalgesellschaft.[572] Die Möglichkeit, auf die Liquidationseröffnungsbilanz zu verzichten, besteht nicht. Maßgeblicher **Stichtag** der Liquidationseröffnungsbilanz ist der Tag des Auflösungsbeschlusses der Kapitalgesellschaft. Es kommt nicht auf die Eintragung ins Handelsregister an. Bei Auflösungsgrund „Zeitablauf" ist Stichtag der Liquidationseröffnungsbilanz der in der Satzung bzw. der im Gesellschaftsvertrag fixierte Tag. Der Regelfall ist allerdings die Auflösung durch formlosen Beschluss.

---

[571] Vgl. § 262 AktG, § 60 GmbHG.
[572] Vgl. §§ 93 i.V.m. 268 Abs. 2 AktG, §§ 43 Abs. 2 i.V.m. 71 Abs. 4 GmbHG.

Im Auflösungsbeschluss kann auch ein späterer Zeitpunkt für den Beginn der Liquidation bestimmt werden. Alle Kapitalgesellschaften haben die Liquidationseröffnungsbilanz und den Erläuterungsbericht innerhalb von drei Monaten nach dem Datum der Auflösung aufzustellen.[573] Kleine Kapitalgesellschaften können die Frist um weitere drei Monate verlängern.[574]

In der Liquidationseröffnungsbilanz gelten die **Ansatzvorschriften** §§ 246 bis 251 HGB i.V.m. §§ 150 Abs. 1 AktG und 42 Abs. 1 GmbHG entsprechend und somit auch das Vollständigkeitsgebot nach § 246 Abs. 1 HGB. Es sind sämtliche Vermögensgegenstände, Verbindlichkeiten, Rückstellung und Rechnungsabgrenzungsposten anzusetzen, soweit gesetzlich nichts anderes bestimmt ist. Auch in der Liquidationseröffnungsbilanz ist die Zurechnung nach dem wirtschaftlichen Eigentum nach § 246 Abs. 1 Satz 2 HGB maßgeblich. Das Saldierungsgebot nach § 246 Abs. 2 Satz 2 HGB ist ebenfalls zu beachten.

Für selbstgeschaffene immaterielle Vermögensgegenstände besteht auch in der Liquidationseröffnungsbilanz ein Aktivierungswahlrecht.[575] Wird ein bislang für die dauerhafte eigene Nutzung vorgesehener immaterieller Vermögensgegenstand, dessen Herstellung in vorherigen Geschäftsjahren begonnen wurde, im laufenden Geschäftsjahr fertiggestellt, wurde in vorherigen Geschäftsjahren das Aktivierungswahlrecht nicht ausgeübt und ist der Vermögensgegenstand aufgrund der Änderung seiner Zweckbestimmung nunmehr im Umlaufvermögen zuzuordnen, sind die Herstellungskosten begrenzt auf die Aufwendungen des laufenden Geschäftsjahres, die bis zur Fertigstellung angefallen sind.[576] Ein vor der Liquidation originärer, aber nicht angesetzter Geschäfts- und Firmenwert ist auch bei Wegfall der Going-Concern-Annahme im Jahresabschluss nicht anzusetzen.[577]

Für Ausgaben vor dem Stichtag der Eröffnungsbilanz, die Aufwand für den Zeitraum bis zur voraussichtlichen Betriebseinstellung darstellen, ist ein aktiver Rechnungsabgrenzungsposten zu bilden.[578] Ein aktiver Rechnungsabgrenzungsposten ist auch weiterhin anzusetzen, wenn der gegenseitige Vertrag trotz beabsichtigter Einstellung des Geschäftsbetriebs erfüllt wird. Ist dies

---

[573] Vgl. § 270 Abs. 2 Satz 2 AktG, § 71 Abs. 2 Satz 2 GmbHG i.V.m. § 264 Abs. 1 Satz 3 HGB.
[574] Vgl. § 270 Abs. 2 Satz 2 AktG, § 71 Abs. 2 Satz 2 GmbHG i.V.m. § 264 Abs. 1 Satz 4 HGB.
[575] Vgl. § 248 Abs. 2 Satz 1 HGB.
[576] Vgl. IDW RS HFA 17, Tz. 7.
[577] Vgl. IDW RS HFA 17, Tz. 8.
[578] Vgl. § 250 Abs. 1 HGB.

nicht der Fall, sind die Rechnungsabgrenzungsposten erfolgswirksam aufzulösen. Ferner gilt, dass eine Umgliederung von den aktiven Rechnungsabgrenzungsposten in die sonstigen Vermögensgegenstände zu erfolgen hat, wenn sich bei vorzeitiger Vertragsbeendigung Rückforderungsansprüche ergeben, die wirksam entstanden und werthaltig sind.[579]
   Soweit mit einer besonderen Inanspruchnahme wegen einer vorzeitigen Beendigung schwebender Dauerschuldverhältnisse, wie z.B. Mietverträge, zu rechnen ist, muss eine Rückstellung für drohende Verluste aus schwebenden Geschäften gebildet werden.[580] Für andere als in § 249 Abs. 1 HGB bezeichneten Zwecke dürfen auch in der Liquidationseröffnungsbilanz keine Rückstellungen gebildet werden. Pauschale Rückstellungen für künftige Liquidationsfehlbeträge sind gem. § 249 Abs. 2 Satz 1 HGB nicht anzusetzen.

Für die **Bewertung** in der Liquidationseröffnungsbilanz gelten die allgemeinen Bewertungsvorschriften für Kaufleute nach §§ 240, 252 bis 256a HGB. Die historischen Anschaffungs- bzw. Herstellungskosten dürfen weder in der Liquidationseröffnungsbilanz noch im Liquidationsjahresabschluss überschritten werden. Eine Neubewertung der Aktiva auf Basis höherer Veräußerungswerte ist ausgeschlossen.[581]
   Eine Besonderheit bildet der Grundsatz der Unternehmensfortführung. Gem. § 252 Abs. 1 Nr. 2 HGB ist bei der Bewertung solange von der Fortführung der Unternehmenstätigkeit auszugehen, als dem nicht rechtliche und tatsächliche Gründe entgegenstehen. Es wird angenommen, dass Kapitalgesellschaften i.L. ihren Geschäftsbetrieb häufig noch für geraume Zeit fortführen. Bis zur tatsächlichen Einstellung der Betriebstätigkeit kann an diesem Grundsatz festgehalten werden.[582]
   Nach § 270 Abs. 2 Satz 3 AktG und § 71 Abs. 2 Satz 3 GmbHG sind Gegenstände des Anlagevermögens wie Umlaufvermögen zu bewerten, soweit ihre Veräußerung innerhalb eines übersehbaren Zeitraums beabsichtigt ist oder diese Vermögensgegenstände nicht mehr dem Geschäftsbetrieb dienen.
   Roh-, Hilf- und Betriebsstoffe sowie Waren sind zu Anschaffungskosten, unfertige und fertige Erzeugnisse sind zu Herstellungskosten zu bewerten.[583] Bei der Anwendung des strengen Niederstwertprinzips ist auf die Verhältnisse des Absatzmarktes abzustellen.[584]

---

[579] Vgl. IDW RS HFA 17, Tz. 9.
[580] Vgl. IDW RS HFA 17, Tz. 13.
[581] Vgl. IDW RS HFA 17, Tz. 20 ff.
[582] Vgl. Förschle/Deubert, Sonderbilanzen, 4. Auflage, 2008, Seite 821, Tz. 155.
[583] Vgl. §§ 253 Abs. 1 Satz 1 i. V. m. 255 Abs. 1 und 2 HGB.
[584] Vgl. IDW RS HFA 17, Tz. 18.

Die Liquidatoren müssen die Liquidationseröffnungsbilanz in einem Bericht erläutern.[585] Auch hier sind die allgemeinen Vorschriften über den Jahresabschluss grundsätzlich entsprechend anzuwenden. Der **Erläuterungsbericht** übernimmt die Funktion des Anhangs und des Lageberichts. Die handelsrechtlichen Pflichtangaben für den Anhang und den Lagebericht brauchen nur insofern gemacht zu werden, als sie für die Verpflichtung, ein den tatsächlichen Verhältnissen entsprechendes Bild von der Vermögens- und Ertragslage der aufgelösten Gesellschaft darzustellen, von Bedeutung sind.[586] Hauptaufgabe des erläuternden Berichts ist die Darstellung der in der Liquidationseröffnungsbilanz angewandten Bilanzierungs- und Bewertungsmethoden sowie insbesondere aus der Liquidation folgenden Methodenänderungen, z.B. die Änderungen der Abschreibungspläne.[587] Im Erläuterungsbericht sind ferner Angaben zu den in der Bilanz aufgenommenen Vermögensgegenständen und deren möglichen Veräußerungspreise zu machen.[588] Weiterhin ist im Erläuterungsbericht auf Vorgänge von besonderer Bedeutung seit dem Auflösungsbeschluss sowie auf den erwarteten weiteren Verlauf des Liquidationsverfahrens einzugehen.[589]

In der Praxis ist oftmals vorzufinden, dass Gesellschaften den Liquidationseröffnungsbeginn auf den ersten Tag nach den Stichtag des Geschäftsjahres legen. Die Liquidationseröffnungsbilanz entspricht danach meist der letzten Schlussbilanz und ein Erläuterungsbericht wird oftmals nicht erstellt. Dabei ist zwingend durch den Liquidator und den Abschlussprüfer der Liquidationseröffnungsbilanz **darauf zu achten**, dass die handels- und gesellschaftsrechtlichen Vorschriften zur Liquidationseröffnungsbilanz und Erläuterungsbericht eingehalten werden.

Mit diesen Worten schließe ich meinen Vortrag und bedanke mich für Ihre Aufmerksamkeit.

Maren Hunger

---

[585] Vgl. § 270 Abs. 2 Satz 2 AktG, § 71 Abs. 2 Satz 2 GmbHG.
[586] Vgl. Förschle/Deubert, Sonderbilanzen, 4. Auflage, 2008, Seite 830, Tz. 185.
[587] Vgl. Förschle/Deubert, Sonderbilanzen, 4. Auflage, 2008, Seite 831, Tz. 187.
[588] Vgl. Förschle/Deubert, Sonderbilanzen, 4. Auflage, 2008, Seite 831, Tz. 188.
[589] Vgl. Förschle/Deubert, Sonderbilanzen, 4. Auflage, 2008, Seite 832, Tz. 190.

1.33 Bilanzierung von Zuschüssen und Beihilfen

Guten Tag, sehr geehrte Prüfungskommission,

ich halte heute einen Vortrag zum Thema „Bilanzierung von Zuschüssen und Beihilfen". Meinen Vortrag werde ich wie folgt gliedern: Nach einigen einführenden Anmerkungen zur derzeitigen **Subventionslage in der Bundesrepublik Deutschland** und die **Kontrolle durch die EU-Kommission** werde ich auf die **rechtlichen Grundlagen zur Gewährung von Zuschüssen und Beihilfen** eingehen. Im Anschluss gehe ich auf die **bilanziellen Behandlung finanzieller Zuwendungen** ein, insbesondere im Hinblick auf die Ertragswirksamkeit sowie **auf einzelne Prüfungsaspekte in der Jahresabschlussprüfung**. Mit einem kurzen **Fazit** werde ich meinen Vortrag schließen.

Der 24. **Subventionsbericht** der Bundesregierung über die Entwicklung der Finanzhilfen des Bundes und der Steuervergünstigungen für die Jahre 2011 bis 2014[590] weist im Jahr 2013 staatliche Beihilfen von 21,8 Mrd. EUR aus, wobei die gewerbliche Wirtschaft der bedeutendste Subventionsbereich mit rund 54% aller Subventionen des Bundes unverändert bleibt.

Die **EU-Kommission** hat die Aufgabe, staatliche Beihilfen nur dann zu gewähren, wenn diese nicht zu unlauteren Vorteilen gegenüber vergleichbaren Branchen in anderen EU-Ländern führen. Insbesondere auch in Zeiten von Wirtschafts- und Finanzkrisen hat die Kommission dafür Sorge zu tragen, dass die Reaktionen der Mitgliedstaaten auf die Krise nicht wettbewerbsgefährdend sind, sondern auf die Situation in ganz Europa Rücksicht nehmen. Die strengen Vorgaben der EU-Kommission werden in der Praxis teilweise nicht beachtet. Bei Nichtbeachtung droht ein Einschreiten der EU-Kommission und unzulässige Beihilfen müssen zurückgezahlt werden. Solche Risiken müssen auch im handelsrechtlichen Jahresabschluss berücksichtigt werden.

Bevor ich auf die bilanzielle Behandlung von Zuschüssen und Beihilfen eingehe, werde ich zunächst einige **rechtliche Grundlagen** darlegen.

---

[590] URL: http://www.bundesfinanzministerium.de/Content/DE/Standardartikel/Themen/ Oeffentliche_Finanzen/Subventionspolitik/2013_08_13_24-subventionsbericht-der-bundesregierung-anlage.pdf?_blob=publicationFile&v=5 (Abrufdatum: 04.05.2015).

Unter finanziellen Zuwendungen sind im Allgemeinen Zahlungen an einen Berechtigten zu verstehen.[591] Es gibt vielfältige Bezeichnungen wie beispielsweise Beihilfen, Prämien, Subventionen, Zulagen und Zuschüsse.

Eine konkrete Legaldefinition nach deutschem Recht gibt § 264 Abs. 7 StGB. Danach ist eine Subvention eine Leistung aus öffentlichen Mitteln nach Bundes- oder Landesrecht an Betriebe oder Unternehmen, die wenigstens zum Teil ohne marktmäßige Gegenleistung gewährt wird und der Förderung der Wirtschaft dienen soll. Im Rahmen des Europarechts wird für Subvention der Begriff staatliche Beihilfe verwendet. Diese Beihilfen werden über § 264 Abs. 7 Nr. 2 StGB in den Subventionsbegriff des deutschen Strafgesetzbuches einbezogen.

Steuerpflichtige Zuwendungen werden als Zuschüsse und steuerfreie Zuwendungen als Zulagen bezeichnet.[592]

Nicht rückzahlbare Zuwendungen stellen für das empfangene Unternehmen zusätzliche Finanzierungsmittel dar. Es handelt sich hierbei nicht um Eigenkapital und auch mangels Rückzahlungspflicht nicht um Fremdkapital. Sie müssen daher als Erfolgsbeiträge in der Gewinn- und Verlustrechnung ihren Niederschlag finden. Die Gewährung von nicht rückzahlbaren Zuwendungen ist häufig an bestimmte Voraussetzungen geknüpft, dementsprechend hängen die **bilanzielle Behandlung** und der zutreffende Erfolgsausweis von diesen Voraussetzungen ab. Für den Bilanzierenden gibt es im Handelsrecht drei Möglichkeiten zur Erfassung von Zuwendungen: die direkte und indirekte Methode sowie die erfolgswirksame Vereinnahmung.[593] Der internationale Rechnungslegungsstandard IAS 20 „Bilanzierung und Darstellung von Zuwendungen der öffentlichen Hand" kennt ebenfalls diese drei Methoden.[594]

Während bei der direkten Methode die Anschaffungskosten des Vermögensgegenstandes um die Zuwendungen gemindert werden, wird bei der indirekten Methode ein Sonderposten auf der Passivseite gebildet. Dieser Sonderposten ist nicht mit dem „Sonderposten mit Rücklageanteil" nach dem HGB a.F.[595] zu verwechseln, sondern wird dem Bilanz-Gliederungsschema hinzugefügt.[596] Die erfolgswirksame Auflösung erfolgt ratierlich entsprechend der Nutzungsdauer des Vermögensgegenstands.

---

[591] Vgl. IDW HFA 1/1984 Bilanzierungsfragen bei Zuwendungen, dargestellt am Beispiel finanzieller Zuwendungen der öffentlichen Hand.
[592] Vgl. IDW HFA 1/1984, Abschn. 1.
[593] Vgl. IDW HFA 1/1984, Abschn. 2d.
[594] Vgl. IAS 20.13 und IAS 20.24.
[595] §§ 247 Abs. 3 und 273 HGB a.F.
[596] § 265 Abs. 5 Satz 2 HGB.

Die sofortige erfolgswirksame Vereinnahmung ist nur sachgerecht, wenn für den bezuschussten Vermögensgegenstand eine Verteilung über die Nutzungsdauer nicht mehr erforderlich ist, weil beispielsweise eine außerplanmäßige Abschreibung vorgenommen wurde und hierdurch die künftigen Geschäftsjahre bereits von Aufwand entlastet sind.[597]

Das IDW hat im November 2012 den Prüfungsstandard 700 „Prüfung von Beihilfen nach Art. 107 AEUV insbesondere zugunsten öffentlicher Unternehmen"[598] aktualisiert. Der Abschlussprüfer hat im Rahmen von Jahresabschlussprüfungen zu beurteilen, ob Beihilfen im Jahresabschluss ordnungsgemäß abgebildet und die erforderlichen Angaben im Lagebericht gemacht worden sind.[599] Hierbei sollte der Abschlussprüfer insbesondere folgende **Prüfungsaspekte** beurteilen: die Feststellung, ob das zu prüfende Unternehmen Beihilfen erhalten hat, die Ordnungsmäßigkeit der Beihilfe nach Gesetz und Notifizierungsverfahren, mögliche Rückzahlungsverpflichtungen sowie die richtige Abbildung der Beihilfe und der sich möglicherweise ergebenden Risiken im Jahresabschluss und Lagebericht.[600]

Auf dieser Grundlage hat der Abschlussprüfer zu beurteilen, ob eventuelle Konsequenzen aus beihilferechtlichen Sachverhalten ordnungsgemäß im Jahresabschluss und Lagebericht abgebildet wurden. Auswirkungen auf den Bestätigungsvermerk sind nach dem IDW PS 400 zu beurteilen.[601] Dabei sind folgende Fragen zu berücksichtigen: War die Beihilfe zulässig? Liegen rechtliche Unsicherheiten über die Zulässigkeit der Beihilfe vor? Kann die Zulässigkeit der Beihilfe nicht beurteilt werden?

Ist die Beihilfe unzulässigerweise gewährt worden, ergeben sich folgende mögliche Konsequenzen: Resultieren aus der unzulässigen Gewährung einer Beihilfe wesentlich falsche Angaben im Jahresabschluss, so hat der Abschlussprüfer im Prüfungsbericht darüber zu berichten und den Bestätigungsvermerk einzuschränken oder zu versagen. Hat das zu prüfende Unternehmen im Lagebericht unangemessen über die mit den Beihilfen verbundenen Risiken Bericht erstattet, so ist der Bestätigungsvermerk ebenfalls einzuschränken und im Prüfungsbericht darüber zu informieren.

---

[597] Vgl. IDW HFA 1/1984, Abschn. 2a.
[598] Vgl. IDW PS 700 Prüfung von Beihilfen nach Artikel 107 AEUV insbesondere zugunsten öffentlicher Unternehmen (Stand: 29.11.2012).
[599] Vgl. IDW PS 700, Tz. 2.
[600] Vgl. IDW PS 700, Tz. 41 ff.
[601] Vgl. IDW PS 700, Tz. 49.

Hervorzuheben ist u.a. auch folgender Sachverhalt: Liegt aufgrund einer Passivierung einer Rückzahlungsverpflichtung eine Überschuldung vor oder ist von einer Zahlungsunfähigkeit auszugehen, ist der Bestätigungsvermerk zu versagen, sofern das zu prüfende Unternehmen den Jahresabschluss unzulässigerweise unter der Annahme des Going-concerns aufgestellt hat.[602]

Bestehen rechtliche Unsicherheiten über die Zulässigkeit der Beihilfe, so hat der Abschlussprüfer im Prüfungsbericht hierüber zu berichten sowie zu der Risikoeinschätzung der gesetzlichen Vertreter Stellung zu nehmen.

Kann der Abschlussprüfer nicht beurteilen, ob die Beihilfe zulässigerweise gewährt worden ist, so liegt ein Prüfungshemmnis vor und der Bestätigungsvermerk ist einzuschränken. Sind die Prüfungshemmnisse in Summe so wesentlich, dass der Abschlussprüfer nicht in der Lage ist, ein positives Gesamturteil abzugeben, ist ein Versagungsvermerk zu erteilen.[603]

Abschließend ist festzuhalten, dass die ordnungsgemäße Bilanzierung und Lageberichterstattung von Beihilfen eine vollständige tatsächliche Identifizierung und zutreffende rechtliche Beurteilung der Beihilfen erfordert. Dies ist unter der teilweise sehr schwierigen Auslegung der Verträge über die Gewährung von Beihilfen unerlässlich. Hier sind in erster Linie die gesetzlichen Vertreter des Unternehmens gefragt, die die Risiken im Jahresabschluss und Lagebericht konkret darstellen müssen, insbesondere im Hinblick auf Rückforderungsansprüche, die zu einer möglichen Überschuldung führen können.

Mit diesen Worten schließe ich meinen Vortrag und bedanke mich für Ihre Aufmerksamkeit.

Maren Hunger

---

[602] Vgl. IDW PS 700, Tz. 52 ff.
[603] Vgl. IDW PS 700, Tz. 60.

1.34 Der Transparenzbericht nach § 55c WPO

Guten Tag, sehr geehrte Prüfungskommission,

Thema meines Vortrags ist „Der Transparenzbericht nach § 55c WPO". Ich werde meinen Vortrag wie folgt gliedern: Nach einleitenden Worten möchte ich zunächst die **gesetzlichen Grundlagen der Verpflichtung zur Erstellung des Transparenzberichts nach § 55c WPO** skizzieren. Im Hauptteil meines Vortrags werde ich auf die **Pflichtbestandteile** dieses Berichts eingehen, die ich dann teilweise im Einzelnen erläutern werde. Abschließen werde ich meinem Vortrag über **Form und Verfahren der Veröffentlichung des Transparenzberichts**.

Nach § 55c WPO haben Wirtschaftsprüfer und Wirtschaftsprüfungsgesellschaften einen **Transparenzbericht** zu veröffentlichen, wenn sie mindestens eine Abschlussprüfung eines Unternehmens von öffentlichem Interesse im Jahr durchführen. Dieser Bericht ist spätestens zum Ende des ersten Quartals des Folgejahres auf der Internetseite der Gesellschaft bzw. des Wirtschaftsprüfers öffentlich zu machen.[604]

Unternehmen von öffentlichem Interesse, sog. „§ 319a-Mandate", sind kapitalmarktorientierte Kapitalgesellschaften, wenn sie einen organisierten Markt i.S.d. § 2 Abs. 5 Wertpapierhandelsgesetz durch von ihr ausgegebene Wertpapiere in Anspruch nehmen oder die Zulassung solcher Wertpapiere zum Handel an einem organisierten Markt beantragt haben.[605]

Die Verpflichtung zur Veröffentlichung des Transparenzberichts greift schon bei einer einzigen Jahresabschlussprüfung im Jahr. Die Pflicht besteht nicht dauerhaft, sondern ist zeitlich begrenzt.

Der Transparenzbericht muss mindestens folgende **Pflichtangaben beinhalten:**[606]

Neben der Beschreibung der Rechtsform, der Eigentumsverhältnisse und der Leitungsstruktur ist auch das interne Qualitätsmanagement zu beschreiben. Von den Berufsangehörigen oder den Geschäftsführungsorganen ist eine Erklärung abzugeben, wie das interne Qualitätsmanagement durchgesetzt wird.

---

[604] Vgl. § 55c Abs. 1 WPO.
[605] Vgl. § 264d HGB.
[606] Vgl. § 55c Abs. 1 Sätze 2 und 3 WPO.

Sofern die Gesellschaft in einem Netzwerk eingebunden ist, sind die organisatorische sowie rechtliche Struktur zu umschreiben. Im Transparenzbericht ist ferner eine Erklärung über die Maßnahmen zur Wahrung der Unabhängigkeit abzugeben sowie zu bestätigen, wie diese Einhaltung intern überwacht worden ist. Weiterhin müssen die Geschäftsführungsorgane eine Erklärung über die internen Fortbildungsgrundsätze und -maßnahmen abgeben. Neben diesen Beschreibungen und Erklärungen sind im Transparenzbericht auch das Ausstellungsdatum der letzten Teilnahmebescheinigung nach § 57a Abs. 6 Satz 7 WPO sowie eine Übersicht der Unternehmen anzugeben, bei denen im vorangegangenen Kalenderjahr eine gesetzlich vorgeschriebene Abschlussprüfung durchgeführt worden ist.

Verpflichtend haben die Geschäftsführungsorgane außerdem über die Vergütungsgrundlagen der Organmitglieder und der leitenden Angestellten sowie über die in Form der nach Honoraren aufgeschlüsselten Gesamtumsätze zu informieren.

Auf einige ausgewählte Mindestinhalte des Berichts werde ich nunmehr näher eingehen.

Aus dem Gesetzestext ist nicht klar ersichtlich, was genau mit der „Beschreibung der Eigentumsverhältnisse" nach § 55c Abs. 1 Satz 1 Nr. 1 WPO gemeint ist. Nach Auffassung der Wirtschaftsprüferkammer sollte mindestens die Struktur der Eigentumsverhältnisse deutlich gemacht werden.[607] Möglich ist hier, die Gesellschaftergruppen ihrem Status nach zu beschreiben und zwischen den verschiedenen Berufsgruppen eine prozentuale Quote anzugeben. Die WPK ist weiter der Auffassung, dass auch anzugeben ist, ob es einen Mehrheitsgesellschafter gibt, ob bestimmte Gruppen einen beherrschenden Einfluss ausüben können oder ob die Gesellschaft über eine Eigentümerstruktur mit annähernd gleicher Beteiligungshöhe verfügt.

Für die Beschreibung der Leitungsstruktur nach § 55c Abs. 1 Satz 3 Nr. 1 WPO kommt es nach Ansicht der WPK auf die tatsächliche Leitungs- und Aufsichtsstruktur unter Nennung der zuständigen Gremien und Darstellung ihrer Zusammensetzung nach beruflichen Qualifikationen an. Es empfiehlt sich hier die namentliche Nennung der Mitglieder.[608]

---

[607] Vgl. URL: http.//www.wpk.de/mitglieder/praxishinweise/hinweise-zu-transparenzberichten, Abschn. 2. a) (Abrufdatum: 01.05.2015).
[608] Vgl. URL: http.//www.wpk.de/mitglieder/praxishinweise/hinweise-zu-transparenzberichten, Abschn. 2. b) (Abrufdatum: 01.05.2015).

Hinsichtlich der Liste der geprüften Unternehmen[609], bei denen im vorangegangenen Kalenderjahr eine gesetzlich vorgeschriebene Abschlussprüfung durchgeführt wurde, kommt es darauf an, dass in dem Kalenderjahr ein Bestätigungsvermerk erteilt wurde.

Weiterer Berichtspflichtinhalt sind die Angaben zu jedem Organmitglied und leitenden Angestellten[610] über deren fixen und variablen Vergütungsbestandteile. Zu den variablen Anteilen sind die Parameter anzugeben, die wesentlichen Einfluss auf die Festsetzung der Vergütung haben.[611]

Abschließend möchte ich nun kurz auf **Form und Verfahren der Veröffentlichung** eingehen.

Nach § 55c Abs. 2 Satz 1 WPO ist der Transparenzbericht zu unterzeichnen. Es ist nicht zwingend notwendig, dass der Berufstitel unter der Unterschrift aufzuführen ist, da dieser bereits an anderer Stelle im Bericht angegeben wurde.[612]

Im Internet ist eine Wiedergabe des im Original unterzeichneten Berichts zu veröffentlichen. Dieser ist so auf der Internetseite der Kanzlei zu platzieren, dass der Bericht unschwer aufzufinden ist. Diese Anforderung ist unzweifelhaft dann erfüllt, wenn das Stichwort „Transparenzbericht" in der ersten Gliederungshierarchie der Internetseite verwendet wird.[613]

Das unterzeichnete Original verbleibt in Papierform in der Praxis. Weiterhin ist die WPK über die elektronische Veröffentlichung zu unterrichten.[614] Der Transparenzbericht ist bis Ende des ersten Quartals des Folgejahres zu veröffentlichen.

Vielen Dank für Ihre Aufmerksamkeit.

Maren Hunger

---

[609] Vgl. § 55c Abs. 1 Satz 2 Nr. 5 WPO.
[610] Vgl. § 45 Satz 2 WPO.
[611] Vgl. URL: http.//www.wpk.de/mitglieder/praxishinweise/hinweise-zu-transparenzberichten, Abschn. 2.d) cc) (Abrufdatum: 01.05.2015).
[612] Vgl. URL: http.//www.wpk.de/mitglieder/praxishinweise/hinweise-zu-transparenzberichten, Abschn. 3. b) (Abrufdatum: 01.05.2015).
[613] Vgl. URL: http.//www.wpk.de/mitglieder/praxishinweise/hinweise-zu-transparenzberichten, Abschn. 3. c) (Abrufdatum: 01.05.2015).
[614] Vgl. § 55c Abs. 2 Satz 2, 1. Halbsatz WPO.

1.35 Allgemeine Grundsätze der Unternehmensbewertung

Sehr geehrte Damen und Herren,

für meinen Vortrag habe ich das Thema „allgemeine Grundsätze der Unternehmensbewertung" gewählt. Zunächst möchte ich den **Begriff des Unternehmenswerts** erläutern, dann **Anlässe für die Durchführung von Unternehmensbewertungen** und die **Funktion des Wirtschaftsprüfers** vorstellen. Anschließend werde ich die **Grundsätze zur Ermittlung von Unternehmenswerten** skizzieren und meinen Vortrag mit einem **Fazit** abschließen.

Der IDW S 1 „Grundsätze zur Durchführung von Unternehmensbewertungen" enthält die wesentlichen allgemeinen Grundsätze, nach denen Wirtschaftsprüfer Unternehmen bewerten.[615] Der **Wert eines Unternehmens** ergibt sich durch den Barwert der mit dem Eigentum verbundenen Nettozuflüsse an den Unternehmenseigner.[616] Da von der Fortführung der Unternehmenstätigkeit ausgegangen wird, ist nicht die Summe der Einzelwerte der Vermögensgegenstände und Schulden des Unternehmens maßgeblich, sondern vielmehr der Wert der Einkommensquelle.[617] Folglich ergibt sich der Wert des Unternehmens aus seiner Eigenschaft, finanzielle Überschüsse für die Eigentümer zu erwirtschaften.[618] Der Unternehmenswert ist somit ein Zukunftserfolgswert. In der Praxis werden im Wesentlichen Ertragswertverfahren oder Discounted-Cash-Flow Methoden angewandt.[619] Das Multiplikatorverfahren kann dem Wirtschaftsprüfer nur als Plausibilitätskontrolle dienen.[620]

Ein **Anlass zur Durchführung einer Unternehmensbewertung** kann sich aus verschiedenen Gründen ergeben. So kann eine unternehmerische Initiative wie der Kauf oder Verkauf eines Unternehmens oder Unternehmensteils Grund für die Durchführung einer Unternehmensbewertung sein. Denkbar sind auch vertragliche Grundlagen wie Eintritt und Austritt von Gesellschaftern oder Erbauseinandersetzungen.[621]

---

[615] Vgl. IDW S 1 i.d.F. 2008, Tz. 1.
[616] Vgl. IDW S 1 i.d.F. 2008, Tz. 4.
[617] Vgl. Wöhe, Einführung in die Allgemeine Betriebswirtschaftslehre, 25. Auflage, 2013, Seite 520.
[618] Vgl. IDW S 1 i.d.F. 2008, Tz. 4.
[619] Vgl. IDW S 1 i.d.F. 2008, Tz. 7.
[620] Vgl. IDW S 1 i.d.F. 2008, Tz. 143 ff.
[621] Vgl. IDW S 1 i.d.F. 2008, Tz. 8 ff.

Der Wirtschaftsprüfer kann bei der Durchführung einer Unternehmensbewertung verschiedene **Funktionen** innehaben. Er kann als neutraler Gutachter auftreten und so als Sachverständiger einen unabhängigen, objektivierten Unternehmenswert ermitteln. Er kann des Weiteren als Berater einen subjektiven Entscheidungswert ermitteln. In einer Konfliktsituation hingegen kann er als Schiedsgutachter unter Berücksichtigung der verschiedenen subjektiven Interessen der betroffenen Parteien vermitteln.[622]

Welche **Grundsätze** muss der Wirtschaftsprüfer bei der Durchführung einer Unternehmensbewertung beachten? Der IDW S 1 nennt zunächst die Maßgeblichkeit des Bewertungszwecks. Dies bedeutet, dass bereits bei Auftragserteilung festgelegt werden muss, in welcher Funktion der Wirtschaftsprüfer tätig wird, da sich seine Funktion auf die verschiedenen zu treffenden Prämissen sowie einzubeziehenden Informationen auswirkt.[623]

Ein weiterer Grundsatz ist die Bewertung der wirtschaftlichen Unternehmenseinheit. Dieser Grundsatz besagt, dass die wirtschaftliche Unternehmenseinheit nicht notwendigerweise mit der rechtlichen Einheit übereinstimmen muss. Vielmehr kann die zu bewertende Einheit auch ein Unternehmensteil wie zum Beispiel eine Betriebsstätte sein. Dabei ist darauf zu achten, dass die Gesamtheit aller zusammenwirkenden Bereiche erfasst wird, da alle Unternehmensbereiche gemeinsam zu den künftigen finanziellen Überschüssen beitragen. Es ist dabei zwischen betriebsnotwendigem und nicht betriebsnotwendigem Vermögen zu unterscheiden.[624]

Mit dem betriebsnotwendigen Vermögen, das für die Unternehmensfortführung unerlässlich ist, werden die künftigen finanziellen Überschüsse des Unternehmens, die den Eigentümern zufließen werden, hauptsächlich generiert.[625] Zusätzlich ist das nicht notwendige Betriebsvermögen zu berücksichtigen. Es umfasst das Vermögen des Unternehmens, das frei veräußert werden kann, ohne dass der eigentliche Unternehmenszweck hiervon berührt wird. Diese Vermögensgegenstände und Schulden sind unter Berücksichtigung ihrer bestmöglichen Verwendung zu bewerten. Dies ist der höhere Wert entweder aus dem Liquidationswert oder dem Barwert der finanziellen Überschüsse, die sich beim Verbleib des nicht betriebsnotwendigen Vermögens im Unternehmen ergeben.[626] Auch andere Zahlungsstromveränderungen sind zu berücksichtigen, die mit dem Eigentum an dem Unternehmen verbunden sind.

---

[622] Vgl. IDW S 1 i.d.F. 2008, Tz. 12.
[623] Vgl. IDW S 1 i.d.F. 2008, Tz. 17.
[624] Vgl. IDW S 1 i.d.F. 2008, Tz. 18 ff.
[625] Vgl. IDW S 1 i.d.F. 2008, Tz. 24 ff.
[626] Vgl. IDW S 1 i.d.F. 2008, Tz. 59 ff.

Somit sind für eine ordnungsgemäße Unternehmensbewertung aufeinander abgestimmte Planbilanzen sowie Plan-Gewinn- und Verlustrechnungen und Finanz-pläne zu erstellen. Ertragssteuern sind zu berücksichtigen.[627]

Je nach Auftrag ist aus den finanziellen Überschüssen ein objektivierter Unternehmenswert oder ein subjektiver Entscheidungs- bzw. Einigungswert zu ermitteln. Der objektivierte Unternehmenswert ist ein intersubjektiv nachprüfbarer Zukunftserfolgswert aus der Sicht der Anteilseigner. Er wird unter der Annahme der Fortführung des Unternehmens auf der Basis des bestehenden Unternehmenskonzepts und unter Berücksichtigung aller realistischen Zukunftserwartungen ermittelt. Dieser Wert dient in der Praxis zum Beispiel als Informationsgrundlage für Kaufpreisverhandlungen. Sofern am Bewertungsstichtag bereits eingeleitete oder im Unternehmenskonzept dokumentierte Maßnahmen wie Erweiterungsinvestitionen oder Desinvestitionen existieren, sind diese in die Bewertung einzubeziehen. Auch unechte Synergieeffekte sind zu berücksichtigen. Dies sind solche Synergieeffekte, die sich auch ohne Durchführung der geplanten Maßnahme realisieren lassen. Insgesamt sind bei der Ermittlung des objektivierten Unternehmenswerts nur die finanziellen Überschüsse zu berücksichtigen, die trotz rechtlicher Restriktionen und unternehmerischer Planung zur Ausschüttung zur Verfügung stehen.[628]

Ein besonderer Faktor, der in den Unternehmenswert eingeht, ist das Management des Unternehmens. So ist es denkbar, dass das Management bei Durchführung der vorgesehenen Maßnahme entweder unverändert bestehen bleibt oder vollständig aus dem Unternehmen ausscheidet. Bei der Ermittlung des objektivierten Unternehmenswerts wird jedoch ein Verbleiben des aktuellen Managements oder zumindest der Ersatz durch ein gleichwertiges Management unterstellt. Sollte eine Fortführung des Unternehmens ohne das bestehende Management nicht möglich sein, so entspricht der Unternehmenswert dem Liquidationswert.[629]

Anders ergibt sich die Ermittlung des subjektiven Entscheidungswerts. Dieser wird unter Berücksichtigung individueller auftragsbezogener Annahmen ermittelt. So sind bei der Bewertung auch diejenigen erkannten und realisierbaren Möglichkeiten zu berücksichtigen, die zum Bewertungsstichtag bereits geplant, aber noch nicht eingeleitet oder im Unternehmenskonzept dokumentiert worden waren. Zudem sind außer den unechten auch die echten Synergieeffekte zu berücksichtigen, also solche, die sich erst mit der Durchführung der geplanten Maßnahme ergeben. Finanzierungsannahmen sind zu treffen und die Kapitalstruktur in die Bewertung einzubeziehen.

---

[627] Vgl. IDW S 1 i.d.F. 2008, Tz. 27.
[628] Vgl. IDW S 1 i.d.F. 2008, Tz. 29 ff.
[629] Vgl. IDW S 1 i.d.F. 2008, Tz. 38 ff.

Ebenso ist eine angestrebte Veränderung im Management des Unternehmens zu berücksichtigen.[630]

Bei der Unternehmensbewertung gilt das Stichtagsprinzip. Dies bedeutet, dass auch bei Auseinanderfallen des Bewertungsstichtags und der Durchführung der Unternehmensbewertung nur der Informationsstand zu berücksichtigen ist, der am Bewertungsstichtag vorlag.[631]

Das bilanzielle Vorsichtsprinzip ist bei der Unternehmensbewertung unbeachtlich, da der Wirtschaftsprüfer das Gebot der Unparteilichkeit zu beachten hat. Die Berücksichtigung des bilanziellen Vorsichtsprinzips würde dies jedoch in ein Ungleichgewicht bringen. Das bedeutet allerdings nicht, dass der Investor grundsätzlich risikoneutral ist.[632]

Aus der Berichterstattung des Wirtschaftsprüfers über die Unternehmensbewertung müssen die getroffenen Annahmen klar und vollständig hervor gehen. Hierbei muss zwischen den Annahmen unterschieden werden, die vom Management oder von sachverständigen Dritten getroffen wurden.[633]

Die Unternehmensbewertung ist eine **komplexe Berechnung**, in die eine Vielzahl getroffener Annahmen eingeht. Zudem ist sie abhängig von dem gewählten Bewertungsverfahren. Somit ist die Unternehmensbewertung stark abhängig von der Qualität und der Vollständigkeit der erhaltenen Informationen.

Vielen Dank für Ihre Aufmerksamkeit.

Alexandra Langusch

---

[630] Vgl. IDW S 1 i.d.F. 2008, Tz. 48 ff.
[631] Vgl. IDW S 1 i.d.F. 2008, Tz. 22 ff.
[632] Vgl. IDW S 1 i.d.F. 2008, Tz. 64 ff.
[633] Vgl. IDW S 1 i.d.F. 2008, Tz. 66 ff.

1.36 Anforderungen an die Erstellung von Sanierungskonzepten

Sehr geehrte Damen und Herren,

für meinen Vortrag habe ich das Thema „Anforderungen an die Erstellung von Sanierungskonzepten" gewählt. Zuerst möchte ich **Allgemeines** nennen, auf die **Darstellung und Analyse des Unternehmens** eingehen und die **Ausrichtung am Leitbild des sanierten Unternehmens** darstellen. Dann möchte ich die **integrierte Sanierungsplanung** erläutern und meinen Vortrag mit einem **Fazit** abschließen.

Die Anforderungen an die Erstellung von Sanierungskonzepten durch Wirtschaftsprüfer sind im IDW S 6 enthalten. Ein **Sanierungskonzept** bildet die Grundlage der nachvollziehbaren und schlüssigen Darstellung der Sanierungsfähigkeit des Unternehmens. Das Konzept enthält sowohl Aussagen über tatsächliche wesentliche Unternehmensdaten sowie über Ursachen- und Wirkungszusammenhänge und über rechtliche Einflussfaktoren als auch die zu ergreifenden Sanierungsmaßnahmen. Das Konzept muss realisierbar sein.[634] Da ein solches Sanierungskonzept vollständig im Sinne des Standards oder nur ein Teilkonzept sein kann, ist es bereits bei der Beauftragung wichtig, den Auftragsgegenstand und die Aufgabenverteilung zwischen Auftraggeber, Wirtschaftsprüfer und gegebenenfalls Dritten klar zu vereinbaren.[635]

Die **Darstellung des Unternehmens** umfasst die für das Unternehmen wesentlichen Eckpunkte und Daten. In Abhängigkeit von ihrer Bedeutung für das Konzept zählen zu diesen Daten die rechtlichen und organisatorischen, die finanziellen, personellen sowie die leistungswirtschaftlichen Verhältnisse des Unternehmens. Diese sind klar und übersichtlich darzustellen. Diese Darstellung bildet den Ausgangspunkt für die Erstellung des Sanierungskonzepts.[636]

---

[634] Vgl. IDW S 6 Anforderungen an die Erstellung von Sanierungskonzepten (Stand: 20.08.2012), Tz. 2.
[635] Vgl. IDW S 6, Tz. 4 und Tz. 26.
[636] Vgl. IDW S 6, Tz. 33 und 45 ff.

Die **Analyse des Unternehmens** beinhaltet die Lagebeurteilung und die Analyse des bereits eingetretenen Krisenstadiums und der Krisenursachen. Dabei umfasst die Lagebeurteilung unternehmensexterne Faktoren, die auf die Identifizierung der Chancen und Risiken des Unternehmens im Markt gerichtet sind. Hier steht die voraussichtliche Entwicklung des Markts sowie der Branche und der Wettbewerbssituation im Vordergrund. Zudem gehen unternehmensinterne Faktoren in die Lagebeurteilung ein, bei der die Stärken und Schwächen des Unternehmens analysiert werden.[637] Dabei ist zunächst die Vermögens-, Finanz- und Ertragslage des Unternehmens zu erfassen und die künftige Entwicklung ohne Durchführung von Sanierungsmaßnahmen abzuschätzen. Es ist ebenso das bestehende Geschäftsmodell im Ausgangsleitbild kritisch zu würdigen.[638] In der Praxis werden für die Analyse der Unternehmenslage unter anderem Stärken- und Schwächen-Analysen, Szenario-Analysen oder Portfolio-Methoden angewandt.[639]

Unternehmen, die in eine Krise geraten sind, durchlaufen regelmäßig verschiedene Krisenstadien. Zu diesen Stadien gehören die Stakeholder-, Strategie-, Produkt- und Absatzkrise, die Erfolgs- und Liquiditätskrise und schließlich die Insolvenz. Diese Stadien sind nicht unabhängig voneinander, müssen sich aber auch nicht zwingend in dieser Reihenfolge entwickeln.[640] Im Rahmen der Unternehmensanalyse ist das Krisenstadium, in dem sich das Unternehmen befindet, festzustellen, denn die Inhalte und Maßnahmen des Sanierungskonzepts bestimmen sich danach, in welchem Krisenstadium sich das Unternehmen befindet[641].

Insbesondere gilt es frühzeitig festzustellen, ob bereits eine Insolvenzreife vorliegt. Denn wenn eine Insolvenzreife festgestellt wird[642], müssen geeignete und schnell realisierbare Maßnahmen gefunden werden, damit die Voraussetzungen für Liquidität und eine positive Fortbestehensprognose und somit auch für die Abwendung der Insolvenz geschaffen werden. Sofern dies nicht möglich ist, wird die negative Fortbestehensprognose in der Regel eine Überschuldung im insolvenzrechtlichen Sinne nach sich ziehen.

---

[637] Vgl. IDW S 6, Tz. 48 ff.
[638] Vgl. IDW S 6, Tz. 56 ff.
[639] Vgl. IDW S 6, Tz. 50.
[640] Vgl. IDW S 6, Tz. 62 ff.
[641] Vgl. IDW S 6, Tz. 100 ff.
[642] Vgl. hierzu auch IDW S 11.

Der Wirtschaftsprüfer muss die gesetzlichen Vertreter bei Zahlungsunfähigkeit oder Überschuldung unverzüglich darauf hinweisen und hat dies zu dokumentieren, damit die gesetzlichen Vertreter Gelegenheit haben, die gebotenen rechtlichen Konsequenzen zu ziehen, d.h. das Schutzschirmverfahren einzuleiten oder einen Insolvenzplan zu erstellen.[643] Im Fall drohender Insolvenz besteht ein Insolvenzantragsrecht, das im Rahmen der Sanierung in Erwägung gezogen werden sollte.

Insgesamt hat die Unternehmensleitung entsprechend des § 252 Abs. 1 Nr. 2 HGB zu beurteilen, ob der Fortführung der Unternehmenstätigkeit rechtliche oder tatsächliche Gegebenheiten entgegenstehen. Gleiches gilt für den Ersteller des Sanierungskonzepts. Eine insolvenzrechtliche Fortbestehensprognose, die allein auf die voraussichtliche Zahlungsfähigkeit während des Prognosezeitraums gerichtet ist, reicht nicht aus.[644]

Anschließend sind die Krisenursachen zu identifizieren. Diese können sowohl unternehmensinterner als auch -externer Natur sein. Nur eine systematische Ursachenanalyse ermöglicht es den Verantwortlichen, geeignete Sanierungsmaßnahmen zu erarbeiten und eine Fortführungsprognose zu erstellen.[645]

Das Sanierungskonzept beinhaltet das **Leitbild**, an dem sich das sanierte Unternehmen ausrichtet. Es beschreibt die Grundzüge eines Unternehmens, das mit einem realisierbaren Geschäftsmodell mindestens eine nachhaltige durchschnittliche branchenübliche Rendite und angemessene Eigenkapitalausstattung aufweist. Gleichzeitig dient es der Identifizierung geeigneter und wettbewerbsfähiger Sanierungsmaßnahmen. Dabei gibt das Leitbild das Ziel der Unternehmensentwicklung vor, wie zum Beispiel ein angestrebtes Produktions- und Absatzprogramm. Ziel der Sanierung muss sein, dass das Unternehmen in die Lage versetzt wird, sich am Markt zu behaupten und wieder attraktiv für Eigen- und Fremdkapitalgeber zu werden.[646]

Integrierter Bestandteil des Sanierungskonzepts ist eine zahlenmäßige Planung des Sanierungsablaufs. Ausgangspunkt ist die Ist-Lage und die Darstellung der Problem- und Verlustbereiche, wobei der Schwerpunkt nicht auf der Beschreibung der gegenwärtigen Lage liegt, sondern auf der Abschätzung der zukünftigen Entwicklung ohne Ergreifung von Sanierungsmaßnahmen. Ebenso werden die Restrukturierungserfordernisse angegeben.[647]

---

[643] Vgl. IDW S 6, Tz. 79 ff.
[644] Vgl. IDW S 6, Tz. 85 ff.
[645] Vgl. IDW S 6, Tz. 81 ff.
[646] Vgl. IDW S 6, Tz. 10 ff.
[647] Vgl. IDW S 6, Tz. 131 ff.

Im Sanierungskonzept wird dargelegt, welche Wirkungen die Maßnahmen voraussichtlich auf die künftige Vermögens-, Finanz- und Ertragslage des Unternehmens haben werden. Dabei ist zu erläutern, welche Maßnahmen bereits eingeleitet und in welchem Grad diese bereits realisiert wurden. Ein Sanierungsplan kann nur dann optimal umgesetzt werden, wenn die Maßnahmen in ihrer Gesamtheit betrachtet werden. Daher ist es wichtig, den Sanierungsplan integriert als Vermögens-, Finanz- und Ergebnisplan zu erstellen. Ausgangspunkt sind dabei betriebliche Teilpläne, auf denen eine Plan-Gewinn-und Verlustrechnung, ein Finanzplan und eine Plan-Bilanz aufgebaut werden.

Die integrierte Planung ist um Kennzahlen zu ergänzen, die die Aussage zur Sanierungsfähigkeit unterstützen und die geeigneten Kontrollgrößen für den Grad der Zielerreichung des Sanierungskonzepts darstellen.[648]

Die Erstellung des Sanierungskonzepts muss in Arbeitspapieren des Wirtschaftsprüfers dokumentiert sein. Diese Arbeitspapiere müssen es einem sachkundigen Dritten ermöglichen nachzuvollziehen, auf welche Dokumente, Informationen und Annahmen sich der Wirtschaftsprüfer gestützt hat. Neben einer Vollständigkeitserklärung hat der Wirtschaftsprüfer regelmäßig auch eine Erklärung von den gesetzlichen Vertretern des Unternehmens einzuholen, in der sie die Umsetzbarkeit des Konzepts einschätzt und den Willen zur Umsetzung angibt.[649]

Die Erstellung eines Sanierungskonzepts ist ein **komplexer Prozess**. Trotz der von mir dargestellten Anforderungen erfordert jeder Sanierungsfall seine eigene fachgerechte Lösung, der die eigenverantwortliche Lösung des konkreten Einzelfalls aufzeigt.[650]

Vielen Dank für Ihre Aufmerksamkeit.

Alexandra Langusch

---

[648] Vgl. IDW S 6, Tz. 135 ff.
[649] Vgl. IDW S 6, Tz. 149 ff.
[650] Vgl. IDW S 6, Tz. 1.

1.37 Das Bilanzrichtlinie-Umsetzungsgesetz (BilRUG)

Sehr geehrte Damen und Herren,

als Thema meines Vortrags habe ich „das Bilanzrichtlinie-Umsetzungsgesetz", kurz BilRUG, gewählt. Zunächst möchte ich **Grundlagen und Ziele des BilRUG** vorstellen, als Schwerpunkt meines Vortrags die **wesentlichen Änderungen im Handelsgesetzbuch durch das BilRUG** ausführen und mit einem **Fazit** abschließen.

Mit dem BilRUG wurde die im Sommer 2013 in Kraft getretene EU-Bilanzrichtlinie in **nationales Recht** umgesetzt[651]. Die Vorschriften des BilRUG sind erstmalig verpflichtend für Geschäftsjahre anzuwenden, die nach dem 31. Dezember 2015 beginnen.

Eine Ausnahme hiervon bildet die Anhebung der Schwellenwerte nach § 267 und § 293 HGB. Für diese Änderungen besteht ein Wahlrecht zur Anwendung auf Geschäftsjahre, die bereits nach dem 31. Dezember 2013 beginnen.

Das BilRUG ist nach dem Bilanzrechtsmodernisierungsgesetz eine weitere umfangreiche Novellierung des Handelsgesetzbuchs. Neben dem HGB werden zahlreiche Einzelgesetze, wie z.B. das Aktiengesetz und das GmbH-Gesetz geändert. Da zahlreiche Modifikationen redaktioneller Natur sind und lediglich eine Klarstellung der bereits geltenden Vorschriften beinhalten, ist das BilRUG insgesamt aber eine moderatere Reform als das BilMoG.

Die **Zielsetzung** des BilRUG ist im Wesentlichen die Entlastung kleiner und mittelgroßer Unternehmen von unnötiger Bürokratie, eine stärkere Systematisierung der Rechnungslegung, insbesondere der Lageberichterstattung sowie die Harmonisierung der Rechnungslegungsvorschriften, um eine höhere Vergleichbarkeit der Jahres- und Konzernabschlüsse innerhalb der EU zu erreichen.

---

[651] Beschluss des Deutschen Bundestages vom 18.06.2015.

Auf die **wesentlichen Änderungen im HGB** möchte ich nun eingehen. Eine wesentliche Änderung betrifft die Anhebung der Schwellenwerte für größenabhängige Rechtsfolgen gem. HGB für Unternehmen und Konzerne. Hiermit einher geht die Neudefinition der Umsatzerlöse[652].

Es besteht ein Wahlrecht, die geänderten Vorschriften zur Umschreibung der Größenklassen und somit zur Einordnung kleiner, mittelgroßer und großer Gesellschaften[653] sowie zur größenabhängigen Erleichterung von der Pflicht zur Konzernrechnungslegung[654], bereits auf Geschäftsjahre anzuwenden, die nach dem 31. Dezember 2013 beginnen. Die freiwillige vorzeitige Anwendung der Vorschriften[655] ist möglich, jedoch nur unter Berücksichtigung der geänderten Definition der Umsatzerlöse[656]. Ein Cherry-Picking soll hiermit vermieden werden.

Bei der Änderung der Schwellenwerte sind die Höhe der Bilanzsumme sowie die Höhe der Umsatzerlöse, die bei der Beurteilung der Größe des Unternehmens bzw. des Konzerns zugrunde gelegt werden, angehoben worden. Die zugrunde zu legende Anzahl der Arbeitnehmer ist unverändert geblieben.

Gleichzeitig ist die Definition der Umsatzerlöse dahingehend geändert worden, dass nicht nur die Erlöse als Umsatzerlöse betrachtet werden, die im Rahmen der gewöhnlichen Geschäftstätigkeit erzielt wurden, oder die für das Unternehmen typisch sind. Diese konkretisierenden Merkmale wurden gestrichen. Die neue Definition erweitert den Umfang der Umsatzerlöse und wird die in die Beurteilung der Größenklassen einzubeziehenden Salden erhöhen.

Die Anhebung der Schwellenwerte wird zur Folge haben, dass zahlreiche Unternehmen und Konzerne in die nächst kleinere Größenklasse als bisher einzuordnen sein werden. Das Ergebnis wird sein, dass sie dann zusätzliche größenabhängige Erleichterungen hinsichtlich Rechnungslegungsvorschriften in Anspruch nehmen werden können. Ergänzend hierzu sieht der Gesetzgeber zahlreiche größenabhängige Erleichterungen für kleine Unternehmen bei der Aufstellung des Anhangs vor.

---

[652] § 277 Abs. 1 HGB in der Fassung BilRUG.
[653] § 267 HGB.
[654] § 293 HGB.
[655] §§ 267, 267a, 277 Abs. 1 und 293 HGB in der Fassung BilRUG.
[656] Vgl. Artikel 2 des Regierungsentwurfs, dort Abs. 2 Satz 1 des unbezifferten Artikels des EGHGB in der Fassung BilRUG.

Des Weiteren werden Unternehmen, die bisher mittelgroß und damit prüfungspflichtig waren, zukünftig als kleine Kapitalgesellschaften einzustufen sein und damit aus der Prüfungspflicht[657] fallen.[658]

Zu den Auswirkungen aus der Ausübung des Wahlrechts der rückwirkenden Änderungen hat das IDW Erläuterungen veröffentlicht, die betrachten, was zu unternehmen ist, wenn der Abschlussprüfer noch nicht mit der Prüfung begonnen hat, die Abschlussprüfung bereits beendet ist oder der Abschlussprüfer bereits mit der Prüfung begonnen hat, diese jedoch noch nicht abgeschlossen ist.[659]

Eine weitere wesentliche Änderung betrifft die Erweiterung des § 253 Abs. 3 HGB zur Nutzungsdauer eines selbst geschaffenen immateriellen Vermögensgegenstands des Anlagevermögens und eines entgeltlich erworbenen Geschäfts- oder Firmenwerts, für die die voraussichtliche Nutzungsdauer nicht zuverlässig geschätzt werden kann. Das BilRUG sieht hier eine planmäßige Abschreibung über einen Zeitraum von 10 Jahren vor, mit einer Folgeänderung für den Anhang.

Das BilRUG sieht weiterhin eine Anpassung der Vorschriften vor, der die Befreiung des Unternehmens von der Aufstellung eines Jahresabschlusses nach den für Kapitalgesellschaften geltenden Vorschriften betrifft[660]. Die Novellierung ändert den Wortlaut dahingehend, dass nun nicht mehr eine Verlustübernahme gefordert wird, aber die Einstandspflicht des Mutterunternehmens im folgenden Geschäftsjahr für Verpflichtungen, die das Tochterunternehmen bis zum Bilanzstichtag eingegangen ist[661].

Fraglich ist hierbei, ob dieses Einstehen für die Verpflichtungen neben der Verlustübernahme steht und was der Begriff der Verpflichtungen im Einzelnen umfasst. Dieser ist verschieden vom handelsrechtlichen Begriff der Verbindlichkeiten, so dass davon ausgegangen werden kann, dass hierunter auch Rückstellungen sowie Haftungsverhältnisse und sonstige finanzielle Verpflichtungen zu fassen sind.

---

[657] §§ 316 i.V.m. 267 HGB.
[658] URL: http://rsw.beck.de/cms/?toc=BC.root&docid=360624 (Abrufdatum: 10.04.2015).
[659] URL: https://www.idw.de/idw/portal/d642346/index.jsp (Abrufdatum: 10.04.2015).
[660] §§ 264 Abs. 3 und 264b HGB.
[661] § 264 Abs. 3 Satz 1 Nr. 2 HGB in der Fassung BilRUG.

Hinsichtlich Kleinstgesellschaften sieht das BilRUG eine Änderung des Anwendungsbereichs der Vorschriften vor. Demnach sind z.B. reine Finanzholdings keine Kleinstkapitalgesellschaften mehr[662]. Komplementärgesellschaften sind jedoch von der Änderung nicht betroffen. Gleichzeitig wird der Anwendungsbereich auf Kleinst-Genossenschaften erweitert.

Weiter sieht das BilRUG eine zusätzliche Ausschüttungssperre vor, die sich durch die phasengleiche Vereinnahmung von Beteiligungserträgen ergibt. Diese betrifft die Erfassung eines Beteiligungsertrags in der GuV, der noch nicht zugeflossen ist, oder auf dessen Zahlung noch kein Anspruch besteht. Somit ist eine Rücklage zu bilden.[663]

Insgesamt ist **festzuhalten**, dass das Bilanzrichtlinie-Umsetzungsgesetz zahlreiche Änderungen vor allem im HGB beinhaltet. Eine große Anzahl der Änderungen ist zwar redaktioneller Natur, jedoch dürfte der Gesetzgeber das Ziel der Entbürokratisierung und der Entlastung kleiner und mittelgroßer Unternehmen im Wesentlichen durch die Anhebung der Schwellenwerte erreichen.

Vielen Dank für Ihre Aufmerksamkeit.

Alexandra Langusch

---

[662] § 267a Abs. 3 HGB in der Fassung BilRUG.
[663] § 272 Abs. 5 HGB in der Fassung BilRUG, URL: http://rsw.beck.de/cms/?toc=BC.root&docid=360624 (Abrufdatum: 10.04.2015).

1.38 Die Bilanzierung von langfristigen Fertigungsaufträgen nach HGB und IFRS

Sehr geehrte Damen und Herren,

für meinen Vortrag habe ich das Thema „die Bilanzierung von langfristigen Fertigungsaufträgen nach HGB und IFRS" gewählt. Zuerst möchte ich den **Begriff der langfristigen Fertigungsaufträge** erläutern. Anschließend werde ich kurz auf den **Ansatz und die Bilanzierung nach den Vorschriften des HGB und der IFRS** eingehen. Meinen Vortrag werde ich mit einem **Vergleich der beiden Methoden** und einem **Fazit** abschließen.

Langfristige Fertigungsaufträge sind komplexe, spezifische Aufträge von Kunden zur Herstellung eines Vermögensgegenstands, deren Abwicklung über einen längeren Zeitraum erfolgt. Längerer Zeitraum bedeutet, dass dieser mindestens über einen Bilanzstichtag hinausgeht.[664] Dabei muss sich der Auftrag zur Fertigung nicht notwendigerweise nur aus einem Vertrag ergeben, sondern kann auch mehrere Verträge zu Herstellung von Vermögensgegenständen umfassen, die hinsichtlich Design, Technologie, Funktion oder Verwendung aufeinander abgestimmt oder voneinander abhängig sind.[665]

Da diese Fertigungsaufträge technisch komplex und mit erheblichem finanziellen Aufwand verbunden sind, hat die Auftragsdurchführung in der Regel eine große Bedeutung für das Unternehmen. Zudem erfolgt die Preisbildung häufig aufgrund von unsicheren Mengenvorgaben und Preisen. Deshalb bestehen üblicherweise Kalkulationsrisiken aufgrund der unvorhersehbaren künftigen Mengen-, Preis- und Wechselkursänderungen. Weitere Risiken können sich aus Garantiezusagen oder Vertragsstrafen ergeben.

Zivilrechtlich handelt es sich vorwiegend um Werkverträge i.S.d. § 631 BGB. Ein Beispiel für einen langfristigen Fertigungsauftrag ist der Bau von Kraftwerken.

---

[664] Vgl. Grottel/Pastor, Beck'scher Bilanzkommentar, 9. Auflage, 2014, § 255, Tz. 457.
[665] Vgl. IAS 11.3 und 4.

Für die Fertigungsaufträge besteht sowohl nach den **Vorschriften des HGB**[666] **als auch nach den Vorschriften der IFRS**[667] grundsätzlich eine Ansatzpflicht. Sie werden als unfertige Erzeugnisse oder unfertige Leistungen aktiviert.[668] Hinsichtlich der Bewertung ergeben sich jedoch Unterschiede.

Die Bewertung langfristiger Fertigungsaufträge ist im HGB nicht explizit geregelt. Jedoch dürfen unter Beachtung des Realisationsprinzips Gewinne grundsätzlich erst dann ausgewiesen werden, wenn der Umsatz tatsächlich realisiert worden ist.[669]

Die Bilanzierung langfristiger Fertigungsaufträge erfolgt im Rahmen des HGB somit nach der Completed-Contract Method, nach der die in der Herstellung befindlichen Vermögensgegenstände mit den angefallenen Herstellungskosten entsprechend maximal zu Vollkosten zuzüglich Fremdkapitalzinsen als unfertige Erzeugnisse oder Leistungen aktiviert werden[670] und der Gewinn aus dem Auftrag erst in der Periode ausgewiesen wird, in der die Fertigstellung und die Abnahme erfolgt sind. Denn erst mit Abnahme des Werks durch den Kunden und Übergang des wirtschaftlichen Eigentums entfällt für den Bilanzierenden das Liefer- und Leistungsrisiko.[671]

Aus der Beachtung des Vorsichtsprinzips[672] folgt, dass sich zum Bilanzstichtag aus dem Gesamtauftrag eventuell ergebende Verluste im Rahmen einer Drohverlustrückstellung[673] berücksichtigt werden müssen. Die Rückstellung ist in Höhe des Verpflichtungsüberschusses zu bilden.[674]

Die Completed-Contract Method führt folglich erst bei Fertigstellung und Abnahme zu einem Umsatz- und Ergebnisausweis. Dadurch wird über mehrere Perioden die Vermögens-, Finanz- und Ertragslage des Unternehmens verzerrt dargestellt. Diese Beeinträchtigung der Aussagefähigkeit muss durch entsprechende Anhangangaben vermindert werden.[675]

Die Bilanzierungsregeln für langfristige Fertigungsaufträge gem. IFRS ergeben sich aus IAS 11. Der Standard schreibt die Anwendung der Percentage-of-Completion Method vor, sofern bestimmte Voraussetzungen erfüllt sind.

---

[666] Vgl. § 246 Abs. 1 HGB.
[667] Vgl. IAS 1.54.
[668] Vgl. § 266 Abs. 2 B. I. 2. HGB und IAS 1.54.
[669] Vgl. § 252 Abs. 1 Nr. 4 HGB.
[670] Vgl. § 255 Abs. 2 und 3 HGB.
[671] Vgl. § 644 Abs. 1 BGB.
[672] Vgl. § 252 Abs. 1 Nr. 4 HGB.
[673] Vgl. § 249 Abs. 1 HGB.
[674] Vgl. Kozikowski/Schubert, Beck'scher Bilanzkommentar, 9. Auflage, 2014 § 249, Tz. 51 ff. und § 253, Tz. 524.
[675] Vgl. Grottel/Pastor, Beck'scher Bilanzkommentar, 9. Auflage, 2014, § 255, Tz. 457.

Unter Anwendung dieser Methode erfolgt die Erfassung der Aufwendungen und Erträge entsprechend des Fertigstellungsgrads des Projekts am jeweiligen Bilanzstichtag.[676] Somit kommt es bereits zu einer buchmäßigen Gewinnrealisierung, obwohl am Bilanzstichtag noch kein Rechtsanspruch auf die Gegenleistung besteht.

Welche Voraussetzungen zur Anwendung der Percentage-of-Completion Method erfüllt sein müssen, bestimmt sich nach der Art des Vertrags über die Fertigung. Bei Festpreisverträgen müssen die Gesamterlöse verlässlich bestimmbar und die noch anfallenden Kosten und der Grad der Fertigstellung verlässlich ermittelbar sein. Zusätzlich muss es wahrscheinlich sein, dass dem Bilanzierenden ein wirtschaftlicher Nutzen zufließt. Auch müssen die dem Auftrag zurechenbaren Kosten zuverlässig bestimmbar sein, um diese mit früheren Schätzungen zu vergleichen.[677] Bei Kostenzuschlagsverträgen muss der Zufluss eines wirtschaftlichen Nutzens aus dem Auftrag wahrscheinlich sein und die dem Vertrag zurechenbaren Kosten können eindeutig bestimmt und verlässlich bewertet werden.[678] Sofern diese Voraussetzungen nicht erfüllt sind, ist die Completed-Contract Method anzuwenden.

Die Auftragserlöse und -kosten sind zum Bilanzstichtag entsprechend dem Fertigstellungsgrad im Abschluss zu berücksichtigen und bestimmen damit auch den Umfang des Ergebnisausweises. Ein Verfahren zur Ermittlung des Fertigstellungsgrads wird durch IAS 11 nicht bestimmt, vielmehr können verschiedene Methoden zur Anwendung kommen. In der Praxis wird vorwiegend das Cost-to-Cost Verfahren verwendet. Hierbei werden die bisher angefallenen Istkosten den voraussichtlichen Gesamtkosten gegenübergestellt.[679]

Übersteigen die ermittelten Auftragserlöse die Auftragskosten, weist das Unternehmen einen Auftragsgewinn entsprechend dem Fertigstellungsgrad aus. Übersteigen die erwarteten Auftragskosten die gesamten Projekterlöse, sind die erwarteten Auftragsverluste unmittelbar in der Abrechnungsperiode als Aufwand zu erfassen, in der der Auftragsverlust offenbar wird. Dabei ist zu berücksichtigen, dass in den Vorperioden erfasste Auftragsgewinne den Periodenverlust gegenüber dem Projektgesamtverlust erhöhen. Umgekehrt vermindern bereits in Vorperioden erfasste Verluste den Periodenverlust im Vergleich zum Projektgesamtverlust.[680]

---

[676] Vgl. IAS 11.22 ff.
[677] Vgl. IAS 11.23.
[678] Vgl. IAS 11.24.
[679] Vgl. IAS 11.30.
[680] Vgl. IAS 11.36 ff.

Zum **Vergleich der beiden Methoden ist festzuhalten**, dass bei der Percentage-of-Completion Method durch die Teilgewinnrealisierung nach dem Leistungsfortschritt oder auch der Vorwegnahme absehbarer Verluste die Vermögens-, Finanz- und Ertragslage entsprechend der tatsächlichen wirtschaftlichen Tätigkeit des Unternehmens dargestellt wird. Dabei wird jedoch auf Schätzungen der Kosten abgestellt, die immer mit Unsicherheit behaftet sind. Auch durchbricht die Percentage-of-Completion Method das Realisationsprinzip. Denn eine am Fertigungsfortschritt orientierte Gewinnrealisierung führt zu einem fiktiven Gewinnausweis, weil eine verursachungsgerechte Gewinnaufteilung auf die einzelnen Fertigungsperioden in der Praxis schwer durchführbar ist.

Die Completed-Contract Method hingegen, berücksichtigt die Einhaltung des Realisationsprinzips und stellt somit sicher, dass ein Erlös und Gewinn erst dann ausgewiesen werden, wenn ein Rechtsanspruch auf eine Gegenleistung besteht. Gleichzeitig wird auch hier das Vorsichtsprinzip durch die Vorwegnahme absehbarer Verluste berücksichtigt. Diese Beachtung der beiden Prinzipien erfolgt jedoch zu Lasten der Darstellung der Vermögens-, Finanz- und Ertragslage dahingehend, dass im Verlauf der Projektfertigung starke Schwankungen zwischen den Perioden beim Umsatz- und Ergebnisausweis gezeigt werden. Diese können durch umfangreiche Anhangangaben abgemildert werden.

Eine explizite Regelung der Bilanzierung von langfristigen Fertigungsaufträgen hat noch keinen Einzug in das HGB erhalten. Auch die Bilanzierung nach IFRS wird sich mit IFRS 15 ab 2017 ändern, da die Vorschriften zur Umsatzrealisierung überarbeitet worden sind.

Vielen Dank für Ihre Aufmerksamkeit.

Alexandra Langusch

1.39 Die Drohverlustrückstellung in der Handelsbilanz

Sehr geehrte Damen und Herren,

als Thema meines Vortrags habe ich „die Drohverlustrückstellung in der Handelsbilanz" gewählt. Zunächst werde ich den **Begriff der Drohverlustrückstellungen** erläutern, dann auf den **Ansatz** und die **Bewertung** von Drohverlustrückstellungen in der Handelsbilanz eingehen, die Drohverlustrückstellung **von den Rückstellungen für ungewisse Verbindlichkeiten abgrenzen**, den **Vorrang der außerplanmäßigen Abschreibung** darstellen und meinen Vortrag mit einem **Fazit** abschließen.

§ 249 Abs. 1 Satz 1 HGB regelt, dass „Rückstellungen für ungewisse Verbindlichkeiten und für drohende Verluste aus schwebenden Geschäften zu bilden" sind. Zusätzlich geht der IDW RS HFA 4 auf Zweifelsfragen zum Ansatz und zur Bewertung von Drohverlustrückstellungen im handelsrechtlichen Jahres- und Konzernabschluss ein.

In welchen Fällen müssen Rückstellungen für drohende Verluste aus schwebenden Geschäften[681] **in der Bilanz angesetzt** werden? Drohverlustrückstellungen werden für drohende Verluste aus verpflichtenden Verträgen, die auf einen Leistungsaustausch gerichtet sind, gebildet.[682] Beispiele hierfür sind Kaufverträge oder Werkverträge. Da es sich notwendigerweise um gegenseitige Verträge handeln muss, scheiden sonstige Verpflichtungsgründe wie z.B. gesetzliche Haftung aus.[683]

Ein Geschäft ist schwebend, solange es von der zur Lieferung oder Leistung verpflichteten Partei noch nicht erfüllt worden ist.[684] Der Schwebezustand beginnt grundsätzlich mit dem rechtswirksamen Abschluss des Vertrags. Sofern der Vertrag unter einer Bedingung geschlossen wurde, beginnt der Schwebezustand mit Eintritt der Bedingung. Es kann aber auch der Abschluss eines Vorvertrags genügen, wenn mit dem Abschluss des endgültigen Vertrags

---

[681] Vgl. § 249 Abs. 1 Satz 1 HGB.
[682] Vgl. IDW RS HFA 4 Zweifelsfragen zum Ansatz und zur Bewertung von Drohverlustrückstellungen (Stand: 29.11.2012), Tz. 2 ff.
[683] Vgl. IDW RS HFA 4, Tz. 3 ff.
[684] Vgl. Kosikowski/Schubert, Beck'scher Bilanzkommentar, 9. Auflage, 2014, § 249, Tz. 53.

ernsthaft zu rechnen ist.⁶⁸⁵ Der Schwebezustand endet mit der Erfüllung des Vertrags durch die zur Lieferung oder Leistung verpflichtete Partei. Hierbei gilt eine wirtschaftliche Betrachtungsweise.⁶⁸⁶

Schwebende Geschäfte dürfen entsprechend des Realisationsprinzips grundsätzlich nicht bilanziert werden, da während des Schwebezustands die widerlegbare Vermutung besteht, dass Leistung und Gegenleistung ausgeglichen sind.⁶⁸⁷ Zeigt sich während des Schwebezustands jedoch ein Nachteil zu Lasten des Bilanzierenden, so kann sich aus dem Imparitätsprinzip eine Rückstellungspflicht ergeben.⁶⁸⁸

Dabei ist lediglich die Möglichkeit eines Verlusteintritts nicht ausreichend. D.h., dass konkrete Anzeichen für einen Nachteil aus dem Vertrag zu Lasten des Bilanzierenden vorliegen müssen. Mit dem Eintritt des Verlusts muss ernsthaft zu rechnen sein.⁶⁸⁹

Wie sind Drohverlustrückstellungen zu bewerten? Die **Bewertung** von Rückstellungen ist im § 253 HGB geregelt. Der IDW RS HFA 4 konkretisiert diese Regelung für Drohverlustrückstellungen.

Es ist lediglich der Verpflichtungsüberschuss aus einem schwebenden Geschäft rückstellungsfähig. Dieser Verpflichtungsüberschuss ergibt sich aus der Saldierung der gegenseitigen Ansprüche und Verpflichtungen aus dem zugrundeliegenden Vertrag. Auch bei der Bestimmung, welche Ansprüche und Verpflichtungen bei der Ermittlung des drohenden Verlusts einzubeziehen sind, gilt eine wirtschaftliche Betrachtungsweise. Es sind also Haupt- und Nebenleistungsverpflichtungen einzubeziehen. Andere Vorteile wie zum Beispiel Zuschüsse oder solche, die nach den Vorstellungen beider Vertragsparteien subjektive Vertragsgrundlage sind, sind bei der Ermittlung zu berücksichtigen.⁶⁹⁰

Gem. § 253 Abs. 1 HGB ist die Rückstellung in Höhe des nach vernünftiger kaufmännischer Beurteilung notwendigen Erfüllungsbetrags anzusetzen. Dies bedeutet, dass alle am Bilanzstichtag vorhersehbaren Entwicklungen bis

---

[685] Vgl. Kosikowski/Schubert, Beck'scher Bilanzkommentar, 9. Auflage, 2014, § 249, Tz. 55.
[686] Vgl. Kosikowski/Schubert, Beck'scher Bilanzkommentar, 9. Auflage, 2014, § 249, Tz. 56.
[687] Vgl. Kosikowski/Schubert, Beck'scher Bilanzkommentar, 9. Auflage, 2014, § 249, Tz. 57.
[688] Vgl. Kosikowski/Schubert, Beck'scher Bilanzkommentar, 9. Auflage, 2014, § 249, Tz. 58.
[689] Vgl. Kosikowski/Schubert, Beck'scher Bilanzkommentar, 9. Auflage, 2014, § 249, Tz. 60.
[690] Vgl. Kosikowski/Schubert, Beck'scher Bilanzkommentar, 9. Auflage, 2014, § 249, Tz. 63.

zur Beendigung des Schwebezustands bei der Ermittlung der Höhe der Rückstellung einzubeziehen sind. So müssen zum Beispiel am Bilanzstichtag absehbare zukünftige Kosten- und Preisänderungen berücksichtigt werden. Solche Änderungen, die sich erst nach dem Bilanzstichtag ergeben haben und am Bilanzstichtag nicht absehbar waren, sind in die Berechnung nicht einzubeziehen.[691]

Gem. § 253 Abs. 2 HGB müssen Rückstellungen mit einer Restlaufzeit von mehr als einem Jahr mit dem der Restlaufzeit entsprechenden durchschnittlichen Marktzinssatz der vergangenen sieben Geschäftsjahre abgezinst werden. Sofern das der Drohverlustrückstellung zugrunde liegende schwebende Geschäft also eine Restlaufzeit von mehr als einem Jahr aufweist, ist die Drohverlustrückstellung auf den Bilanzstichtag abzuzinsen. Bei einer Restlaufzeit von bis zu einem Jahr darf eine Abzinsung erfolgen.[692]

Die Drohverlustrückstellung steht in einem **Konkurrenzverhältnis zur Rückstellung für ungewisse Verbindlichkeiten**. Beide Rückstellungsarten werden für zukünftige Aufwendungen gebildet, die aus einer Verpflichtung des Bilanzierenden gegenüber Dritten resultieren. Die Rückstellungen für ungewisse Verbindlichkeiten werden jedoch für solche zukünftigen Aufwendungen gebildet, denen keine zukünftigen Erträge gegenüber stehen. Im Gegensatz hierzu stehen bei Drohverlustrückstellungen den künftigen Aufwendungen Erträge gegenüber. Auch der Umfang der Rückstellung ist bei beiden Rückstellungsarten verschieden. Während Rückstellungen für ungewisse Verbindlichkeiten grundsätzlich in Höhe der Außenverpflichtung zu passivieren sind, sind Drohverlustrückstellungen nur in der Höhe des Verpflichtungsüberschusses zu bilden.[693]

Ebenso steht die Drohverlustrückstellung in einem **Konkurrenzverhältnis zur außerplanmäßigen Abschreibung**. Nach herrschender Meinung hat die außerplanmäßige Abschreibung Vorrang vor der Drohverlustrückstellung, sofern auch bei Nichtbestehen eines schwebenden Geschäfts über den Vermögensgegenstand – unabhängig davon, ob dieser dem Anlage- oder dem Umlaufvermögen zugeordnet ist – eine außerplanmäßige Abschreibung zwingend wäre.[694]

---

[691] Vgl. IDW RS HFA 4, Tz. 38 ff.
[692] Vgl. IDW RS HFA 4, Tz. 41 ff.
[693] Vgl. IDW RS HFA 4, Tz. 17 ff.
[694] Vgl. Kosikowski/Schubert, Beck'scher Bilanzkommentar, 9. Auflage, 2014, § 249, Tz. 68.

Ob also eine außerplanmäßige Abschreibung vorzunehmen ist, hängt davon ab, ob die Vermögensgegenstände mittelbar oder unmittelbar Gegenstand des schwebenden Geschäfts sind.

Vermögensgegenstände, die unmittelbar Gegenstand des schwebenden Geschäfts sind, sind in der Regel Umlaufvermögen, bspw. langfristige Auftragsfertigung. Droht aus diesem schwebenden Geschäft ein Verlust, sind die jeweiligen Vermögensgegenstände nach dem strengen Niederstwertprinzip abzuschreiben. Eine Drohverlustrückstellung ist nur für einen darüber hinaus gehenden Verlustanteil zu bilden.[695]

Vermögensgegenstände, die mittelbar Gegenstand des schwebenden Geschäfts sind, sind in der Regel dem Anlagevermögen zuzuordnen, bspw. Leasingverträge. Liegt eine voraussichtlich dauerhafte Wertminderung vor, so ist eine außerplanmäßige Abschreibung vorzunehmen. Auch hier ist eine Drohverlustrückstellung nur für den über den niedrigeren beizulegenden Wert hinausgehenden Verlustanteil zu bilden. Ist keine außerplanmäßige Abschreibung vorzunehmen, so wird der Verlustanteil in voller Höhe als Drohverlustrückstellung berücksichtigt.[696]

Insgesamt ist der Grundsatz der Bewertungsstetigkeit zu beachten.[697]

Bei der Bilanzierung ist genau zwischen der Bildung einer Rückstellung für ungewisse Verbindlichkeiten und einer Rückstellung für drohende Verluste aus schwebenden Geschäften zu unterscheiden. Eine solche Unterscheidung ist vor allem vor dem Hintergrund wichtig, dass die Drohverlustrückstellung in der Steuerbilanz nicht angesetzt werden kann.

Vielen Dank für Ihre Aufmerksamkeit.

Alexandra Langusch

---

[695] Vgl. IDW RS HFA 4, Tz. 21.
[696] Vgl. IDW RS HFA 4, Tz. 23 ff.
[697] Vgl. IDW RS HFA 4, Tz. 45 ff.

1.40 Plausibilitätsbeurteilungen bei der Erstellung von Jahresabschlüssen durch den Wirtschaftsprüfer

Sehr geehrte Damen und Herren,

für meinen Vortrag habe ich das Thema „Plausibilitätsbeurteilungen bei der Erstellung von Jahresabschlüssen durch den Wirtschaftsprüfer" gewählt. In meinem Vortrag werde ich zunächst kurz **Allgemeines zur Erstellung von Jahresabschlüssen durch den Wirtschaftsprüfer** erläutern, sodann auf **Plausibilitätsbeurteilungen** im Rahmen dieser Jahresabschlusserstellungen eingehen und anschließend **Mindestanforderungen an durchzuführende Plausibilitätsbeurteilungen** darstellen. Meinen Vortrag werde ich mit einem **Fazit** abschließen.

Zum **Allgemeinen bei der Erstellung von Jahresabschlüssen durch Wirtschaftsprüfer**: Die Aufstellung des Jahresabschlusses liegt grundsätzlich in der Verantwortung der gesetzlichen Vertreter. Wenn ein Wirtschaftsprüfer von Mandanten mit der Erstellung von Jahresabschlüssen beauftragt wird, hat er auch hierbei die Vorschriften der WPO sowie die Berufspflichten zu beachten.[698] Diese Vorschriften und Berufspflichten sind im IDW Standard 7 „Grundsätze für die Erstellung von Jahresabschlüssen" enthalten.

Der IDW S 7 sieht drei verschiedene Auftragsarten zur Erstellung von Jahresabschlüssen vor: erstens die Erstellung ohne Beurteilungen, zweitens die Erstellung mit Plausibilitätsbeurteilungen, drittens die Erstellung mit umfassenden Beurteilungen.[699] Während die Erstellung ohne Beurteilungen lediglich die Entwicklung des Jahresabschlusses aus den vorgelegten Unterlagen sowie erteilten Auskünften vorsieht, gehen die anderen beiden Auftragsarten weiter und erfordern zusätzlich, dass der Wirtschaftsprüfer die Unterlagen und erteilten Auskünfte auf ihre Plausibilität hin beurteilt. Im Rahmen der Erstellung mit umfassenden Beurteilungen muss er sich darüber hinaus auch von der Ordnungsmäßigkeit der Belege, Bücher und Bestandsnachweise überzeugen.

---

[698] Vgl. IDW S 7, Tz. 2.
[699] Vgl. IDW S 7, Tz. 11 und 37.

Was sind also **Plausibilitätsbeurteilungen** im Rahmen der Jahresabschlusserstellung? Es handelt sich allgemein um Methoden, in deren Rahmen ein Wert überschlagsmäßig daraufhin überprüft wird, ob er stimmig sein kann oder nicht. Dabei kann nicht immer die Richtigkeit des Ansatzes oder des Werts verifiziert werden.

Für einen Auftrag zur Erstellung von Jahresabschlüssen mit Plausibilitätsbeurteilungen bedeutet dies, dass der Wirtschaftsprüfer die vorgelegten Belege, Bücher, Bestandsnachweise sowie erteilten Auskünfte durch geeignete Maßnahmen wie Befragungen und analytische Beurteilungen auf ihre Stimmigkeit untersuchen muss.[700] Dies soll „...dem Wirtschaftsprüfer mit einer gewissen Sicherheit die Feststellung ermöglichen, dass ihm keine Umstände bekannt geworden sind, die gegen die Ordnungsmäßigkeit der vorgelegten Belege, Bücher und Bestandsnachweise in allen für den Jahresabschluss wesentlichen Belangen sprechen."[701] Sofern der Wirtschaftsprüfer Zweifel an der Plausibilität hat, hat er diese durch weitergehende Maßnahmen zu klären.[702]

Der IDW S 7 nennt **Maßnahmen, die zur Beurteilung der Plausibilität mindestens durchzuführen sind.** Diese sind die Befragung nach den angewandten Verfahren zur Erfassung und Verarbeitung von Geschäftsvorfällen im Rechnungswesen, Befragung zu allen wesentlichen Abschlussaussagen, analytische Beurteilungen der einzelnen Abschlussaussagen, Befragung nach Gesellschafter- und/oder Aufsichtsratsbeschlüssen mit Bedeutung für den Jahresabschluss und Abgleich des Gesamteindrucks des Jahresabschlusses insgesamt mit den im Verlauf der Erstellung erhaltenen Informationen.[703]

In welchem Umfang diese Mindestanforderungen durchzuführen sind, hängt vom Grad der Wesentlichkeit und dem Fehlerrisiko der Aussage ab.[704] Befragungen sind im Wesentlichen darauf auszurichten, dass der Wirtschaftsprüfer Kenntnisse über das rechnungslegungsbezogene interne Kontrollsystem erlangt. Aufbau- und Funktionsprüfungen entfallen jedoch.[705]

Wie könnten solche Befragungen und Analysen ausgestaltet sein? Ist zum Beispiel das Vorratsvermögen ein wesentlicher Posten des Jahresabschlusses, kann der Wirtschaftsprüfer Befragungen von Mitarbeitern hinsichtlich des internen Kontrollsystems der Materialwirtschaft durchführen. Die Befragung kann sich zum Beispiel auf die Vorgehensweise bei der Inventur sowie durchgeführter Niederstbewertung beziehen. Bekommt der Wirtschaftsprüfer hier-

---

[700] Vgl. IDW S 7, Tz. 11.
[701] Vgl. IDW S 7, Tz. 37.
[702] Vgl. IDW S 7, Tz. 30.
[703] Vgl. IDW S 7, Tz. 40.
[704] Vgl. IDW S 7, Tz. 41.
[705] Vgl. IDW S 7, Tz. 42.

bei die Auskunft, dass ein Niederstwerttest durchgeführt wurde, während die erhaltenen Belege und Bücher keinen Hinweis hierauf enthalten, ist diese Aussage zunächst unplausibel. Der Wirtschaftsprüfer hat diesem durch weitere Maßnahmen nachzugehen.

Ein typisches Beispiel für eine analytische Beurteilung ist der Vorjahresvergleich, sofern Vorjahreswerte verfügbar sind. Durch den Vorjahresvergleich bekommt der Wirtschaftsprüfer einen Eindruck davon, wie sich das Geschäft des Mandanten im Wirtschaftsjahr entwickelt hat. Diese Entwicklung und deren Niederschlag in den einzelnen Jahresabschlussposten kann er nach durchgeführter Analyse durch z.b. weitere Befragungen oder Abgleich mit erhaltenen Unterlagen plausibilisieren.

Ebenso ist es möglich, dass der Wirtschaftsprüfer einen Kennzahlenvergleich durchführt. Mögliche betrachtete Kennzahlen können die Lagerumschlagshäufigkeit, die Umsatzrendite oder der Rohertrag sein.

Sofern der Wirtschaftsprüfer Fehler im zu erstellenden Jahresabschluss oder in den ihm zugrunde liegenden Unterlagen feststellt, muss er Vorschläge für die Korrektur unterbreiten und hat auf die entsprechende Abbildung im Jahresabschluss zu achten.[706]

Die Durchführung von Plausibilitätsbeurteilungen im Rahmen der Jahresabschlusserstellung **erhöht die Sicherheit**, dass nichts gegen die Ordnungsmäßigkeit des erstellten Jahresabschlusses spricht. Eine positive Aussage zum Jahresabschluss kann jedoch nicht getroffen werden. Zudem nimmt im Vergleich zum Auftrag der Jahresabschlusserstellung ohne Beurteilungen die Verantwortung des Wirtschaftsprüfers im Rahmen dieser Tätigkeit zu. Dies muss er bei seiner Beauftragung, Planung und Durchführung sowie bei der Dokumentation und Berichterstattung entsprechend berücksichtigen.

Vielen Dank für Ihre Aufmerksamkeit.

Alexandra Langusch

---

[706] Vgl. IDW S 7, Tz. 44.

1.41 Die Beurteilung des Vorliegens von Insolvenzeröffnungsgründen

Sehr geehrte Damen und Herren,

als Thema meines Vortrags habe ich die „Beurteilung des Vorliegens von Insolvenzeröffnungsgründen" gewählt. Zunächst möchte ich die **Verantwortlichkeit der gesetzlichen Vertreter** skizzieren, kurz auf die **Insolvenzeröffnungsgründe** eingehen, dann die **Grundlagen der Beurteilung von Insolvenzeröffnungsgründen** erläutern und meinen Vortrag mit einem **Fazit** abschließen.

Mit dem Standard S 11 legt das IDW die Anforderungen an die Beurteilung des Vorliegens von Insolvenzeröffnungsgründen dar.[707]

Die **gesetzlichen Vertreter** einer Gesellschaft müssen sich stets über die wirtschaftliche Lage des Unternehmens vergewissern, um eine Insolvenzgefahr erkennen zu können. Diese Verpflichtung ergibt sich sowohl aus der Sorgfaltspflicht eines ordentlichen und gewissenhaften Geschäftsleiters als auch aus § 15a InsO, wenn es um den Nachweis dafür geht, dass ein Insolvenzantrag ohne schuldhaftes Zögern gestellt wurde. Können die gesetzlichen Vertreter diesen Nachweis nicht erbringen, so drohen ihnen Haftung und Strafbarkeit wegen Insolvenzverschleppung.[708]

Die Insolvenzordnung nennt als **Gründe für die Eröffnung des Insolvenzverfahrens** die Zahlungsunfähigkeit, die drohende Zahlungsunfähigkeit und die Überschuldung. In den Fällen der Zahlungsunfähigkeit oder Überschuldung ist von den Verantwortlichen für das Unternehmen die Eröffnung des Insolvenzverfahrens unverzüglich zu beantragen. Es gilt eine gesetzliche Frist von drei Wochen, die jedoch nur dann ausgeschöpft werden darf, wenn Maßnahmen zur Beseitigung des Insolvenzeröffnungsgrunds eingeleitet werden, die mit hinreichender Wahrscheinlichkeit innerhalb dieser Frist zum Erfolg führen.[709] Im Fall der drohenden Zahlungsunfähigkeit besteht ein Antragsrecht.[710]

---

[707] Vgl. IDW S 11 Beurteilung des Vorliegens von Insolvenzeröffnungsgründen (Stand: 29.01.2015), Tz. 2, IDW FN Nr. 4/2015, Seite 202 ff.
[708] Vgl. IDW S 11, Tz. 4.
[709] Vgl. IDW S 11, Tz. 1.
[710] Vgl. IDW S 11, Tz. 91.

Die bei der **Beurteilung der Insolvenzreife** zugrunde gelegten Informationen müssen vollständig, aktuell, verlässlich und schlüssig sein. Sind sie vergangenheitsbezogen, so ist sicherzustellen, dass die Informationen zutreffend aus der Rechnungslegung übernommen wurden. Auch ist zu berücksichtigen, wann und ob vergangenheitsorientierte Informationen geprüft oder einer prüferischen Durchsicht unterzogen wurden.

Sind die zugrunde gelegten Informationen prognostischer Natur, so müssen die Annahmen schlüssig sein und die erwartete Branchenentwicklung sowie die internen Unternehmensverhältnisse in der Krisensituation berücksichtigt werden. Insbesondere dürfen sie nicht im Widerspruch zu den anderen gewonnenen Erkenntnissen des Beurteilenden stehen. Außerdem ist sicherzustellen, dass die prognostischen Angaben sachlich und rechnerisch richtig aus den Ausgangsdaten entwickelt worden sind.

Damit die Beurteilung der Insolvenzeröffnungsgründe auch für einen sachverständigen Dritten nachvollziehbar ist, müssen sowohl die Beschreibung der tatsächlichen Umstände als auch die Annahmen und Schlussfolgerungen inhaltlich geordnet und in schriftlicher Form vorliegen. Dies trägt gleichzeitig zur Minderung der Haftungsrisiken des Beurteilenden bei.[711]

Die Beurteilung der eingetretenen Zahlungsunfähigkeit nach § 17 InsO erfordert zunächst die Abgrenzung der Zahlungsunfähigkeit von der Zahlungsstockung mit Hilfe eines stichtagsbezogenen Finanzstatus und eines zeitraumbezogenen Finanzplans. Zahlungsunfähigkeit liegt nach § 17 Abs. 2 InsO vor, wenn der Schuldner nicht in der Lage ist, seine fälligen Zahlungsverpflichtungen zu erfüllen. Es liegt ein Mangel an Zahlungsmitteln vor.

Im Finanzstatus werden die verfügbaren liquiden Finanzmittel des Unternehmens sowie seine fälligen Verbindlichkeiten erfasst und gegenübergestellt. Sofern der Finanzstatus eine Liquiditätslücke ergibt, ist der Status durch Darstellung der erwarteten Ein- und Auszahlungen in einem ausreichend detaillierten Finanzplan auf Basis der integrierten Unternehmensplanung fortzuführen.[712]

Zahlungsstockung hingegen ist die vorübergehende Unfähigkeit, die fälligen Zahlungsverpflichtungen vollständig zu begleichen. Der BGH stellt bei der Beurteilung auf sein Urteil aus dem Jahr 2005 ab, in dem er konkretisiert, dass er eine Dreiwochenfrist zur Beseitigung der Liquiditätslücke zubilligt.

---

[711] Vgl. IDW S 11, Tz. 8 ff.
[712] Vgl. IDW S 11, Tz. 25 ff.

Beträgt die Liquiditätslücke am Ende der Frist 10% oder mehr der fälligen Gesamtverbindlichkeiten, so ist regelmäßig von Zahlungsunfähigkeit auszugehen, sofern nicht mit an Sicherheit grenzender Wahrscheinlichkeit erwartet wird, dass die Liquiditätslücke demnächst vollständig oder fast vollständig geschlossen wird.

Beträgt sie 10% oder weniger der fälligen Gesamtverbindlichkeiten, so ist regelmäßig von einer Zahlungsstockung auszugehen. Dennoch ist in diesen Fällen ein Liquiditätsplan zu erstellen, der die weitere Entwicklung der Liquiditätslücke zeigt, die wiederum über Zahlungsstockung oder Zahlungsunfähigkeit entscheidet.

Somit erlangt die 10%-Grenze eine Bedeutung für den Sicherheitsgrad, mit dem die Schließung der Lücke innerhalb des Prognosezeitraums zu fordern ist. Je größer die anfängliche Unterdeckung und je länger der Prognosezeitraum ist, desto größere Gewissheit muss für den Eintritt und den zeitlichen Verlauf der Besserung der Liquiditätslage gefordert werden.[713]

Ferner ist gem. § 17 Abs. 2 InsO Zahlungsunfähigkeit i.d.R. anzunehmen, wenn der Schuldner seine Zahlungen eingestellt hat, also wegen eines Mangels an Zahlungsmitteln seine fälligen Verbindlichkeiten nicht begleicht, und dies für die Beteiligten hinreichend erkennbar geworden ist. Eine Zahlungseinstellung liegt bereits vor, wenn der Schuldner einen wesentlichen Teil seiner fälligen Verbindlichkeiten nicht begleicht. Auch eine Stundungsbitte steht dem nicht entgegen. Anzeichen für eine Zahlungseinstellung können eine dauerhaft schleppende Zahlungsweise, zurückgegebene Lastschriften oder nicht eingehaltene Zahlungszusagen sein.

Die Zahlungseinstellung wird erst dadurch beseitigt, dass der Schuldner seine Zahlungen an die Gesamtheit seiner Gläubiger wieder aufnimmt, und zwar auch an solche, deren Forderungen erst nach der Zahlungseinstellung fällig geworden sind.

Eine Zahlungseinstellung liegt hingegen nicht vor, wenn der Schuldner das Bestehen der Zahlungsverpflichtung dem Grunde oder der Höhe nach mit begründeten Einwendungen bestreitet, aber zur Zahlung objektiv in der Lage wäre.[714]

---

[713] Vgl. IDW S 11, Tz. 13 ff.
[714] Vgl. IDW S 11, Tz. 19 ff.

Bei juristischen Personen und ihnen gleichgestellten Personenhandelsgesellschaften ist auch die Überschuldung ein Eröffnungsgrund für das Insolvenzverfahren. Gem. § 19 Abs. 2 InsO liegt eine Überschuldung dann vor, wenn das Vermögen des Schuldners die bestehenden Verbindlichkeiten nicht mehr deckt. Liegt jedoch eine positive Fortbestehensprognose vor, besteht keine Überschuldung.[715]

Dabei ist die Fortbestehensprognose das qualitative, wertende Gesamturteil über die Lebensfähigkeit eines Unternehmens in der vorhersehbaren Zukunft. Sie wird auf der Basis des Unternehmenskonzepts und des Finanzplans getroffen.[716]

Die Überschuldungsprüfung erfordert ein sachgerechtes, methodisches, i.d.R. zweistufiges Vorgehen. Auf der ersten Stufe wird die Fortbestehensprognose erstellt, in der die Überlebenschancen des Unternehmens beurteilt werden. Ist die Fortbestehensprognose negativ, so sind auf der zweiten Stufe Vermögen und Schulden des Unternehmens in einem stichtagsbezogenen Status zu Liquidationswerten gegenüberzustellen. Damit liegt in jedem Fall drohende Zahlungsunfähigkeit vor. Ist auch das Reinvermögen negativ, liegt Überschuldung vor, die eine Antragspflicht begründet.

Ausnahmen von diesem Vorgehen können gemacht werden, wenn einfach zu beurteilende Sachverhalte eine Überschuldung ausschließen. Hier kommt z.B. der Nachweis einer rechtlich verbindlichen und hinreichend werthaltigen Sicherung des Fortbestands des Unternehmens oder das Vorhandensein stiller Reserven in Betracht.[717]

Gem. § 18 InsO ist neben der Zahlungsunfähigkeit und der Überschuldung auch die drohende Zahlungsunfähigkeit ein Grund für die Eröffnung eines Insolvenzverfahrens. Sie begründet jedoch keine Antragspflicht, sondern gibt dem Schuldner das Recht, die Eröffnung des Insolvenzverfahrens zu beantragen.

Zahlungsunfähigkeit droht dann, wenn gem. Finanzplan absehbar ist, dass die Zahlungsmittel zur Erfüllung der fällig werdenden Zahlungsverpflichtungen nicht ausreichen und dies durch finanzielle Maßnahmen nicht mehr ausgeglichen werden kann.[718]

---

[715] Vgl. IDW S 11, Tz. 51.
[716] Vgl. IDW S 11, Tz. 58.
[717] Vgl. IDW S 11, Tz. 52 ff.
[718] Vgl. IDW S 11, Tz. 91 ff.

Der finale Standard wurde im März 2015 verabschiedet. Neben einigen Klarstellungen wurde dabei eine Konkretisierung des Prognosehorizonts vorgenommen.

Abschließend ist festzuhalten, dass der IDW Standard die komplexen Vorschriften der InsO zu den Gründen der Eröffnung des Insolvenzverfahrens zusammenfasst und somit neben den gesetzlichen Vertretern auch Berufsträgern wie Wirtschaftsprüfern, Steuerberatern und Rechtsanwälten einen Leitfaden an die Hand gibt, wenn sie zur Beurteilung des Vorliegens von Insolvenzeröffnungsgründen hinzugezogen werden bzw. im Rahmen eines Sanierungskonzepts die Insolvenzreife beurteilen.[719]

Vielen Dank für Ihre Aufmerksamkeit.

Alexandra Langusch

---

[719] Vgl. IDW S 11, Tz. 2.

1.42 Prüfung von Eröffnungsbilanzwerten im Rahmen von Erstprüfungen

Sehr geehrte Damen und Herren,

als Thema meines Vortrags habe ich die „Prüfung von Eröffnungsbilanzwerten im Rahmen von Erstprüfungen" gewählt. Hierzu werde ich zunächst wesentliche **Begriffe** erläutern, um dann auf die **Problemstellung** einzugehen. Anschließend stelle ich **geeignete Prüfungshandlungen** vor und nenne **Auswirkungen auf die Berichterstattung und den Bestätigungsvermerk**. Meinen Vortrag werde ich mit einem **Fazit** abschließen.

Die Prüfung von Eröffnungsbilanzwerten im Rahmen von Erstprüfungen ist im IDW Prüfungsstandard 205 geregelt. **Erstprüfungen** im Sinne dieses Standards sind Abschlussprüfungen, bei denen der Jahres- oder Konzernabschluss des Vorjahres entweder ungeprüft ist oder durch einen anderen Abschlussprüfer geprüft wurde. Ebenso können es Abschlussprüfungen sein, bei denen das Unternehmen erstmalig einen Jahres- oder Konzernabschluss aufstellt.[720] Die Regelungen des IDW PS 205 betreffen neben gesetzlichen Abschlussprüfungen auch freiwillige Abschlussprüfungen, die in Art und Umfang den gesetzlichen Prüfungen entsprechen.[721]

Eröffnungsbilanzwerte sind die Beträge, die sich entsprechend dem Grundsatz der Bilanzidentität aus § 252 Abs. 1 Nr. 1 HGB aus den Posten der Schlussbilanz des Vorjahres ergeben. Hierbei umfasst der Begriff auch andere Angaben zu Sachverhalten, die zu Beginn des Geschäftsjahres vorlagen, wie z.B. Haftungsverhältnisse oder sonstige finanzielle Verpflichtungen. Eröffnungsbilanzwerte sind somit das Ergebnis von Geschäftsvorfällen vergangener Geschäftsjahre sowie von angewandten Ausweis-, Ansatz-, Bewertungs- und Konsolidierungsmethoden.[722]

Da der Abschlussprüfer bei Erstprüfungen nicht über geeignete Prüfungsnachweise aus den Vorjahresprüfungen verfügt, die Aussagen über die Ordnungsmäßigkeit der Eröffnungsbilanzwerte ermöglichen, besteht bei einer Erstprüfung ein unvermeidbar höheres Risiko, dass falsche Angaben im Ab-

---

[720] Vgl. IDW PS 205 Prüfung von Eröffnungsbilanzwerten im Rahmen von Erstprüfungen (Stand: 09.09.2010), Tz. 1.
[721] Vgl. IDW PS 205, Tz. 3.
[722] Vgl. IDW PS 205, Tz. 7.

schluss nicht entdeckt werden. Deshalb muss durch Ausdehnung der Prüfungshandlungen auf vorangehende Geschäftsjahre gewährleistet werden, dass Prüfungsaussagen mit hinreichender Sicherheit getroffen werden.[723]
Dies bedeutet, dass der Abschlussprüfer ausreichende und angemessene Prüfungsnachweise einholen muss, um feststellen zu können, dass die Beträge aus der Schlussbilanz des Vorjahres korrekt vorgetragen worden sind, die Eröffnungsbilanz keine falschen Angaben enthält, die den zu prüfenden Abschluss wesentlich beeinflussen und im Zeitablauf zulässige Ansatz-, Ausweis-, Bewertungs- und Konsolidierungsmethoden angewendet werden.[724]

Welche **Prüfungshandlungen** können durchgeführt werden, um dem höheren Entdeckungsrisiko zu begegnen? Grundsätzlich gilt, dass der Umfang und die Angemessenheit der Prüfungsnachweise sich aus der Wesentlichkeit der einzelnen Eröffnungsbilanzwerte für den Abschluss ergeben.[725]

Sofern ein Vorjahresabschluss von einem anderen Abschlussprüfer geprüft wurde, können die Eröffnungsbilanzwerte mit den Schlussbilanzwerten des geprüften Abschlusses verglichen werden. Ebenso kann der Prüfungsbericht Hinweise auf wesentliche Sachverhalte des Vorjahres geben. Diese können gegebenenfalls mit dem Vorjahresprüfer erörtert werden. Zudem könnte eine Durchsicht seiner Arbeitspapiere erfolgen.

Sofern der Prüfungsbericht des Vorjahres keine ausreichenden Prüfungsnachweise liefert oder der Vorjahresabschluss ungeprüft ist, muss der Abschlussprüfer beurteilen, inwieweit sich durch Prüfungshandlungen des laufenden Geschäftsjahres Prüfungsnachweise für die Eröffnungsbilanzwerte gewinnen lassen. Prüfungshandlungen, die sich speziell auf die Eröffnungsbilanzwerte richten, können dann erforderlich sein.[726]

Der Abschlussprüfer muss sich mit dem Unternehmen, seinem Geschäftsfeld und seiner Organisation sowie der Rechnungslegung auch im Hinblick auf das Vorjahr vertraut machen, um eine kritische Grundhaltung zu entwickeln.

Eröffnungsbilanzwerte des Anlagevermögens sind anhand der zugrunde liegenden Aufzeichnungen zu prüfen. Eventuell kann es notwendig sein, Bestätigungen von Dritten einzuholen.

---

[723] Vgl. IDW PS 205, Tz. 8.
[724] Vgl. IDW PS 205, Tz. 9.
[725] Vgl. IDW PS 205, Tz. 10.
[726] Vgl. IDW PS 205, Tz. 11 ff.

Hinsichtlich der Forderungen und sonstigen Vermögensgegenstände können regelmäßig Prüfungsnachweise für die Eröffnungsbilanzwerte im Rahmen der Abschlussprüfung gewonnen werden. Beispielsweise können eingehende Zahlungen auf bestehende Forderungen am Ende des Vorjahres hinweisen. Somit können Vorhandensein, rechtliche Zuordnung und Bewertung der Forderungen nachgewiesen werden.

Die Prüfung der Eröffnungsbilanzwerte von Vorräten gestaltet sich im Vergleich schwieriger. Zusätzlich zur Inventurbeobachtung müssen grundsätzlich Rückrechnungen der bei der Inventur ermittelten Werte auf den Eröffnungsbilanzwert erfolgen. Ebenso soll die Bewertung stichprobenhaft geprüft werden.

Die Eröffnungsbilanzwerte des Eigenkapitals lassen sich anhand der Satzung, der Handelsregisterauszüge sowie der Gesellschafterbeschlüsse und Protokolle der Gesellschafterversammlungen prüfen und die Eröffnungsbilanzwerte der langfristigen Rückstellungen und Verbindlichkeiten in der Regel anhand der zugrunde liegenden Aufzeichnungen. Hier können beispielsweise die Pensionsrückstellungen anhand des versicherungsmathematischen Gutachtens des Vorjahres geprüft werden.[727]

Ist ein Unternehmen neu gegründet worden, so ist der Gründungsvorgang daraufhin zu beurteilen, ob sich Auswirkungen auf den Abschluss ergeben. Es empfiehlt sich also festzustellen, ob notwendige registergerichtliche Eintragungen vorgenommen wurden. Ist eine Erstprüfung aufgrund einer Umwandlung erforderlich, ist zu prüfen, ob die Umwandlung rechtmäßig zustande gekommen ist, zum Beispiel, ob der Verschmelzungsvertrag wirksam geworden ist.[728]

Sofern der Abschlussprüfer zu dem Schluss gelangt, dass die Eröffnungsbilanzwerte falsche Angaben enthalten, sind angemessene ergänzende Prüfungshandlungen durchzuführen, um die Auswirkungen auf den zu prüfenden Abschluss zu bestimmen. Sind die falschen Angaben auch im Abschluss enthalten, ist dies mit der Unternehmensleitung und gegebenenfalls mit dem Aufsichtsorgan zu erörtern. Diese Fehler sind dann zumindest in laufender Rechnung zu berichtigen.[729]

---

[727] Vgl. IDW PS 205, Tz. 14.
[728] Vgl. IDW PS 205, Tz. 15 ff.
[729] Vgl. IDW PS 205, Tz. 13.

Welche **Auswirkungen** ergeben sich **auf Berichterstattung und Bestätigungsvermerk**? Die Prüfung der Eröffnungsbilanzwerte ist im Bestätigungsvermerk nicht gesondert zu bestätigen. Auswirkungen ergeben sich aber doch, wenn der Bestätigungsvermerk des Vorjahres eingeschränkt oder versagt wurde oder im Prüfungsurteil auf Besonderheiten hingewiesen wurde. In diesem Fall hat der Abschlussprüfer festzustellen, ob der Grund, der zu dieser Einwendung führte, ebenfalls für den Abschluss zutreffend und wesentlich ist. Dann ist auch der Bestätigungsvermerk des laufenden Jahres einzuschränken oder zu versagen oder es ist auf die gleichen Besonderheiten hinzuweisen.

Der Bestätigungsvermerk ist ebenfalls einzuschränken oder zu versagen, wenn das Stetigkeitsgebot im zu prüfenden Geschäftsjahr unzulässigerweise durchbrochen wurde oder bei zulässiger Durchbrechung eine entsprechende Erläuterung im Anhang unterlassen wurde. Das gilt auch, wenn der Abschlussprüfer keine ausreichenden Prüfungsnachweise erlangen konnte. In diesem Fall liegt ein Prüfungshemmnis vor.

Sofern der Vorjahresabschluss trotz Prüfungspflicht nicht geprüft wurde, schließt dies die Erteilung eines uneingeschränkten Bestätigungsvermerks nicht aus, sofern alle anderen Voraussetzungen wie zum Beispiel die materielle Richtigkeit des aktuellen Jahresabschlusses hierfür vorliegen.[730]

Im Prüfungsbericht ist festzustellen, ob die Eröffnungsbilanzwerte ordnungsgemäß aus dem Vorjahresabschluss übernommen wurden. Ebenso sind ergänzende Hinweise über den Umfang der Prüfung in den Prüfungsbericht aufzunehmen.[731]

Die Prüfung von Eröffnungsbilanzwerten im Rahmen von Erstprüfungen ist **unerlässlich**, um dem im Vergleich zu Folgeprüfungen erhöhten Entdeckungsrisiko zu begegnen. Die Erlangung geeigneter und ausreichender Prüfungsnachweise wird jedoch mit geringem zeitlichen Mehraufwand häufig möglich sein.

Vielen Dank für Ihre Aufmerksamkeit.

Alexandra Langusch

---

[730] Vgl. IDW PS 205, Tz. 17.
[731] Vgl. IDW PS 205, Tz. 18.

1.43 Neuerungen des IAS 17 Leasing aus der Perspektive des Leasingnehmers

Sehr geehrte Damen und Herren,

als Thema meines Vortrags habe ich „Neuerungen des IAS 17 Leasing aus der Perspektive des Leasingnehmers" gewählt. Zunächst möchte ich den **Begriff des Leasings** erläutern und anschließend **die noch gültigen und die künftig geplanten Regelungen der IFRS** vorstellen. Danach werde ich die **Auswirkungen der Neuregelungen auf die Bilanz des Leasingnehmers** darstellen und meinen Vortrag mit einem **Fazit** abschließen.

Der **Begriff des Leasings** ist in IAS 17.4 definiert. Ein Leasingverhältnis ist ein Vertrag, bei dem der Leasinggeber dem Leasingnehmer gegen Zahlung eines Entgelts die Nutzungsrechte an einem Vermögenswert für einen vereinbarten Zeitraum überlässt. Dieser Vermögenswert kann beispielsweise eine Maschine sein, die für die Produktion benötigt wird oder aber auch ein Bürogebäude, das gemietet wird.

Bei Leasingverhältnissen stellt sich die Frage, wem der Vermögenswert aus dem Leasing bilanziell zugerechnet werden soll. Dies regeln die **derzeit noch gültigen Vorschriften** des IAS 17 und des IFRIC 4 wie folgt: IAS 17 beantwortet die Frage, welche Partei des Leasingvertrags den Vermögenswert zu bilanzieren hat, mit dem Risk and Reward-Approach. Dabei erfolgt eine Unterscheidung zwischen Finanzierungsleasing und Operating Leasing.

Finanzierungsleasing liegt dann vor, wenn der Leasinggeber alle wesentlichen Chancen und Risiken aus der Nutzungsüberlassung auf den Leasingnehmer überträgt.[732] Dann wird der Vermögenswert beim Leasingnehmer bilanziert, da diesem das wirtschaftliche Eigentum zusteht.

In allen anderen Fällen handelt es sich um Operating Leasing.[733] Dabei wird der Vermögensgegenstand beim Leasinggeber, d.h. beim zivilrechtlichen Eigentümer, bilanziert.[734]

---

[732] Vgl. IAS 17.4.
[733] Vgl. IAS 17.4.
[734] Vgl. IAS 17.33 und 49.

Wann liegt Finanzierungsleasing vor? Ein Indikator für den Übergang der wesentlichen Chancen und Risiken auf den Leasingnehmer kann gem. IAS 17.10 sein, dass das Eigentum am Vermögenswert am Ende der Laufzeit automatisch auf den Leasingnehmer übergeht. Hierbei handelt es sich um Mietkauf.

Auch eine im Leasingvertrag enthaltene günstige Kaufoption zu einem Preis unterhalb des Fair Values zum Zeitpunkt der Ausübung der Option kann ein Hinweis auf das Vorliegen von Finanzierungsleasing sein. Bei einer solchen Option ist es wahrscheinlich, dass der Leasingnehmer diese Option ausübt und auch das zivilrechtliche Eigentum am Vermögenswert am Ende der Laufzeit auf ihn übergeht.

Ein weiterer Indikator ist, dass die vereinbarte Grundmietzeit den größten Teil, also mehr als 75% der wirtschaftlichen Nutzungsdauer des Vermögenswerts umfasst. Der Vermögenswert wäre im Wesentlichen wirtschaftlich verbraucht, wenn er am Ende der Laufzeit an den Leasinggeber zurückgeht.

Wenn der Barwert der vereinbarten Mindestleasingzahlungen größer oder gleich dem Zeitwert des Vermögenswerts bei Vertragsbeginn ist oder der Vermögenswert eine spezielle Beschaffenheit hat, so dass er nur vom Leasingnehmer genutzt werden kann, ist ebenfalls ein Hinweis auf Finanzierungsleasing.[735]

Im Falle von Finanzierungsleasing ist der Leasinggegenstand beim Leasingnehmer zu bilanzieren. Bei der erstmaligen Bilanzierung wird der Leasinggegenstand mit dem niedrigeren Wert aus beizulegendem Zeitwert oder Barwert der vereinbarten Mindestleasingzahlungen angesetzt.[736] Dabei enthalten die vereinbarten Mindestleasingzahlungen auch den Preis einer günstigen Kaufoption.[737] In gleicher Höhe wird eine finanzielle Verbindlichkeit gegenüber dem Leasinggeber ausgewiesen. In der Folge ist der Vermögenswert planmäßig über die voraussichtliche wirtschaftliche Nutzungsdauer abzuschreiben. Die Verbindlichkeit ist anhand der Effektivzinsmethode über die Laufzeit des Leasings zu entwickeln.[738]

In allen anderen Fällen wird der Vermögenswert beim Leasinggeber bilanziert und beim Leasingnehmer der Aufwand aus den Leasingraten in der Periode gebucht, in der er anfällt.[739]

---

[735] Vgl. IAS 17.10.
[736] Vgl. IAS 17.20.
[737] Vgl. IAS 17.24.
[738] Vgl. IAS 17.25 ff.
[739] Vgl. IAS 17.33.

In der Vergangenheit hat es an diesen Regelungen viel Kritik gegeben. Die Abgrenzungskriterien für das Finanzierungsleasing seien in der Praxis schwer handhabbar, da sie ausschließlich qualitativ formuliert sind. Zudem haben diese Abgrenzungskriterien dazu geführt, dass die Leasingverträge so ausgestaltet werden, dass die gewünschte Bilanzierung erreicht wird. So kann es dazu kommen, dass gleiche wirtschaftliche Sachverhalte bilanziell unterschiedlich behandelt werden.[740]

Diese Kritik und die gewünschte Vereinheitlichung der Regelungen der IFRS mit den US GAAP im Rahmen des Konvergenzprojekts führte dazu, dass die Vorschriften derzeit überarbeitet werden[741] und das IASB im Mai 2013 einen überarbeiteten Exposure Draft zum Thema Leasing veröffentlicht hat.[742]

Nachdem durch den ersten Exposure Draft in 2010 zunächst der geltende Risk-and-Reward-Approach durch den Right-of-Use-Approach abgelöst werden sollte, um eine vollständige Bilanzierung der Leasingverhältnisse beim Leasingnehmer zu erreichen[743], wird nunmehr bei der Klassifizierung der Leasingverhältnisse nach dem erwarteten Ausmaß des Verbrauchs von wirtschaftlichem Nutzen des zugrundeliegenden Leasinggegenstands über die Laufzeit des Leasingvertrags entschieden. Ziel des Klassifizierungstests ist es somit, die Aufwands- und Ertragserfassung für die Laufzeit des Leasings zu bestimmen.

Jedes Leasingverhältnis ist ab Beginn als Typ A oder Typ B Leasing einzuordnen und entsprechend zu bilanzieren. Leasingverhältnisse vom Typ A betreffen Verträge, deren Gegenstand keine Immobilien sind und deren Laufzeit sich nicht nur über einen geringfügigen Teil der gesamten wirtschaftlichen Nutzungsdauer erstrecken oder bei denen der Barwert der Mindestleasingzahlungen nicht geringfügig verglichen mit dem Fair Value des Leasinggegenstands sind. Zudem werden alle Leasingverträge Typ A zugeordnet, bei denen der Leasingnehmer einen wesentlichen wirtschaftlichen Anreiz zur Ausübung der Kaufoption hat.

---

[740] Vgl. Hartmann-Wendels/Schmidt, Zur Reform des IAS 17: Ist der Right-of-Use-Approach dem Risk-Reward-Approach überlegen?, WPg 6/2010, Seite 278 ff.
[741] Vgl. IASB, Update July 2006, Seite 7.
[742] URL: http:// https://www.kpmg.com/DE/de/Documents/ifrs-2-update-leasing-2013-kpmg.pdf (Abrufdatum: 10.04.2015).
[743] Vgl. Laubach/Findeisen/Murer, Leasingbilanzierung nach IFRS im Umbruch – der neue Exposure Draft „Leases", Der Betrieb Nr. 44/2010, Seite 2402 ff.

Leasingverhältnisse vom Typ B sind Verträge über Immobilien. Die Laufzeit erstreckt sich nicht lediglich über den überwiegenden Teil der verbleibenden wirtschaftlichen Nutzungsdauer oder der Barwert der Leasingzahlungen entspricht nicht im Wesentlichen dem Fair Value des Leasinggegenstands.

Für beide Typen von Leasingverhältnissen erfasst der Leasingnehmer bei erstmaliger Bilanzierung eine Verbindlichkeit und aktiviert ein Nutzungsrecht am zugrundeliegenden Vermögenswert.

Die Verbindlichkeit entspricht dem Barwert der künftigen Leasingzahlungen, abgezinst mit dem diesem Vertrag zugrundeliegenden Zinssatz, sofern dieser dem Leasingnehmer bekannt ist. Wenn nicht, dann wird der Refinanzierungszinssatz der Berechnung zugrunde gelegt. Die Folgebewertung der Verbindlichkeit wird zu fortgeführten Anschaffungskosten unter Anwendung der Effektivzinsmethode durchgeführt.

Der Wert des Nutzungsrechts am Vermögenswert entspricht bei erstmaliger Bilanzierung dem Wert der Verbindlichkeit zuzüglich direkt zurechenbarer Kosten sowie vorausgezahlter Leasingraten. In der Folge wird das Nutzungsrecht grundsätzlich zu fortgeführten Anschaffungskosten bilanziert. Dabei ist die Höhe der Abschreibungen abhängig von der Klassifizierung des Leasingverhältnisses. Falls der Leasingnehmer die Neubewertungsmethode des IAS 16 auf eigene Vermögenswerte anwendet, so kann er auch das Nutzungsrecht für Leasinggegenstände der jeweiligen Klasse entsprechend neu bewerten.

Die Bilanzierung der Aufwendungen und Erträge aus dem Leasingverhältnis erfolgt nach dem sog. dualen Modell. Für Typ A-Leasingverhältnisse werden Leasingerträge und -aufwendungen degressiv erfasst, ähnlich wie derzeit beim Finanzierungsleasing. Für Typ B-Leasingverhältnisse werden Leasingerträge und -aufwendungen linear erfasst, ähnlich wie derzeit beim Operating Leasing.

Was sind die **Auswirkungen der vorgeschlagenen Änderungen** der Bilanzierungsvorschriften? Die vorgeschlagenen Änderungen dürften sich in vielen Sektoren, vor allem in der Luft- und Schifffahrt sowie bei Logistikunternehmen bemerkbar machen. Die Unternehmen werden eine deutliche Zunahme der Verbindlichkeiten zu verzeichnen haben, die sich auf die Einhaltung der Financial Covenants wesentlich auswirken können. Bei Unternehmen, die zahlreiche kleine Leasingverhältnisse haben, werden die Kosten der Identifikation dieser Leasingverhältnisse sowie der fortlaufenden Administration der Bilanzierung ansteigen.[744]

Für den eben vorgestellten Exposure Drafts aus 2013 ist bereits der zweite Versuch des IASB, die Leasingregelungen neu zu fassen. Die Kommentierungsfrist ist bereits abgelaufen und es wird erwartet, dass der Standard in 2015 in endgültiger Fassung vorliegt.[745]

Vielen Dank für Ihre Aufmerksamkeit.

Alexandra Langusch

---

[744] URL: http:// https://www.kpmg.com/DE/de/Documents/ifrs-2-update-leasing-2013-kpmg.pdf (Abrufdatum: 10.04.2015).
[745] URL: http:// http://www.ifrs.org/Current-Projects/IASB-Projects/Leases/Pages/Leases.aspx (Abrufdatum: 10.04.2015).

Risikoorientierter Prüfungsansatz – Umsetzung in der Praxis

Sehr geehrte Damen und Herren,

als Thema meines Vortrags habe ich „risikoorientierter Prüfungsansatz – Umsetzung in der Praxis" gewählt. Zuerst möchte ich den **risikoorientierten Prüfungsansatz** und das **Prüfungsrisiko** erläutern, dann auf die **Feststellung und Beurteilung von Fehlerrisiken** eingehen und die **Festlegung und Durchführung von Prüfungshandlungen** als Reaktion auf die beurteilten Fehlerrisiken skizzieren. Meinen Vortrag werde ich mit einem **Fazit** abschließen.

Der **risikoorientierte Prüfungsansatz** ergibt sich grundsätzlich aus dem Gesetz, § 317 Abs. 1 Satz 3 HGB. Der Begriff des Prüfungsrisikos und die Darstellung des risikoorientierten Prüfungsansatzes ist im Wesentlichen im IDW PS 261 enthalten. Das Prüfungsrisiko ist das Risiko, dass vom Abschlussprüfer ein Bestätigungsvermerk erteilt wird, obwohl im Jahresabschluss wesentliche Fehler enthalten sind. Da eine Abschlussprüfung darauf auszurichten ist, dass das Prüfungsurteil mit hinreichender Sicherheit gefällt wird, muss das Risiko der Abgabe eines positiven Urteils trotz vorhandener Fehler in der Rechnungslegung auf ein akzeptables Maß reduziert werden. Zu diesem Zweck muss der Abschlussprüfer die einzelnen Komponenten des Prüfungsrisikos kennen und analysieren. Diese Analyse ist Voraussetzung für die Entwicklung einer Prüfungsstrategie und eines Prüfungsprogramms.[746]

Das **Prüfungsrisiko** ergibt sich als Produkt des Fehlerrisikos und des Entdeckungsrisikos, wobei das Fehlerrisiko selbst das Produkt aus inhärentem und Kontrollrisiko ist. Das inhärente Risiko bezeichnet die Anfälligkeit eines Prüffelds für das Auftreten von Fehlern. Das Kontrollrisiko ist das Risiko, dass wesentliche Fehler durch das interne Kontrollsystem des Unternehmens weder verhindert noch aufgedeckt und korrigiert werden. Das Entdeckungsrisiko ist die Gefahr, dass der Abschlussprüfer wesentliche Fehler durch seine Prüfungshandlungen nicht aufdeckt.[747]

---

[746] Vgl. IDW PS 261 n.F. Feststellung und Beurteilung von Fehlerrisiken und Reaktionen des Abschlussprüfers auf die beurteilten Fehlerrisiken (Stand: 13.03.2013), Tz. 5.
[747] Vgl. IDW PS 261 n.F., Tz. 6.

Somit kann der Abschlussprüfer lediglich das Entdeckungsrisiko durch Festlegung seiner Prüfungsstrategie und seines Prüfungsprogramms beeinflussen. Um also festzulegen, wie hoch das akzeptable Entdeckungsrisiko bei bereits festgelegtem Prüfungsrisiko sein darf, muss er zunächst die Fehlerrisiken analysieren.

Ausgangspunkt ist die Festlegung der Wesentlichkeitsgrenzen i.s.d. IDW PS 250, da als Fehler nur solche Angaben betrachtet werden, die im Rahmen des Jahresabschlusses wesentlich sind. Insgesamt stehen Wesentlichkeit und Prüfungsrisiko in einem wechselseitigen Zusammenhang. Je höher die Wesentlichkeitsgrenze, desto geringer ist das Risiko, dass der Jahresabschluss wesentliche falsche Angaben enthält und umgekehrt.[748]

Bei der Anwendung seines risikoorientierten Prüfungsansatzes muss der Abschlussprüfer also zunächst Prüfungshandlungen durchführen, um Fehlerrisiken festzustellen und zu beurteilen. Auf der Grundlage seiner Beurteilung hat er dann Prüfungshandlungen als Reaktion festzulegen.[749]

Zur **Feststellung und Beurteilung von Fehlerrisiken** muss der Abschlussprüfer ein Verständnis vom zu prüfenden Unternehmen und dessen Umfeld sowie des rechnungslegungsrelevanten internen Kontrollsystems gewinnen. Dabei sind interne und externe Unternehmensfaktoren zu berücksichtigen. Ebenso sind Fehlerrisiken sowohl auf Unternehmens- als auch auf Prüffeldebene zu identifizieren. In der Praxis wird hierzu häufig die SWOT-Analyse angewandt. Der Abschlussprüfer muss daher Mitarbeiter des Unternehmens sowie das Management befragen, analytische Prüfungshandlungen sowie Beobachtungen und Inaugenscheinnahmen durchführen.[750]

Auch muss sich der Abschlussprüfer ein Verständnis vom internen Kontrollsystem des Unternehmens verschaffen. Idealerweise ist ein solches internes Kontrollsystem vom Unternehmen dokumentiert. In der Praxis kommt es jedoch vor allem bei kleineren Unternehmen mit flachen Hierarchien vor, dass eine Dokumentation fehlt. Dies bedeutet jedoch nicht, dass kein internes Kontrollsystem existiert. Hier muss der Abschlussprüfer durch Befragungen und Beobachtungen eine eigene Dokumentation erstellen, sofern dies nicht vom Unternehmen nachgeholt wird.[751]

---

[748] Vgl. IDW PS 261 n.F., Tz. 8 ff.
[749] Vgl. IDW PS 261 n.F., Tz. 10.
[750] Vgl. IDW PS 261 n.F., Tz. 13 ff.
[751] Vgl. IDW PH 9.100.1, Tz. 20 ff.

Da das interne Kontrollsystem fortlaufend an die Entwicklungen im Unternehmen wie zum Beispiel Wachstum anzupassen ist, muss der Abschlussprüfer jedes Jahr erneut Prüfungshandlungen zur Gewinnung des Verständnisses vom internen Kontrollsystem und damit zur Beurteilung des Fehlerrisikos durchführen.[752]

Der Abschlussprüfer verschafft sich bereits im Rahmen seiner Prüfungsplanung einen Überblick über alle vom Management eingerichteten Kontrollmaßnahmen, um festzustellen, welche für die Ordnungsmäßigkeit und Verlässlichkeit der Rechnungslegung, den Fortbestand des Unternehmens sowie den Schutz des vorhandenen Vermögens relevant sind.[753] Denn dieser gesamte Teil des internen Kontrollsystems ist für die Abschlussprüfung von Bedeutung.[754]

Zur Prüfung der Angemessenheit dieses Teils des internen Kontrollsystems führt der Abschlussprüfer eine Aufbauprüfung durch. Er konzentriert sich hierbei nicht allein auf das formale Bestehen der internen Kontrollen, sondern betrachtet auch die konkrete Umsetzung im Unternehmen.[755] In der Praxis wird der Abschlussprüfer die Dokumentation des internen Kontrollsystems zunächst daraufhin beurteilen, ob es geeignet ist, wesentliche Fehler in der Rechnungslegung zu verhindern beziehungsweise aufzudecken. In einem weiteren Schritt wird er die tatsächliche Implementierung durch Befragungen und Beobachtungen sowie die Durchsicht von Dokumenten und anderen Unterlagen prüfen.

Anschließend hat der Abschlussprüfer die festgestellten Fehlerrisiken auf die Auswirkungen auf die Rechnungslegung insgesamt und auf einzelne Aussagen in der Rechnungslegung zu beurteilen.[756] Seine Risikoeinschätzung trifft er dabei unabhängig von der Risikobeurteilung, die das Management des Unternehmens durchgeführt hat.[757]

Die Anfälligkeit der Rechnungslegung für wesentliche Fehler ist im gesamten Prüfungsteam zu erörtern. Dadurch erlangen alle Mitglieder des Prüfungsteams ein besseres Verständnis für die Auswirkung der durchgeführten Prüfungshandlungen in ihrem Prüffeld auf andere Prüffelder.[758]

---

[752] Vgl. IDW PS 261 n.F., Tz. 78.
[753] Vgl. IDW PS 261 n.F., Tz. 37.
[754] Vgl. IDW PS 261 n.F., Tz. 19 ff.
[755] Vgl. IDW PS 261 n.F., Tz. 40 ff.
[756] Vgl. IDW PS 261 n.F., Tz. 64.
[757] Vgl. IDW PS 261 n.F., Tz. 48.
[758] Vgl. IDW PS 261 n.F., Tz. 17.

Die Feststellung und Beurteilung von Fehlerrisiken bildet die Voraussetzung für die **Festlegung und Durchführung von Prüfungshandlungen.** Diese Reaktionen des Abschlussprüfers auf die Fehlerrisiken können allgemeiner Art auf Abschlussebene sein oder bestimmte Aussagen in der Rechnungslegung betreffen. Allgemeine Reaktion kann es unter anderem sein, dass der Abschlussprüfer einen Experten im Prüfungsteam einsetzt, der zum Beispiel IT-gestützte Kontrollmaßnahmen prüft. Auch kann es die zeitliche Planung der Durchführung von überraschenden Prüfungshandlungen sein.[759]

Reaktionen auf Fehlerrisiken in Bezug auf bestimmte Aussagen in der Rechnungslegung können Funktionsprüfungen des internen Kontrollsystems sowie aussagebezogene Prüfungshandlungen sein. Sofern der Abschlussprüfer im Rahmen der Aufbauprüfung die Angemessenheit der Kontrollmaßnahmen festgestellt hat und er bei seiner Prüfung von der Wirksamkeit des internen Kontrollsystems ausgehen möchte oder allein durch die Durchführung von aussagebezogenen Prüfungshandlungen keine hinreichende Prüfungssicherheit zu erlangen ist, muss der Abschlussprüfer Funktionsprüfungen durchführen. Hierbei wird die tatsächliche Durchführung der Kontrollmaßnahmen im abgelaufenen Geschäftsjahr durch zum Beispiel Befragung, Beobachtung oder Nachvollziehen geprüft. Es kann sinnvoll und zeitsparend sein, dass die Funktionsprüfung bereits im Rahmen der Aufbauprüfung durchgeführt wird.[760]

Auch auf Art, Umfang und Zeitpunkt der aussagebezogenen Prüfungshandlungen hat die Beurteilung der Fehlerrisiken eine unmittelbare Auswirkung. In Prüffeldern, die als wesentlich beurteilten wurden, sind grundsätzlich immer aussagebezogene Prüfungshandlungen durchzuführen. Der Abschlussprüfer darf hier sein Prüfungsurteil nicht allein auf das Ergebnis aus der Beurteilung des inhärenten Risikos und der Prüfung des internen Kontrollsystems stützen. Er wird somit entscheiden, welche analytischen Prüfungshandlungen und Einzelfallprüfungen durchzuführen sind oder ob zum Beispiel die Einholung von Bestätigungen Dritter wie Kreditorensaldenbestätigungen sinnvoll ist.

---

[759] Vgl. IDW PS 261 n.F., Tz. 70 ff.
[760] Vgl. IDW PS 261 n.F., Tz. 73 ff.

Hinsichtlich des zeitlichen Ablaufs kann der Abschlussprüfer entscheiden, dass es Sinn macht, bestimmte Prüfungshandlungen zeitlich nah am Abschlussstichtag durchzuführen. Abschließend ist zu würdigen, ob die im Verlauf der Prüfung getroffenen Beurteilungen der Fehlerrisiken und die als Reaktion darauf durchgeführten Prüfungshandlungen angemessen sind, um das Prüfungsurteil insgesamt mit hinreichender Sicherheit zu fällen.[761]

Als **Fazit** bleibt festzuhalten, dass der risikoorientierte Prüfungsansatz ein komplexer Vorgang mit zahlreichen Interdependenzen ist. Früh im Rahmen der Prüfungsplanung oder bei der Durchführung der Prüfung getroffenen Beurteilungen hat der Abschlussprüfer stetig auf Gültigkeit durch im späteren Verlauf gewonnene Erkenntnisse zu überprüfen.

Vielen Dank für Ihre Aufmerksamkeit.

Alexandra Langusch

---

[761] Vgl. IDW PS 261 n.F., Tz. 80 ff.

1.45 Grundsätze zur Bewertung von Immobilien durch den Wirtschaftsprüfer

Sehr geehrte Damen und Herren,

das Thema meines Vortrags ist „Grundsätze zur Bewertung von Immobilien durch den Wirtschaftsprüfer". Zunächst werde ich **begriffliche Grundlagen** und **Bewertungsanlässe** erläutern, dann die verschiedenen **Bewertungsverfahren** vorstellen und meinen Vortrag mit einem Fazit abschließen.

Die **Grundsätze**, die Wirtschaftsprüfer hierbei zu beachten haben, sind im IDW S 10 „Grundsätze zur Bewertung von Immobilien" aufgeführt. Der Wert einer Immobilie ist der Gegenwert des Nutzens, der zum Bewertungsstichtag vor dem Hintergrund des Bewertungsanlasses von dem Bewertungsobjekt in der Zukunft erwartet wird. Von diesem Wert zu unterscheiden ist der Preis einer Immobilie, der sich zwischen den Beteiligten als Verhandlungsergebnis ergibt.[762]

Die Notwendigkeit zur Bewertung von Immobilien kann sich aus verschiedenen **Anlässen** ergeben. Es gibt transaktionsbezogene, rechnungslegungsbezogene sowie sonstige Anlässe. Hat die Bewertung einen Transaktionsbezug, sind die für Investoren maßgeblichen Wertbegriffe und die Funktion des Bewerters relevant. Dabei nimmt der Wirtschaftsprüfer in der Regel die Rolle eines neutralen Gutachters oder Beraters ein. Im Gegensatz dazu verlangen die rechnungslegungsbezogenen Bewertungsanlässe jeweils die Anwendung eines bestimmten Wertbegriffs.
Andere Bewertungsanlässe können sich z.B. aus steuerlichen, finanzierungsbedingten oder versicherungstechnischen Gründen ergeben. In diesen Fällen kann die Funktion des Wirtschaftsprüfers auch die eines Schiedsgutachters oder Vermittlers sein.[763]

---

[762] Vgl. IDW S 10, Tz. 9.
[763] Vgl. IDW S 10, Tz. 11.

Das Bewertungsobjekt ist entweder eine Immobilie oder ein Immobilienportfolio. Die Bewertung von Immobilienunternehmen wird nicht durch IDW S 10 geregelt, sondern fällt in den Anwendungsbereich des IDW S 1 zur Unternehmensbewertung.[764]

Die Bewertung von Immobilien kann unter Anwendung verschiedener **Bewertungsverfahren** erfolgen. Es kommen ertragsorientierte Verfahren, Vergleichswertverfahren sowie Sachwertverfahren in Betracht.[765]

Ertragsorientierte Verfahren sind für die Bewertung solcher Immobilien sachgerecht, die zur Erzielung von Erträgen geeignet sind. Dabei werden die zu prognostizierenden marktüblichen finanziellen Überschüsse des Bewertungsobjekts mit einem risikoadäquaten Zinssatz kapitalisiert. Bei der Berechnung werden die marktüblich erzielbaren Mieterträge geschätzt und es wird gleichzeitig auf die marktüblich vermietbare Fläche abgestellt.

Abschreibungen werden nicht berücksichtigt und zukünftige Investitionen in die Immobilie werden nur dann in die Bewertung einbezogen, wenn diese Maßnahmen marktüblich und ausreichend konkretisiert sind. Persönliche Verhältnisse werden grundsätzlich nicht berücksichtigt.[766]

Als ertragsorientierte Verfahren kommen Ertragswertverfahren nach der Immobilienwertermittlungsverordnung, das ertragswertorientierte Verfahren nach der Investment Method sowie Discounted Cash Flow-Verfahren in Betracht. Der Ertragswert nach der Immobilienwertermittlungsverordnung ergibt sich durch Kapitalisierung des um die Bodenwertverzinsung reduzierten Reinertrags der Immobilie zuzüglich des Bodenwerts. Der Reinertrag ergibt sich dabei aus dem Rohertrag abzüglich der nicht umlegbaren Bewirtschaftungskosten. Die Kapitalisierung erfolgt über die wirtschaftliche Restnutzungsdauer. Der Kapitalisierungszinssatz ist der vom Gutachterausschuss ermittelte Liegenschaftszinssatz. Er bildet die durchschnittliche Einschätzung der Marktteilnehmer von objekt- und marktbezogenen Risiken ab.

---

[764] Vgl. IDW S 10, Tz. 12.
[765] Vgl. IDW S 10, Tz. 17.
[766] Vgl. IDW S 10, Tz. 19 ff.

Zusätzlich sind ggf. Risikozu- oder -abschläge zu berücksichtigen. Alternativ kann der Ertragswert aus der Kapitalisierung des Reinertrags über die Restnutzungsdauer des Gebäudes zzgl. des über die Restnutzungsdauer abgezinsten Bodenwerts abgeleitet werden.[767]

Bei der Bewertung nach der international anerkannten Investment Method wird der Wert der Immobilie durch Kapitalisierung der prognostizierten Überschüsse der Mieterträge über die Bewirtschaftungskosten mittels All Risks Yield ermittelt. Dabei wird von einer ewigen Rente ausgegangen. Eine explizite Ermittlung des Bodenwerts findet nicht statt, da der prognostizierte Überschuss annahmegemäß sowohl die Erträge des Gebäudes als auch des Grund und Bodens abbildet. Der All Risks Yield setzt sich aus der risikofreien Basisverzinsung, einem immobilienspezifischen Zuschlag bzw. Abschlag sowie einem Inflationsabschlag zusammen.[768]

Bei Anwendung der Discounted Cash Flow-Verfahren ergibt sich der Wert der Immobilie aus der Summe der Barwerte der künftig erzielbaren periodenbezogenen Einzahlungsüberschüsse. Die Prognose kann nur unter Berücksichtigung von Unsicherheit erfolgen, daher ist sie auf einen Detailplanungszeitraum von zehn Jahren zu begrenzen.

Nach Abschluss des Detailplanungszeitraums wird ein geschätzter Verkaufserlös der Immobilie angesetzt. Um das Risiko der künftigen Einzahlungsüberschüsse zu berücksichtigen, können zwei Vorgehensweisen angewandt werden, zum einen die Risikozuschlagsmethode, zum anderen die Sicherheitsäquivalenzmethode. Die Sicherheitsäquivalenzmethode hat jedoch eine geringe praktische Bedeutung.[769]

Auch bei der Immobilienbewertung wäre bei Anwendung eines Discounted Cash Flow-Verfahrens grundsätzlich eine kapitalmarktorientierte Ableitung des Diskontierungszinssatzes auf Basis des Capital Asset Pricing Models geeignet, scheidet jedoch wegen mangelnder Validität der notwendigen Daten wie Marktrisikoprämie und Betafaktor aus. Daher erfolgt die Ermittlung des Diskontierungszinssatzes in der Praxis häufig durch Anwendung der Risikozuschlagsmethode und ergibt sich aus der Summe des risikolosen Basiszinses, immobilienmarktspezifischem Risikozu- oder -abschlag und objektspezifischem Risikozu- oder -abschlag.[770]

---

[767] Vgl. IDW S 10, Tz. 34 ff.
[768] Vgl. IDW S 10, Tz. 35 ff.
[769] Vgl. IDW S 10, Tz. 42 ff.
[770] Vgl. IDW S 10, Tz. 62 ff.

Um das Bewertungsergebnis zu plausibilisieren, kann der Wirtschaftsprüfer die Anfangsrendite des Bewertungsobjekts anhand der am Transaktionsmarkt üblichen Anfangsrenditen von vergleichbaren Objekten überprüfen.[771]

Die Bewertung von Immobilien kann auch unter Anwendung von direkten oder indirekten Vergleichswertverfahren gem. Immobilienwertermittlungsverordnung erfolgen. Hierbei wird der bei der Wertermittlung grundsätzlich am Markt festgestellte Kaufpreise hinreichend vergleichbarer Immobilien betrachtet. Wertbeeinflussende Merkmale sind in geeigneter Weise zu berücksichtigen. Die am Markt beobachteten Kaufpreise müssen im gewöhnlichen Geschäftsverkehr zustande gekommen sein.

Um die Vergleichbarkeit ausreichend beurteilen zu können, empfiehlt es sich, das Bewertungsobjekt zu besichtigen.[772] Das Vergleichswertverfahren hat aufgrund seiner Marktnähe einen hohen Stellenwert. Allerdings ist eine Anwendung nicht immer möglich, da nicht immer Vergleichsobjekte ermittelt werden können.[773]

Eine weitere Methode Immobilien zu bewerten, ist das Sachwertverfahren gem. Immobilienwertermittlungsverordnung. Sachwertverfahren werden immer dann angewandt, wenn die Ersatzbeschaffungskosten der Immobilie im gewöhnlichen Geschäftsverkehr preisbestimmend sind. Dies ist z.B. bei überwiegend eigengenutzten Ein- bzw. Zweifamilienhäusern der Fall oder auch bei Immobilien mit öffentlicher Zweckbindung. Das Verfahren basiert folglich auf der Annahme, dass sich der Wert der Immobilie aus den aktuellen Ersatzbeschaffungskosten unter Berücksichtigung des Alters, des Zustands, sonstiger wertbeeinflussender Umstände sowie der Situation auf dem Immobilienmarkt ergibt.[774]

Besonderheiten bei der Immobilienbewertung ergeben sich z.B. bei Spezialimmobilien, wie Krankenhäusern oder Hotels. Solche Immobilien sind stark nachfrage- und zielgruppenorientiert. Die Bewertung von Spezialimmobilien erfordert ein hohes Maß an Informationen und Kenntnissen über das jeweilige Produkt und sein Umfeld.[775]

---

[771] Vgl. IDW S 10, Tz. 73.
[772] Vgl. IDW S 10, Tz. 87 ff.
[773] Vgl. IDW S 10, Tz. 94.
[774] Vgl. IDW S 10, Tz. 104 ff.
[775] Vgl. IDW S 10, Tz. 117 ff.

Der Wirtschaftsprüfer hat seine Arbeiten im Rahmen der Bewertung berufsüblich in seinen Arbeitspapieren zu dokumentieren und im Rahmen eines Bewertungsgutachtens Bericht zu erstatten.[776]

Es ist festzuhalten, dass das IDW dem Wirtschaftsprüfer mit dem IDW S 10 zwar keine Zusammenfassung, jedoch eine Ergänzung der bisher in der Praxis üblicherweise angewandten Methoden zur Immobilienbewertung an die Hand gibt. Der Immobilienwirtschaftliche Fachausschuss des IDW[777] konkretisiert in seiner neuen Stellungnahme, wie die betriebswirtschaftlichen Grundsätze bei der Zugangs- und Folgebewertung im Jahresabschluss zu berücksichtigen sind.

Vielen Dank für Ihre Aufmerksamkeit.

Alexandra Langusch

---

[776] Vgl. IDW S 10, Tz. 123 ff.
[777] IDW ERS IFA 2 Bewertung von Immobilien des Anlagevermögens in der Handelsbilanz (Stand: 15.07.2014).

1.46 Micro-Richtlinie – Erleichterung für Kleinstunternehmen

Sehr geehrte Damen und Herren,

für meinen Vortrag habe ich das Thema „Micro-Richtlinie – Erleichterung für Kleinstunternehmen" gewählt. Zunächst werde ich den **Hintergrund des Gesetzes** erläutern, dann auf die **wesentlichen Änderungen zur bisherigen gesetzlichen Regelung** eingehen. Meinen Vortrag werde ich mit einem Fazit schließen.

Das Gesetz zur Micro-Richtlinie – kurz MicroBilG – ist die nationale Umsetzung der EU-Micro-Richtlinie, die im April 2012 in Kraft getreten ist. Gleichzeitig ist es eine Fortsetzung der bereits durch das Bilanzrechtsmodernisierungsgesetz eingeführten erleichternden Regelungen für kleine Unternehmen. Die in 2015 in Kraft getretenen Vorschriften des BilRUG ergänzen das MicroBilG und führen die Umsetzung der EU-Vorschriften in nationales Gesetz fort.

Das Gesetz regelt Erleichterungen bei Bilanzierungs- und Offenlegungspflichten für Kapitalgesellschaften bzw. Personenhandelsgesellschaften ohne voll haftende natürliche Personen, die bestimmte Größenkriterien nicht überschreiten. Eine Anwendung für Genossenschaften war zunächst ausgeschlossen, wird jedoch durch die Einführung des BilRUG zugelassen. Gleichzeitig konkretisiert das BilRUG, dass Finanzholdings nicht als Kleinstkapitalgesellschaften zu qualifizieren sind.[778]

Mit dem Gesetz wird das **Ziel verfolgt**, besonders kleine Unternehmen von den umfangreichen Vorgaben für die Rechnungslegung zu entlasten.[779] Diese Vorgaben werden vor allem bei Unternehmen mit geringen Umsätzen und Vermögenswerten als Belastung wahrgenommen.

---

[778] § 267a Abs. 3 HGB in der Fassung BilRUG.
[779] URL: http://www.bmj.de/SharedDocs/Pressemitteilungen/DE/2012/20120919_Vereinfachte_Bilanzvorschriften_entlasten_Kleinstunternehmen.html?nn=1356288 (Abrufdatum: 10.04.2015).

Gleichzeitig ist das Interesse der Gesellschafter und der Allgemeinheit an einer detaillierten Rechnungslegung solcher Kleinstbetriebe eher gering. Auch müssen Kleinstbetriebe, die in anderen Rechtsformen organisiert sind, heute bereits weniger strenge Auflagen erfüllen. So sind z.b. Partnerschaftsgesellschaften nicht an die handelsrechtlichen Vorschriften zur Bilanzierung und Offenlegung gebunden.

Durch das Gesetz werden die bisher im HGB genannten Größenklassen ergänzt. Kleinstunternehmen sollen solche Kapitalgesellschaften sein, die an mindestens zwei aufeinanderfolgenden Bilanzstichtagen zwei von drei Merkmalen nicht überschreiten.

Diese Merkmale sind eine Bilanzsumme von 350.000 EUR ggf. nach Abzug eines nicht durch Eigenkapital gedeckten Fehlbetrags und bis zur Anwendung des BilRUG auch ohne eventuell aktivierte aktive latente Steuern, Umsatzerlöse von 700.000 EUR bzw. eine Anzahl von zehn Mitarbeitern im Jahresdurchschnitt.[780]

Die folgenden **wesentlichen Änderungen** bei Bilanzierung und Offenlegung wurden durchgeführt. Kleinstkapitalgesellschaften müssen lediglich eine verkürzte Bilanz aufstellen. Diese beinhaltet die im Gliederungsschema des § 266 HGB aufgeführten Posten, die mit Buchstaben bezeichnet sind. Die Bilanz wird demnach i.d.r. lediglich Anlagevermögen, Umlaufvermögen und Rechnungsabgrenzungsposten auf der Aktivseite und Eigenkapital, Rückstellungen und Verbindlichkeiten auf der Passivseite ausweisen. Von der dort dargestellten Reihenfolge darf jedoch nicht abgewichen werden.

Ebenso enthält das MicroBilG eine verkürzte Gliederung der Gewinn- und Verlustrechnung, die nicht mit dem Ausweis eines Rohertrags kombiniert werden darf. Dieses ist in § 275 Abs. 5 HGB aufgenommen worden. Das neue Gliederungsschema beinhaltet z.b. die Positionen „sonstige Erträge" und „sonstige Aufwendungen", in denen mehrere Posten des bisherigen Gliederungsschemas zusammengefasst werden.[781]

---

[780] Vgl. Gesetzesentwurf der Bundesregierung: Entwurf eines Gesetzes zur Umsetzung der Richtlinie 2012/6/EU des Europäischen Parlaments und des Rates vom 14. März 2012 zur Änderung der Richtlinie 78/660/EWG des Rates über den Jahresabschluss von Gesellschaften bestimmter Rechtsformen hinsichtlich Kleinstbetrieben (Kleinstkapitalgesellschaften-Bilanzrechtsänderungsgesetz – MicroBilG) (Stand: 12.09.2012).

[781] URL: http://www.wzt.eu/blog/steuerberater/muenchen/einfachere-bilanzregeln-fuer-kleinstunternehmen-microbilg/ (Abrufdatum: 10.04.2015).

Sofern Kleinstkapitalgesellschaften diverse Angaben, die in den Anhang aufzunehmen wären, unter der Bilanz angeben, sind sie von der Aufstellung eines Anhangs befreit. Zu diesen Angaben gehören z.B. Haftungsverhältnisse aus der Bestellung von Sicherheiten für fremde Verbindlichkeiten.

Da kleine Kapitalgesellschaften oder gleich zu behandelnde Gesellschaften bereits nach § 264 Abs. 1 Satz 4 HGB auf die Aufstellung eines Lageberichts verzichten dürfen, gilt dies auch für Kleinstkapitalgesellschaften. Somit sieht das Gesetz keine gesonderte Regelung vor.

Hinsichtlich der Bewertung konkretisiert das MicroBilG, dass eine Bewertung der Vermögensgegenstände zum beizulegenden Zeitwert nicht erfolgen darf, sofern die Erleichterungen für Kleinstkapitalgesellschaften in Anspruch genommen werden.

Die Offenlegung von Jahresabschlüssen der Kleinstkapitalgesellschaften wird durch wahlweise Veröffentlichung oder Hinterlegung der Bilanz beim Bundesanzeiger erfüllt. Um die Vorgehensweise zu vereinheitlichen, wird auch für die Hinterlegung die elektronische Einreichung des Jahresabschlusses beim Bundesanzeiger vorgeschrieben. Bei nicht rechtzeitiger Hinterlegung müssen Kleinstkapitalgesellschaften ebenso mit einem Ordnungsgeldverfahren rechnen.[782] Sofern Dritte die Bilanz einsehen wollen, können sie kostenpflichtig eine Kopie beim Bundesanzeiger anfordern.

Aus Sicht der Bilanznutzer dürfte diese Erleichterung jedoch eher eine Verkomplizierung darstellen. Bisher konnten sie kostenfrei die veröffentlichten Unterlagen der Gesellschaften im Bundesanzeiger sichten. In den Fällen, in denen die Kleinstkapitalgesellschaft ihren Jahresabschluss nur noch hinterlegt, wird dies nicht mehr möglich sein. Der Bilanzleser muss dann kostenpflichtig eine Auskunft beim Bundesanzeiger beantragen. Dies beeinträchtigt ebenfalls die Transparenz im Geschäftsverkehr.

Da das Insolvenzrisiko in der Regel steigt, je kleiner ein Unternehmen ist, werden viele Geschäftspartner höhere Sicherheiten fordern oder ihre Geschäfte mit anderen Partnern abwickeln. Vor allem Kreditinstitute werden zusätzliche Informationen oder Sicherheiten einfordern.[783]

---

[782] URL: http://www.wzt.eu/blog/steuerberater/muenchen/einfachere-bilanzregeln-fuer-kleinstunternehmen-microbilg/ (Abrufdatum: 10.04.2015).
[783] Vgl. URL: http://www.mittelstandsmanager.de/content/news/micro-richtlinie-soll-rechungslegung-erleichtern;213777 (Abrufdatum: 10.04.2015).

Es wird ebenfalls konkretisiert, dass die Entscheidung, ob die Erleichterungen von Kleinstkapitalgesellschaften anwendbar sind, sich nach dem Recht der Hauptniederlassung der Kapitalgesellschaft in der EU oder im Europäischen Wirtschaftsraum bestimmt. So richtet sich z.b. die Anwendung dieser Vorschriften für eine in Deutschland ansässige Zweigniederlassung einer britischen Private Limited Company nach der Umsetzung der EU-Micro-Richtlinie in Großbritannien.

Das MicroBilG gilt für Geschäftsjahre, deren Abschlussstichtag nach dem 30. Dezember 2012 liegt. Die Bundesregierung ging vor der Einführung davon aus, dass rund 500.000 Unternehmen von der Neuregelung profitieren. Aktuelle Erfahrungsberichte, ob diese Auswirkungen tatsächlich erzielt wurden, gibt es derzeit nicht.

Es bleibt festzuhalten, dass eine Erleichterung der Rechnungslegung und Offenlegung für Kleinstkapitalgesellschaften generell zu begrüßen ist. Jedoch wird eine durchgreifende Deregulierung an der Umsetzung der Regelungen für die E-Bilanz scheitern, da die Gültigkeit dieser Vorschriften größenunabhängig ist. Auch umfassen die Vorschriften des MicroBilG nur den handelsrechtlichen Jahresabschluss.

Vielen Dank für Ihre Aufmerksamkeit.

Alexandra Langusch

2. Wirtschaftsrecht

2.1 Möglichkeiten der Kreditsicherung

Guten Morgen, sehr geehrte Kommission,

für meinen Vortrag habe ich das Thema „Möglichkeiten der Kreditsicherung" gewählt. Das Thema habe ich wie folgt gegliedert: Zunächst gehe ich auf den **Zweck** der Kreditsicherung ein, um dann die wesentlichen Möglichkeiten der **Personalsicherheiten** und danach der **Realsicherheiten** darzustellen. Anschließend werden einige Beispiele für die **Grenzen** der Kreditsicherung besprochen.

Eine Kreditsicherung **wird gefordert**, wenn ein Kreditgeber sein Kredit- oder Ausfallrisiko minimieren möchte. Im meinem Vortrag gehe ich von einer Bank als Kreditgeber aus und von einem Kaufmann als Kreditnehmer, der die Sicherheit zu leisten hat.

Die Kreditsicherung ist vor allem eine Folge der unvollständigen Information der Bank, die keine abschließende Beurteilung der Bonität des Kaufmanns und somit auch des Kreditrisikos ermöglicht. Die asymmetrische Informationsverteilung der Parteien resultiert in höheren Anforderungen an Kreditsicherheiten: Die Bank weiß nicht, wie der Kaufmann mit den geliehenen Mitteln umgeht.

Die Art und Höhe der Sicherung richtet sich stark nach der Risikoeinschätzung der Bank. Wird das Ausfallrisiko als hoch eingestuft, werden auch hohe und solide Sicherheiten gefordert. Weiter fällt die Zinsbelastung häufig niedriger aus, je besser die Kreditsicherung ist.

Es besteht keine gesetzliche Pflicht der Bank, eine Kreditsicherung zu fordern. Das Risikomanagementsystem der Bank verpflichtet sie jedoch zur ausreichenden Absicherung der vergebenen Kredite.

Es gibt mehrere Möglichkeiten der Kreditsicherung. Bei Personalsicherheiten stellen natürliche oder juristische Personen die Sicherheiten. Bei Realsicherheiten werden die Kredite durch Sachwerte oder dingliche Rechte gesichert. Grundsätzlich können Sicherheiten auch für künftige oder bedingte Beträge gestellt werden.[784]

---

[784] Vgl. u.a. §§ 765 Abs. 2, 1113 Abs. 2, 1204 Abs. 2 BGB.

Eine sehr praxisrelevante **Personalsicherheit** ist die Bürgschaft. Durch den Bürgschaftsvertrag verpflichtet sich der Bürge gegenüber der Bank, für die Erfüllung der Verbindlichkeit des Kaufmannes einzustehen.[785] Für die Verpflichtung des Bürgen ist der jeweilige Bestand der Hauptverbindlichkeit maßgebend[786], auch wenn die Hauptverbindlichkeit geändert wird. Wird die Hauptverbindlichkeit erfüllt, entfällt auch die Bürgschaft. Die Bürgschaft ist somit streng akzessorisch.

Die Bürgschaftserklärung muss schriftlich erteilt werden[787], es sei denn, die Bürgschaft ist ein Handelsgeschäft im Sinne des Handelsgesetzbuches für den Bürgen oder den Kaufmann[788]. In dem Fall ist auch eine formlose Bürgschaftserklärung wirksam. Ein Formmangel wird geheilt[789], soweit der Bürge die Hauptverbindlichkeit erfüllt.

Patronatserklärungen, die nicht gesetzlich normiert sind, sind ebenfalls Personalsicherheiten. Sie finden überwiegend in Konzernverbunden Anwendung und werden in harte und weiche Patronatserklärungen aufgeteilt.

Bei harten Patronatserklärungen entsteht ein rechtlicher Anspruch des Begünstigten. Je nach Ausgestaltung der Patronatserklärung, besteht ein Anspruch auf Eigenkapitalausstattung oder Schuldübernahme, der eingeklagt werden kann.

Weiche Patronatserklärungen können nicht eingeklagt werden. Sie stellen lediglich Zusagen für förderliche Maßnahmen dar.

Auch Garantien sind nicht im Gesetz geregelt. Bei einer Garantie tritt der Garant für einen bestimmten Erfolg ein. Es handelt sich um eine eigene Verpflichtung des Garanten, die auch unabhängig von der Erfüllung einer Hauptverbindlichkeit vereinbart werden kann.

Sofern ein Sicherungsgeber ein eigenes wirtschaftliches oder rechtliches Interesse durch die Sicherung verfolgt, liegt in der Regel ein Schuldbeitritt vor. Der Kaufmann und der Sicherungsgeber werden zum Gesamtschuldner und die Bank kann die Leistung nach ihrem Belieben von jedem der Schuldner ganz oder zu einem Teil fordern.[790]

---

[785] Vgl. § 765 Abs. 1 BGB.
[786] Vgl. § 767 Abs. 1 BGB.
[787] Vgl. § 766 Satz 1 BGB.
[788] Vgl. § 350 HGB.
[789] Vgl. § 766 Satz 3 BGB.
[790] Vgl. § 421 BGB.

Zu den **Realsicherheiten** gehört die Kreditsicherung durch Grundstücke. Die klassische Form ist die Hypothek.[791] Wird eine Hauptverbindlichkeit nicht erfüllt, erfolgt die Zahlung aus dem Grundstück im Wege der Zwangsvollstreckung.[792]

Da Hypotheken akzessorisch und nicht übertragbar sind, haben sie stark an praktischer Bedeutung verloren. Schiffshypotheken sind allerdings weiterhin weit verbreitet.

Die übertragbare Grundschuld[793] ist inzwischen die häufigere Form der Sicherung durch Grundstücke. Der Vorteil ist, dass die Grundschuld auch bei Erfüllung der Hauptverbindlichkeit erhalten bleiben kann, um später erneut genutzt zu werden. Das spart Zeit und Kosten, z.b. für den Notar und die Eintragung ins Grundbuch.

Eine weitere Realsicherheit ist die Sicherungsübereignung. Die Bank wird Eigentümer des Sicherungsgegenstandes. Der Gegenstand bleibt jedoch im Besitz des Kaufmanns. So kann der Kaufmann den Gegenstand weiterhin in seinem Geschäftsbetrieb nutzen.

Zu erwähnen ist auch die Forderungsabtretung, bei der die Bank an die Stelle des Kaufmanns als Gläubiger tritt[794] und das Pfandrecht in beweglichen Sachen. Als Pfand muss die Sache an die Bank übergeben[795] werden und die Bank ist grundsätzlich berechtigt, die Sache zu verkaufen[796], sofern die Hauptverbindlichkeit nicht erfüllt wird.

Auch ohne Beteiligung einer Bank können Sicherheiten für z.B. Lieferungen gefordert werden. Unter Kaufleuten hat der Eigentumsvorbehalt[797] große Bedeutung. Der Verkäufer behält sich dabei das Eigentum an der gelieferten Ware vor, bis zur vollständigen Zahlung des Kaufpreises.

Im Rahmen der Kreditsicherung sind bestimmte **Grenzen** zu beachten. Insbesondere ist eine Übersicherung der Hauptverbindlichkeit unzulässig und die Sicherheiten müssen in allen Fällen dem Bestimmtheitsgrundsatz entsprechen.

Als Beispiel für unzulässige Sicherungen ist die durch BGH definierte „krasse Überforderung" durch eine Bürgschaft zu nennen. Die liegt regelmäßig vor, wenn der Bürge emotional an den Hauptschuldner gebunden ist, die Tragweite der Bürgschaft nicht erkennt und nicht einmal in der Lage ist, die Zinsbelastung der Hauptverbindlichkeit zu tragen.

---

[791] Vgl. § 1113 BGB.
[792] Vgl. § 1147 BGB.
[793] Vgl. § 1191 BGB.
[794] Vgl. § 398 BGB.
[795] Vgl. § 1205 BGB.
[796] Vgl. § 1204 BGB.
[797] Vgl. § 449 BGB.

Ein weiteres Beispiel ist die sittenwidrige Globalzession. Eine solche kann insbesondere in Branchen, die üblicherweise mit Eigentumsvorbehalt arbeiten, vorliegen. Im Rahmen einer Abtretung des gesamten Forderungsbestandes durch Globalzession zugunsten der Bank, ist diese Sicherung nach dem Prioritätsprinzip grundsätzlich vorrangig. Da der Kaufmann davon ausgehen muss, dass er keine Lieferungen ohne Vereinbarung eines Eigentumsvorbehalts erhält, wird er dazu verleitet, einen Vertragsbruch billigend in Kauf zu nehmen. Obwohl die Globalzession Vorrang hat, vereinbart er Eigentumsvorbehalt mit seinen Lieferanten. Eine solche Konstellation ist regelmäßig sittenwidrig.

Zusammenfassend ist festzuhalten, dass Kreditsicherung ein vielschichtiges Thema mit hoher Praxisrelevanz ist. Die Bedeutung nimmt im Gleichschritt mit erhöhten Anforderungen der Banken an Risikomanagement, Compliance und Eigenkapitalausstattung zu. Heute ist es kaum möglich, Kredite ohne ausreichende Sicherheit aufzunehmen.

Vielen Dank für Ihre Aufmerksamkeit.

Eva Romatzeck Wandt

2.2 Minderheitenschutz bei Personengesellschaften

Sehr geehrter Herr Vorsitzender, sehr geehrte Prüfungskommission,

aus den mir zur Auswahl gestellten Themen habe ich das Thema „Minderheitenschutz bei Personengesellschaften" bearbeitet und meinen Vortrag wie folgt gegliedert: Nach einer kurzen Einführung werde ich zunächst auf die **Gesellschafterrechte bei Personengesellschaften** und die **Instrumente des Minderheitenschutzes** bei Personengesellschaften eingehen, bevor ich mich mit dem **BGH-Urteil „Sanieren oder Ausscheiden"** beschäftige. Mit einem kurzen Fazit werde ich meinen Vortrag schließen.

Personengesellschaften werden unterteilt in die Außengesellschaften und Innengesellschaften. Zu den Außengesellschaften gehören die Gesellschaft bürgerlichen Rechts (GbR)[798], die Personenhandelsgesellschaften offene Handelsgesellschaft (OHG)[799] und Kommanditgesellschaft (KG)[800], die Partnerschaftsgesellschaft[801] und der nichtrechtsfähige Verein[802], der im Folgenden vernachlässigt wird. Zu den Innengesellschaften zählt die stille Gesellschaft.[803]

Es gilt bei Personengesellschaften der Grundsatz der Vertragsfreiheit, die gesetzlichen Regelungen sind im Gegensatz zu den Kapitalgesellschaften weitestgehend dispositiv. Es stellt sich daher die Frage, wie bei Personengesellschaften ein Minderheitenschutz gewährleistet werden kann.

Die **Gesellschafterrechte** und -pflichten bei Personengesellschaften stellen sich wie folgt dar:

Die GbR kennt die Treuepflicht, die in der Förderung des Gesellschaftszwecks besteht und die Beitragspflicht, d.h. die Verpflichtung, die vertraglich festgelegten Beiträge zu leisten. In der GbR existiert grundsätzlich keine Nachschusspflicht und es gelten die Grundsätze der Gesamtgeschäftsführung und der Gesamtvertretung.

---

[798] Vgl. §§ 705 ff. BGB.
[799] Vgl. §§ 105 ff. HGB.
[800] Vgl. §§ 161 ff. HGB.
[801] Vgl. §§ 1 ff. PartGG.
[802] Vgl. § 54 BGB.
[803] Vgl. § 230 ff. BGB.

Bei der OHG existieren ebenfalls die Treuepflicht, die in der Förderung des Gesellschaftszwecks und des Wettbewerbsverbots besteht und die Beitragspflicht, nämlich die Verpflichtung, die vertraglich festgelegten Beiträge zu leisten. Auch in der OHG existiert grundsätzlich keine Nachschusspflicht. Weiterhin sind im HGB Vermögensansprüche, d.h. der Anspruch auf Beteiligung am Gewinn und Verlust, Ersatzansprüche für Aufwendungen und Ausgleichansprüche der Gesellschafter untereinander geregelt. Für die OHG gelten die Grundsätze der Einzelgeschäftsführung, einschließlich dem gesetzlichem Vetorecht jedes geschäftsführenden Gesellschafters sowie die Einzelvertretung.

Bei der KG gelten für den Komplementär dieselben Rechte wie für die Gesellschafter einer OHG, die Rechte und Pflichten des haftungsbeschränkten Kommanditisten hingegen sind abweichend geregelt. Der Kommanditist hat keine Geschäftsführungsbefugnis, besitzt aber ein Widerspruchsrecht bei außergewöhnlichen Geschäften. Dem Kommanditisten steht ein eingeschränktes Kontrollrecht zu, welches den Jahresabschluss, die Steuerbilanz und die Bücher betrifft.[804] Der Kommanditist hat keine Vertretungsbefugnis.

In der stillen Gesellschaft ist allein der Inhaber geschäftsführungsberechtigt, dem stillen Gesellschafter stehen lediglich Kontrollrechte betreffend der Jahresabschlüsse und Einsichtsrechte in die Bücher zu. Eine Vertretungsregelung für die Gesellschaft entfällt, da es sich um eine reine Innengesellschaft handelt.

Bei der Partnerschaftsgesellschaft findet das Recht der OHG Anwendung, neben der Treuepflicht und der Beitragspflicht, besteht keine Nachschusspflicht und es gelten die Grundsätze der Einzelgeschäftsführungs- und der Einzelvertretungsbefugnis. Besonderheit der Partnerschaftsgesellschaft ist, dass jeweils nur der oder die Partner, die mit der Bearbeitung eines Auftrags befasst waren, persönlich neben der Partnerschaft haften.

Der **Minderheitenschutz bei Personengesellschaften** kennt die sog. Kernbereichslehre, den Bestimmtheitsgrundsatz und die gesellschaftliche Treuepflicht.[805]

---

[804] Vgl. § 166 HGB.
[805] Vgl. z.B. Enzinger, Münchener Kommentar zum HGB, Band 2, 3. Auflage, 2011, § 119, Rn. 63 ff.

Die Kernbereichslehre besagt, dass Eingriffe in den Kernbereich der Mitgliedschaft entweder unzulässig sind oder sie bedürfen zumindest einer besonderen, im Gesellschaftsinteresse begründeten Rechtfertigung. Die Kernbereichslehre unterscheidet zwischen dem verzichtsfesten Kernbereich[806], dem mehrheitsfesten Kernbereich[807] und den stimmrechtsfesten Kernbereich[808].

Der Bestimmtheitsgrundsatz besagt, dass gesellschaftsvertragliche Mehrheitsklauseln für ihre Wirksamkeit die Beschlussgegenstände hinreichend bestimmt beschrieben werden müssen. Vertragsänderungen, die einen ungewöhnlichen Inhalt zum Gegenstand haben, müssen konkret im Gesellschaftsvertrag genannt werden. Eine im Gesellschaftsvertrag verankerte allgemeine Mehrheitsklausel deckt nur Beschlüsse über laufende Geschäfte, gewöhnliche Beschlussgegenstände und übliche Vertragsänderungen ab.

Die gesellschaftliche Treuepflicht schließlich verlangt eine Rücksichtnahme auf die Interessen der Gesellschaft und der übrigen Gesellschafter und wird ebenfalls als Instrument des Minderheitenschutzes betrachtet.

Der BGH sieht in seinem **Urteil „Sanieren oder Ausscheiden"**[809] die sanierungsunwilligen Gesellschafter einer zahlungsunfähigen und überschuldeten Publikums-OHG verpflichtet, der nachträglichen Einführung einer Vertragsklausel zuzustimmen, die für sie selbst mangels einer aktiven Beteiligung an der Sanierung zum Ausscheiden aus der Gesellschaft führt. Der BGH sieht diese Verpflichtung unter dem Aspekt der Treuepflicht.

Der Gedanke der Entscheidung des BGH war dabei, dass die Gesellschafter im Falle der sofortigen Liquidation der (insolventen) Gesellschaft hohe Auseinandersetzungsfehlbeträge zu erstatten gehabt hätten, die sich bei Durchführung der Sanierung durch den Sanierungsbeitrag der finanzierenden Bank deutlich reduziert hätten. Unter diesen Umständen sei es für die sanierungsunwilligen Gesellschafter zumutbar gewesen, der Sanierung zuzustimmen.

---

[806] Der Gesellschafter kann auf diese Rechte nicht verzichten, z.B. das Informationsrecht.
[807] Dieser beinhaltet Rechte, auf die der Gesellschafter verzichten kann, die ihm ohne seine Zustimmung aber nicht entzogen werden dürfen, z.B. das Stimmrecht, das Gewinnbezugsrecht, das Recht zur Geschäftsführungsbefugnis und das Recht auf Beteiligung am Liquidationserlös.
[808] Dieser beinhaltet Rechte, die dem Gesellschafter durch Mehrheitsbeschluss entzogen werden können.
[809] BGH, Urteil vom 19.10.2009 – II ZR 240/08.

In dem Urteil „Sanieren oder Ausscheiden" ist der Gedanke der gesellschaftsrechtlichen Treuepflicht daher nicht unbedingt als Instrument des Minderheitenschutzes eingesetzt worden, stattdessen werden eher die Gesellschaft und die Mehrheit der Gesellschafter vor einer im Einzelfall unzumutbaren Blockadepolitik geschützt.

Insbesondere bei Publikumsgesellschaften ist der Minderheitenschutz problematisch, da er gesetzlich nicht geregelt ist. Die Kernbereichslehre und Treuepflicht können hier ein Lösungsansatz sein.

Mit diesen Worten möchte ich meinen Vortrag schließen, ich danke für Ihre Aufmerksamkeit.

Anja Chalupa

2.3 Das Kaduzierungsverfahren im GmbH-Recht

Guten Tag, sehr geehrte Prüfungskommission,

Thema meines Vortrags ist „das Kaduzierungsverfahren im GmbH-Recht". Meinen Vortrag gliedere ich wie folgt. Einleitend werde ich den **Begriff der Kaduzierung** erläutern und diesen rechtlich einordnen. Im Hauptteil meines Vortrags gehe ich auf das **Verfahren** der Kaduzierung sowie auf die **Rechtsfolgen** ein. Meinen Vortrag werde ich mit einem **Fazit** schließen.

Die **Kaduzierung** ist eines zur Sicherung der Kapitalaufbringung gesetzlich geregeltes Verfahren. Die Sicherung der Kapitalaufbringung ist ein bedeutender Grundsatz im GmbH-Recht. Kaduzierung ist die zwangsweise Ausschließung eines säumigen Gesellschafters, der trotz Aufforderung durch die Gesellschafterversammlung durch Beschluss und erneuter Zahlungsfrist keine Einzahlung auf seine Stammeinlage erbringt. Das Verfahren der Kaduzierung ist in den §§ 21 bis 25 GmbHG geregelt. Auch für die Aktiengesellschaft ist das Kaduzierungsverfahren in den §§ 64 ff. AktG normiert.

Die Vorschriften können nicht abbedungen werden, sondern sind zwingendes Recht. Das Kaduzierungsverfahren ist nicht mit der Einziehung von Geschäftsanteilen zu verwechseln. Die Einziehung bedeutet Vernichtung eines Gesellschaftsanteils und der entsprechenden Mitgliedschaftsrechte der GmbH. Der Zweck der Einziehung ist häufig der Ausschluss eines missliebigen Gesellschafters sowie die Verhinderung des Eindringens unerwünschter Dritter, etwa bei der Pfändung eines Gesellschaftsanteils oder der Insolvenz des Gesellschafters.

Das **Kaduzierungsverfahren** läuft in zwei Schritten ab. Zum einen bedarf es der erneuten Zahlungsaufforderung und zum anderen – bei fruchtlosem Ablauf der Nachfrist – der Kaduzierungserklärung. Das Verfahren wird eingeleitet, indem an den säumigen Gesellschafter eine erneute Aufforderung zur Zahlung binnen einer Nachfrist unter Androhung seines Ausschlusses mit dem Geschäftsanteil, auf welchen die Zahlung zu erfolgen hat, ergeht. Die diesbezüglichen Anforderungen sind im § 21 GmbHG geregelt. Die Aufforderung erfolgt mittels eingeschriebenen Briefes. Die Nachfrist muss mindestens einen Monat betragen. Hinsichtlich der Fristberechnung gelten die §§ 187 ff. BGB, wobei Fristbeginn der Tag des Zugangs der Zahlungsaufforderung ist. Die erneute Zahlungsaufforderung muss die Androhung des Ausschlusses des Gesellschafters mit demjenigen Geschäftsanteils enthalten, auf den die Einlage rückständig ist. Der Ausschluss eines Gesellschafters ist nicht nur bei verzögerter Einzahlung der Bareinlage, sondern auch bei verzögerter Leistung eines Fehlbetrags, der aufgrund der Differenzhaftung geschuldet wird, möglich. Wegen § 9 GmbHG kann auch eine Sacheinlage die Rechtsfolgen der §§ 21 ff. GmbHG auslösen, z.B. wenn die Erfüllung unmöglich oder die Sacheinlage überbewertet ist. Zahlt der Gesellschafter trotz Aufforderung nicht, ergeht die Kaduzierungserklärung.

Die Kaduzierungserklärung ist ein Gestaltungsrecht, das durch einseitig empfangsbedürftige Willenserklärung der Gesellschaft, die ordnungsgemäß durch ihren Geschäftsführer vertreten sein muss, ausgeübt wird. Die Erklärung muss mittels eingeschriebenen Briefes erfolgen. Die Wirksamkeit tritt mit Zugang beim säumigen Gesellschafter ein. Mit dem Zugang der Erklärung treten die Rechtsfolgen der Kaduzierung ein. Die Kaduzierungserklärung muss den Ausschluss und den Verlust aller Ansprüche einschließlich der geleisteten Teilzahlungen klar und deutlich machen. Es empfiehlt sich deshalb, den Gesetzeswortlaut in die Erklärung aufzunehmen. Die Kaduzierungserklärung darf erst nach Ablauf der Nachfrist zugehen, ansonsten ist sie nichtig.

Rechtsfolge einer wirksam durchgeführten Kaduzierung ist das Ausscheiden des säumigen Gesellschafters aus der Gesellschaft, der sämtliche Verwaltungs- und Vermögensrechte hinsichtlich des Geschäftsanteils für die Zukunft verliert. Der Geschäftsanteil geht damit aber nicht unter, sondern wird von der Gesellschaft „treuhänderisch" gehalten bis dieser nach Maßgabe der §§ 22 und 23 GmbHG verwertet worden ist. Die Verwertung erfolgt primär durch – soweit vorhanden – Inanspruchnahme der Rechtsvorgänger des Ausgeschlossenen, da dieser gleichfalls Inhaber eines nicht voll eingezahlten Geschäftsanteils war. Die Rechtsvorgängerhaftung besteht für 5 Jahre. Wenn der Regress bei den Vormännern erfolglos versucht wurde, erfolgt die Verwertung des Geschäftsanteils durch öffentliche Versteigerung bzw. durch Zustimmung des Ausgeschlossenen auf andere Art, d.h. durch freihändigen Verkauf. In der Praxis ist der freihändige Verkauf an einen Mitgesellschafter oder einen Dritten der Regelfall.

Führt die Verwertung nicht zur Deckung der noch offenen Stammeinlage, greift die Ausfallhaftung nach § 24 GmbHG. Danach haftet jeder Mitgesellschafter pro rata nach seiner Beteiligung an der GmbH auf den Fehlbetrag. Trotz der pro-rata-Konzeption kann die Vorschrift zu einer gesamtschuldnerischen Haftung führen.

Dies ist dann der Fall, wenn die Mitgesellschafter ihrer anteiligen Ausfallhaftung aus § 24 GmbHG nacheinander nicht nachkommen. So muss ein einzelner zahlungskräftiger Gesellschafter alle offenen Stammeinlagen aufbringen. Er hat dann Regressansprüche gegen den Gesellschafter, dessen Anteil verlustig erklärt worden ist.

Abschließend ist zu sagen, dass die Durchführung der Kaduzierung nicht erfolgen muss. Es liegt im pflichtgemäßen Ermessen des Geschäftsführers, wobei er die Grundsätze der Gleichbehandlung zu beachten hat. Die Gesellschafterversammlung kann dem Geschäftsführer Weisungen erteilen. Bei Durchführung dieses Verfahrens sollten die Gesetzesvorgaben der §§ 21 bis 25 GmbHG strikt eingehalten werden.

Damit schließe ich meinen Vortrag. Vielen Dank für Ihre Aufmerksamkeit.

Maren Hunger

2.4 Das Partnerschaftsgesellschaftsgesetz

Guten Tag, sehr geehrte Prüfungskommission,

Thema meines Vortrags ist „Das Partnerschaftsgesellschaftsgesetz". Nach einleitenden Worten werde ich in meinem Vortrag zunächst auf die **Einführung** der neuen „Partnerschaftsgesellschaft mit beschränkter Berufshaftung" eingehen. Danach werde ich auf die **Besonderheiten** dieser hybriden Gesellschaftsform eingehen. Abschließend möchte ich die **Vorteile** der Rechtsform gegenüber anderen Rechtsformen kurz skizzieren.

Seit dem 19. Juli 2013 gilt das Gesetz zur **Einführung** einer Partnerschaftsgesellschaft mit beschränkter Berufshaftung. Die Partnerschaftsgesellschaft mit beschränkter Berufshaftung bietet als neue Variante einer Partnerschaftsgesellschaft eine Alternative zur englischen LLP, der Limited Liability Partnership, die in den letzten Jahren verstärkt bei Anwaltskanzleien als Rechtsform gewählt worden war. Bei einer englischen LLP kann die persönliche Haftung der Partner ausgeschlossen werden, ohne die Steuernachteile einer GmbH in Kauf zu nehmen. Diese Rechtsform entspricht in etwa der deutschen Personengesellschaft, die steuerlich transparent behandelt wird. Der Gesetzgeber hat auf diesen Trend reagiert und nun eine Partnerschaftsgesellschaft mit beschränkter Berufshaftung geschaffen.

Was sind nun im Einzelnen die Besonderheiten der neuen Gesellschaftsform?
Das Partnerschaftsgesellschaftsgesetz sieht vor, neben der herkömmlichen Partnerschaftsgesellschaft mit Haftung für den einzelnen Partner die Partnerschaftsgesellschaft mit beschränkter Berufshaftung zu schaffen. Bei dieser haftet den Gläubigern für etwaige Fehler bei der Berufsausübung nur das Gesellschaftsvermögen und nicht der handelnde Partner[810], während bei der Partnerschaftsgesellschaft der einzelne Partner, der mit der Bearbeitung des Auftrags befasst war, für berufliche Fehler haftet.[811]
Die Partner bleiben jedoch persönlich haftbar für sonstige Verbindlichkeiten wie Miete, Versicherungsbeiträge und Lohn der Angestellten. Aus dem Grund hat sich der Gesetzgeber gegen die Bezeichnung GmbH auch für diese Gesellschaftsform entschieden.

---

[810] Vgl. § 8 Abs. 4 PartGG.
[811] Vgl. § 8 Abs. 1 PartGG.

Voraussetzung für die Gründung einer Partnerschaftsgesellschaft mit beschränkter Berufshaftung bzw. den Wechsel einer Partnerschaftsgesellschaft in eine solche ist u.a. der Abschluss einer Berufshaftpflichtversicherung, die gesetzlich als Pflichtversicherung im Sinne des Versicherungsvertragsgesetzes ausgestaltet ist.[812]

Die Möglichkeit der Einführung einer Berufshaftpflichtversicherung für Partnerschaftsgesellschaften mit beschränkter Berufshaftung besteht für alle freien Berufe. Jedoch wurden erst für Rechtsanwälte[813], Steuerberater[814] und Wirtschaftsprüfer[815] die Voraussetzungen geschaffen.

Die Mindestversicherungssumme beträgt für Rechtsanwälte 2,5 Mio. EUR für jeden Versicherungsfall.[816] Für Steuerberater und Wirtschaftsprüfer liegt diese bei 1 Mio. EUR.[817] Die Leistungen des Versicherers können für alle innerhalb eines Versicherungsjahres verursachten Schäden auf den Betrag der Mindestsumme, vervielfacht mit der Zahl der Partner, begrenzt werden.[818] Die Jahresleistung muss sich jedoch mindestens auf den vierfachen Betrag der Mindestversicherungssumme belaufen.

Beispielsweise beträgt bei 3 Partnern einer Wirtschaftsprüfungsgesellschaft die Mindestversicherungssumme 3 Mio. EUR. Da die Jahreshöchstleistung aber mindestens das Vierfache der Mindestversicherungssumme beträgt, liegt in diesem Beispiel die Jahreshöchstleistung bei 4 Mio. EUR. Bei beispielsweise 8 Partnern würde die Jahreshöchstleistung dagegen bei 8 Mio. EUR, also acht mal 1 Mio. EUR Mindestversicherungssumme, liegen.

Zum Schutz des Rechtsverkehrs ist neben der Berufshaftpflichtversicherung eine weitere zwingende Voraussetzung der neuen hybriden Gesellschaftsform der Zusatz im Namen „mit beschränkter Berufshaftung" oder auch kurz „mbB".[819]

Wie kann nunmehr eine Umwandlung einer bestehenden Partnerschaftsgesellschaft in eine Partnerschaftsgesellschaft mit beschränkter Berufshaftung erfolgen?

---

[812] Vgl. § 8 Abs. 4 PartGG.
[813] Vgl. § 51a BRAO.
[814] Vgl. § 67 StBerG.
[815] Vgl. § 54a WPO.
[816] Vgl. § 51a Abs. 2 Satz 1 BRAO.
[817] Vgl. §§ 67 Abs. 2 StBerG, 54a Abs. 1 WPO.
[818] Vgl. §§ 51a Abs. 2 Satz 2 BRAO, 67 Abs. 2 Satz 2 StBerG, 54 Abs. 1 Satz 2 WPO.
[819] Vgl. § 8 Abs. 4 Satz 3 PartGG.

Folgende drei Schritte sind in zeitlicher Reihenfolge hierfür durchzuführen:
Zunächst hat die Partnerversammlung einen Beschluss zu fassen, dass die Partnerschaft als Partnerschaftsgesellschaft mit beschränkter Berufshaftung fortgeführt wird.
Danach ist eine Berufshaftpflichtversicherung abzuschließen.
Im Partnerschaftsregister ist dann diese Änderung anzumelden. Eine Bescheinigung über den Abschluss der Versicherung ist bei der Anmeldung mit einzureichen.

Eine gesetzliche Grundlage, die Mandanten explizit zu informieren, ist nicht gegeben, da die Identität der Gesellschaft unverändert bleibt. Es handelt sich lediglich um eine andere rechtliche Variante der Partnerschaftsgesellschaft. Gleichwohl ist es trotzdem ratsam, die Mandanten auf die Änderungen persönlich schriftlich hinzuweisen.

Die neue Partnerschaftsgesellschaft mit beschränkter Berufshaftung vereint **Vorteile** einer Personengesellschaft mit den Vorteilen einer Kapitalgesellschaft.
Die Haftungsgefahren im Berufsalltag sind vielfältig und durch die akzessorische Mithaftung in den letzten Jahren verschärft worden. Gegenüber der Rechtsform der Gesellschaft bürgerlichen Rechts ist die Haftung der neuen hybriden Gesellschaftsform auf das Vermögen der Gesellschaft als klarer Vorteil zu sehen. Auch gegenüber der Partnerschaftsgesellschaft, die schon bisher in den Genuss der Haftungsbeschränkung auf das Partnerschaftsvermögen, aber mit persönlicher Haftung der bearbeitenden Partner kam, liegen die Vorteile dieser neuen Haftungsbeschränkung auf der Hand.
Weitere, nicht zu unterschätzende Vorteile, gegenüber einer Gesellschaft mit beschränkter Haftung, liegen im geringen Gründungsaufwand sowie in den nicht geltenden handelsrechtlichen Buchführungs- und Publizitätspflichten.

Mit diesen Worten beende ich meinen Vortrag. Ich bedanke mich für ihre Aufmerksamkeit.

Maren Hunger

2.5 Beraterverträge mit Aufsichtsratsmitgliedern einer Aktiengesellschaft

Sehr geehrte Damen und Herren,

für meinen Vortrag habe ich das Thema „Beraterverträge mit Aufsichtsratsmitgliedern einer Aktiengesellschaft" gewählt. Hierzu möchte ich zuerst die **relevanten Vorschriften des Aktiengesetzes** skizzieren und auf die **Problemstellung** eingehen. Anschließend werde ich die **aktuelle Rechtsprechung** erläutern und meinen Vortrag mit einem **Fazit** beenden.

Zunächst zu den **Vorschriften des Aktiengesetzes und der Problemstellung**: Der Aufsichtsrat ist das Kontrollorgan der Aktiengesellschaft. Er hat die Geschäftsführung zu überwachen.[820] Daneben können seine Mitglieder auch beratend für das Unternehmen und den Vorstand tätig werden.[821] Aufsichtsratsmitglieder werden in der Regel von der Hauptversammlung gewählt.[822] Ihnen kann für ihre Tätigkeit eine Vergütung gewährt werden, die entweder in der Satzung festgesetzt oder von der Hauptversammlung bewilligt wird. Die Vergütung soll im Verhältnis zu den Aufgaben des Aufsichtsratsmitglieds sowie zur Lage und zum Erfolg der Gesellschaft angemessen sein.[823] Sie kann auch ein Anteil am Jahresgewinn der Gesellschaft sein.[824]

Zudem enthält der § 114 AktG Regelungen zu weiteren Verträgen mit Aufsichtsratsmitgliedern. „Verpflichtet sich ein Aufsichtsratsmitglied außerhalb seiner Tätigkeit im Aufsichtsrat durch einen Dienstvertrag, durch den ein Arbeitsverhältnis nicht begründet wird oder durch einen Werkvertrag gegenüber der Gesellschaft zu einer Tätigkeit höherer Art, so hängt die Wirksamkeit des Vertrags von der Zustimmung des Aufsichtsrats ab."[825] Somit räumt das Aktiengesetz grundsätzlich die Möglichkeit ein, dass weitere Verträge zwischen einem Aufsichtsratsmitglied und der Gesellschaft geschlossen werden, die die Aufsichtsratstätigkeit ergänzen.

---

[820] Vgl. § 111 Abs. 1 AktG.
[821] Vgl. Präambel, 5.1.1 DCGK.
[822] Vgl. § 101 Abs. 1 AktG.
[823] Vgl. § 113 Abs. 1 AktG.
[824] Vgl. § 113 Abs. 3 AktG.
[825] § 114 Abs. 1 AktG.

Voraussetzung für die Wirksamkeit dieser Verträge ist – neben der Zustimmung durch den Aufsichtsrat – das Vorliegen eines Dienstvertrags i.S.d. § 611 BGB oder eines Werkvertrags i.S.d. § 631 BGB. Die vereinbarte Tätigkeit darf kein Arbeitsverhältnis begründen, sie darf folglich nicht die Leistung von abhängiger weisungsgebundener Tätigkeit zum Inhalt haben. Der Vertrag muss eine Tätigkeit höherer Art betreffen. Eine Tätigkeit höherer Art umfasst die freien Berufe, die im Allgemeinen auf der Grundlage besonderer Qualifikation ausgeübt werden.[826] Beispiele hierfür sind Wirtschaftsprüfer, Steuerberater oder Rechtsanwälte. Zudem muss der Vertrag eine Verpflichtung betreffen, die das Aufsichtsratsmitglied außerhalb seiner Tätigkeit im Aufsichtsrat erbringt.

Es ergibt sich das Problem, dass der Vertrag über die Tätigkeit als Aufsichtsratsmitglied ein Dienstvertrag i.S.d. § 611 BGB ist, der bereits Beratungsleistungen, also eine Tätigkeit höherer Art umfasst. Der bestehende Vertrag begründet auch kein Arbeitsverhältnis, da die Aufsichtsratsmitglieder in ihrer Überwachungsfunktion unabhängig und weisungsungebunden sind. Somit gehört es zum Aufgabenbereich eines jeden Aufsichtsratsmitglieds, für das Unternehmen Beratungsleistungen zu erbringen, die durch die Vergütung aus § 113 AktG abgegolten sind.

Fraglich ist somit, welche erbrachten Leistungen nicht mehr zum Tätigkeitsbereich des Aufsichtsrats gehören und gesondert abgegolten werden müssen. Eine explizite Regelung bietet das Aktiengesetz nicht. Daher überrascht es nicht, dass sich der Bundesgerichtshof in den vergangenen Jahren mehrfach mit solchen Beraterverträgen auseinandersetzen musste.

Der **BGH urteilte** in 2006, dass ein Vertrag, gem. dem das Aufsichtsratsmitglied einer Aktiengesellschaft die Gesellschaft in betriebswirtschaftlichen und steuerrechtlichen Fragen beraten soll, mangels Abgrenzung gegenüber der Organtätigkeit des Aufsichtsrats gegen die aktienrechtlichen Vorschriften verstößt und daher auch nicht der Zustimmung des Aufsichtsrats gem. § 114 Abs. 1 AktG zugänglich ist.[827] Gleiches gilt für Verträge zwischen der Aktiengesellschaft und einem Unternehmen, in dem das Aufsichtsratsmitglied Mitgesellschafter ist.[828]

---

[826] Vgl. § 1 Abs. 2 PartGG.
[827] Vgl. §§ 113 und 114 Abs. 1 AktG.
[828] Vgl. BGH, Urteil vom 03.07.2006 – II ZR 151/04 und Urteil vom 02.04.2007 – II ZR 325/05.

Zum Abschluss wirksamer Verträge i.S.d. § 114 AktG ist es somit wichtig, dass die Leistungen in den Beraterverträgen so genau wie möglich bestimmt sind, damit eine Abgrenzung zur innerhalb der organschaftlichen Verpflichtung liegenden Tätigkeit möglich ist. Dabei ist zu beachten, dass nicht allein die Erbringung von persönlichen Fachkenntnissen Zusatzleistungen sind, die nicht in den Aufgabenbereich des Aufsichtsratsmitglieds fallen.[829] Deshalb sollten die Beratungsleistungen sorgfältig aufgeschlüsselt und konkretisiert werden.[830]

Auch wenn es sich um Tätigkeiten aus dem Aufgabenbereich des Aufsichtsrats handelt und die Vergütung nicht schon in der Satzung bestimmt ist, kann die Hauptversammlung gem. § 113 Abs. 1 Satz 2 AktG eine höhere Vergütung oder eine Sondervergütung bewilligen.[831]

Sind diese Tätigkeiten jedoch solche im Rahmen der organschaftlichen Verpflichtung und ist die Vergütung nicht in der Satzung geregelt oder die Hauptversammlung bewilligt eine solche Vergütung nicht, so ist der Beratervertrag unwirksam und eine Zustimmung gem. § 114 AktG ist nicht möglich. Der BGH urteilte, dass in diesem Fall der aktienrechtliche Anspruch der Gesellschaft auf Rückgewähr der Beratungsvergütung gegenüber dem Aufsichtsratsmitglied bestehen bleibt.[832]

Des Weiteren hatte der BGH darüber zu entscheiden, ob die Beschlussfähigkeit des Aufsichtsrats gem. § 114 Abs. 1 AktG in bestimmten Fällen gegeben ist. Denn bei der Beschlussfassung über einen Vertrag mit einem Aufsichtsratsmitglied ist das betreffende Mitglied vom Stimmrecht ausgeschlossen.[833] Nach § 108 Abs. 2 Satz 3 AktG ist ein Aufsichtsratsbeschluss nur dann wirksam, wenn mindestens drei Mitglieder an der Beschlussfassung teilgenommen haben. Es war umstritten, wie bei einer Aktiengesellschaft zu verfahren ist, deren Aufsichtsrat lediglich drei Mitglieder hat, wenn bei der Beschlussfassung ein Mitglied vom Stimmrecht ausgeschlossen ist.[834]

---

[829] Vgl. BGH, Urteil vom 02.04.2007 – II ZR 325/05.
[830] Vgl. Hinweise für die Tätigkeit des Steuerberaters als Aufsichtsrat beschlossen vom Präsidium der Bundessteuerberaterkammer am 30.06.2010, Seite 6 ff.
[831] Vgl. Hinweise für die Tätigkeit des Steuerberaters als Aufsichtsrat beschlossen vom Präsidium der Bundessteuerberaterkammer am 30.06.2010, Seite 6 ff. und 5.4.6 DCGK.
[832] Vgl. BGH, Urteil vom 03.07.2006 – II ZR 151/04.
[833] Vgl. BGH, Urteil vom 02.04.2007 – II ZR 325/05.
[834] Vgl. BGH, Urteil vom 02.04.2007 – II ZR 325/05.

Der BGH urteilte, dass das vom Stimmrecht ausgeschlossene Mitglied sich seiner Stimme zu enthalten hat. Damit nimmt es an der Beschlussfassung teil, gibt aber keine Stimme ab. Damit ist Beschlussfähigkeit gegeben.[835]

Abschließend ist festzuhalten, dass es sich für Mitglieder eines Aufsichtsrats einer Aktiengesellschaft empfiehlt, vor Abschluss eines Beratervertrags mit derselben Aktiengesellschaft sorgfältig zu konkretisieren und zu dokumentieren, welche Tätigkeiten in den organschaftlichen Pflichtenkreis fallen und welche Zusatzleistungen durch den gesondert abgeschlossenen Vertrag umfasst werden.

Vielen Dank für Ihre Aufmerksamkeit.

Alexandra Langusch

---

[835] Vgl. URL: http://www.cbh.de/portal/de/news/unternehmen--finanzen/weitere-meldungen/bgh---beratervertrag-mit-aufsichtsratsmitglied-beschlussfaehigkeit-bei-dreikoepfigem-aufsichtsrat/2607,13781.html (Abrufdatum: 21.03.2012).

2.6 Schweigen im Rechtsverkehr

Guten Morgen, sehr geehrte Herren,

für meinen Vortrag habe ich das Thema „Schweigen im Rechtsverkehr" gewählt und mein Vortrag ist wie folgt gegliedert: Zunächst gehe ich auf die **grundsätzliche Bedeutung** des Schweigens im Rechtsverkehr ein, um danach wesentliche Ausnahmefälle aus dem **Bürgerlichen Gesetzbuch** und aus dem **Handelsgesetzbuch** darzustellen. Abschließend ziehe ich ein kurzes **Fazit**.

Schweigen hat **grundsätzlich keine Bedeutung** im Rechtsverkehr, es handelt sich um ein rechtliches Nullum.
Eine Willenserklärung besteht aus zwei Teilen: dem Willen und der Erklärung. Der Wille bringt den subjektiven, inneren Willen einer Partei zum Ausdruck. Der Wille muss allerdings auch der anderen Partei objektiv durch Erklärung zugehen[836], um Rechtswirkung entfalten zu können. Beim Schweigen erfolgt keine Erklärung des Willens und es liegt somit keine Willenserklärung im juristischen Sinne vor. Das Schweigen erlangt nur in gesetzlich geregelten Ausnahmefällen oder sofern eine entsprechende Vereinbarung vorliegt Rechtswirkung.

Im **BGB** kann das Schweigen als ablehnende oder als zustimmende Willenserklärung wirken.

Im geschäftlichen Verkehr ist das ablehnende Schweigen bei der Vertretung ohne Vertretungsvollmacht nach § 177 BGB und die sich daraus resultierende Haftung von besonderer Bedeutung. Schließt jemand ohne Vertretungsmacht im Namen eines anderen einen Vertrag ab, so ist die Wirksamkeit des Vertrags für und gegen den Vertretenen von dessen Genehmigung abhängig.[837]

Die Genehmigung kann angefordert und innerhalb von zwei Wochen erklärt werden; wird sie nicht erklärt, so gilt sie als verweigert.[838] Im Falle der Verweigerung haftet der Vertreter, sofern er nicht seine Vertretungsmacht nachweist.[839]

---

[836] Vgl. § 116 ff. BGB.
[837] Vgl. § 177 Abs. 1 BGB.
[838] Vgl. § 177 Abs. 2 Satz 2 BGB.
[839] Vgl. § 179 Abs. 1 BGB.

Eine weitere Ablehnung ergibt sich bei Geschäften mit Minderjährigen. Schließt der Minderjährige einen Vertrag ohne die erforderliche Einwilligung des gesetzlichen Vertreters ab, so hängt die Wirksamkeit des Vertrags von dessen Genehmigung ab.[840] Die Genehmigung kann auch hier angefordert und innerhalb von zwei Wochen erklärt werden. Wird sie nicht erklärt, so gilt sie als verweigert.[841] Ist der Minderjährige zwischenzeitlich unbeschränkt geschäftsfähig geworden, so kann er das Geschäft selbst genehmigen.[842]

Zustimmendes Schweigen ergibt sich nach § 151 BGB. Ein Vertrag kommt grundsätzlich durch die Annahme eines Antrags zustande. Die Annahme muss jedoch nicht erklärt werden, wenn die Annahmeerklärung nach der Verkehrssitte nicht zu erwarten ist oder darauf verzichtet wurde.

Auch bei Schenkungen und Erbschaften gilt das Schweigen als Zustimmung. Eine Schenkung liegt vor, wenn beide Teile darüber einig sind, dass eine Zuwendung unentgeltlich erfolgt.[843] Ist die Schenkung ohne den Willen des anderen erfolgt, so kann der Schenker eine Erklärung über die Annahme anfordern. Nach Ablauf einer Frist gilt die Schenkung als angenommen, wenn der Beschenkte nicht vorher abgelehnt hat.[844] Ähnlich gilt eine Erbschaft mit Ablauf der gesetzlichen Frist als angenommen[845], sofern die Erbschaft nicht vorher ausgeschlagen wurde.

Zustimmendes Schweigen gilt auch bei der Übernahme einer Hypothekenschuld. Übernimmt ein Grundstückskäufer eine durch Hypothek gesicherte Schuld, so kann der Gläubiger die Schuldübernahme nur nach entsprechender Mitteilung genehmigen. Schweigt der Gläubiger sechs Monate, gilt die Genehmigung als erteilt, wenn sie nicht vorher verweigert wurde.[846]

Ebenfalls bei einem Kauf auf Probe gilt das Schweigen als Billigung.[847]

---

[840] Vgl. § 108 Abs. 1 BGB.
[841] Vgl. § 108 Abs. 2 Satz 2 BGB.
[842] Vgl. § 108 Abs. 3 BGB.
[843] Vgl. § 516 Abs. 1 BGB.
[844] Vgl. § 516 Abs. 2 BGB.
[845] Vgl. § 1943 BGB.
[846] Vgl. § 416 Abs. 1 BGB.
[847] Vgl. § 455 BGB.

Unter Kaufleuten im Sinne des **HGB** gelten besondere Vorschriften, die darauf ausgerichtet sind, dass Geschäfte möglichst effizient abgewickelt werden können. Ein praxisrelevantes Beispiel hierfür ist der Handelsbrauch des kaufmännischen Bestätigungsschreibens.[848] Ein solches Schreiben liegt vor, wenn Vertragsverhandlungen geführt worden sind und das Schreiben unmittelbar danach zugeht. Das Schreiben muss den Inhalt der Vertragsverhandlungen widergeben und durch ein einfaches Ja oder Nein genehmigungsfähig sein. Schweigt der Empfänger, gilt der Inhalt des Schreibens auch als Vertragsinhalt.

Kaufleute unterliegen weiter einer Untersuchungs- und Rügepflicht, die beim Schweigen grundsätzlich als Genehmigung der gelieferten Ware gilt. Beim beidseitigen Handelsgeschäft gilt, dass der Käufer die Ware unverzüglich nach der Ablieferung zu untersuchen und dem Verkäufer Mängel anzuzeigen hat.[849] Schweigt der Käufer und unterlässt er die Anzeige, so gilt die Ware als genehmigt, es sei denn, der Mangel war bei der Untersuchung nicht erkennbar.[850]

Als **Fazit** ist festzuhalten, dass das Schweigen im Rechtsverkehr durchaus erhebliche Auswirkungen haben kann. Problematisch kann sein, dass eine schweigende Zustimmung nicht stärker sein darf, als die eines Redenden. Bei der Ablehnung durch Schweigen kann die Anfechtung ein Problem sein.

Insbesondere Kaufleute sollten sich dessen bewusst sein und entsprechend agieren.

Vielen Dank für Ihre Aufmerksamkeit.

Eva Romatzeck Wandt

---

[848] Vgl. § 346 HGB.
[849] Vgl. § 377 Abs. 1 HGB.
[850] Vgl. § 377 Abs. 2 HGB.

3. Angewandte Betriebswirtschaftslehre, Volkswirtschaftslehre

3.1 Prognoseinstrumente für Managemententscheidungen

Guten Tag, sehr geehrte Kommission,

für meinen Vortrag habe ich das Thema „Prognoseinstrumente für Managemententscheidungen" gewählt und habe meinen Vortrag wie folgt gegliedert: Zunächst gehe ich auf das **Ziel und den Zweck** von Prognosen für Managemententscheidungen ein. Danach werden einige häufig eingesetzte **Instrumente** dargestellt. Anschließend werden mögliche **Probleme** bei Prognosen angesprochen und abschließend wird die Bedeutung im Rahmen des **Jahres- und Konzernabschlusses** kurz erläutert.

Die Unternehmensführung – oder das Management vom Unternehmen – wird häufig als ein Prozess definiert, der in den Schritten Zieldefinition, Planung, Entscheidungsfindung, Umsetzung sowie Auswertung der Zielerreichung abläuft.[851]

Das übergreifende **Ziel** des Managements ist es, Entscheidungen zu treffen, die eine Erreichung der definierten Unternehmensziele sicherstellen. Das ist nur möglich, wenn die Unternehmensziele klar definiert sind und mögliche Handlungsoptionen, die zum Ziel führen können, zutreffend analysiert und aufgezeigt werden.

Die aufgezeigten Optionen basieren auf zukunftsorientierten Prognosen und stellen die Basis für die Managemententscheidungen dar. Ein wesentlicher **Zweck** von Prognosen ist somit, die künftigen entscheidungsrelevanten Entwicklungen vorauszusagen und diese in der Unternehmensplanung zu berücksichtigen. Um das leisten zu können, umfassen die Prognosen sowohl externe als auch unternehmensinterne Aspekte.

---

[851] Vgl. Wöhe, Einführung in die Allgemeine Betriebswirtschaftslehre, 25. Auflage, 2013, Seite 47 ff.

Die externen Faktoren haben zwar einen Einfluss auf das Unternehmen, sie können jedoch grundsätzlich nicht durch Managemententscheidungen gesteuert werden. Hierzu gehören z.b. soziale, demografische, rechtliche und wirtschaftliche Rahmenbedingungen. Die internen Faktoren kann das Management maßgeblich durch Entscheidungen beeinflussen, wie z.b. Produktionsprogramm, Kostenstruktur, Finanzierung und Investitionen.

Die **Prognoseinstrumente** für Managemententscheidungen werden in der Regel als qualitativ oder quantitativ eingestuft. Die qualitativen Instrumente basieren ganz überwiegend auf Wissen und Erfahrungen. Hierzu zählt die Delphi-Methode, genannt nach dem antiken Orakel. Ausgewählte Experten werden zu entscheidungsrelevanten Themen systematisch befragt und geben ihre fundierten Meinungen in einer ersten Beurteilungsrunde ab. Sofern die Meinungen auseinanderfallen, werden die verschiedenen Beurteilungen berücksichtigt und die Fragestellungen entsprechend abgewandelt. Die Befragung wird dann in einer weiteren Runde wiederholt. Zwei Varianten sind für die Runden möglich: Die Experten kennen die Meinungen und die Argumente der anderen oder sie werden unabhängig voneinander befragt. Es können mehrere Runden erfolgen, bis Konsens über die künftige Entwicklung unter den Experten erreicht worden ist. Die gemeinsam erreichte Prognose stellt den nach Expertenmeinungen wahrscheinlichsten Fall dar und wird dem Management als Entscheidungshilfe präsentiert.

Die Szenario-Technik zählt ebenfalls zu den qualitativen Instrumenten. Bei dieser Technik werden verschiedene Szenarien erarbeitet, die nach positiven, negativen oder höchst wahrscheinlichen Plangrößen bewertet werden. In der Regel spricht man vom Best Case, Worst Case und Most Likely Case Szenario. Je nach Entscheidungskriterien und Risikobereitschaft des Managements wird ein Szenario für die Entscheidungen zugrunde gelegt.

Die quantitativen Instrumente basieren auf mathematischen Gesetzen. Hier ist die Sensitivitätsanalyse einzuordnen, obwohl die Methode durchaus auch qualitative Merkmale umfasst. Die häufig komplexe Sensitivitätsanalyse ist eine Wenn-Dann-Analyse der Wechselwirkungen zwischen definierten Variablen und Plangrößen. Z.B. ist eine Variable der Preis und eine Plangröße der Absatz. Dabei wird in jeder Berechnung unterstellt, dass eine Plangröße unverändert bleibt. Die Auswirkung der veränderten Variablen auf die anderen Größen wird dann untersucht.

Ein rein quantitatives Instrument ist die Trendanalyse. Die Zusammenhänge aus den Daten der Vergangenheit werden nach mathematischen Regeln auf die Zukunft hochgerechnet. In der Regel wird davon ausgegangen, dass sich die Wechselwirkungen der Plangrößen nicht über die Zeit verändern. Unabhängig vom eingesetzten Instrument ist das größte **Problem** der Prognosen sicherlich die damit verbundene Unsicherheit. Die Aussagekraft der jeweiligen Prognosen hängt von vielen Faktoren ab. Ganz wesentlich sind die getroffenen Annahmen für die künftige Entwicklung der externen und internen Plangrößen, die in die Beurteilungen und Berechnungen einfließen. Zu beachten ist, dass die Annahmen möglichst objektiv getroffen werden sollten. Euphorisch oder pessimistisch gefärbte Annahmen beeinflussen die Aussagen der Prognose logischerweise entsprechend.

Es kann auch problematisch sein, sicherzustellen, dass die verwendeten Daten für die Prognosen geeignet, korrekt und vollständig sind, und dass die Daten aus den am besten geeigneten Quellen stammen. Sind die Annahmen oder Daten nicht zutreffend, kann die Prognose ebenfalls nicht zutreffend sein.

Prognosen im engeren Sinne werden überwiegend für strategische und operative Managemententscheidungen verwendet. Sie haben aber auch eine große Bedeutung im Rahmen des **Jahres- und Konzernabschlusses** und folglich auch bei der Prüfung. Eine grundlegende Prämisse für den Abschluss und für die Bewertung ist Going-Concern[852], bei der das Management von der Fortführung der Unternehmenstätigkeit ausgeht. Um beurteilen zu können, ob tatsächliche oder rechtliche Gegebenheiten dem entgegenstehen, sind Prognosen erforderlich, die auch im Lagebericht zum Ausdruck kommen.[853]

Die Unsicherheit der Prognosen hängt maßgeblich von der Situation und Stabilität des Unternehmens ab. Sind Schwierigkeiten bereits eingetreten oder ist das Unternehmen in einem Umfeld mit schnellen Veränderungen tätig, fallen die Prognosen unsicherer aus als in einem stabilen Umfeld.

---

[852] Vgl. § 252 Abs. 1 Nr. 2 HGB, IAS 1.25.
[853] Vgl. §§ 289 insbesondere Abs. 1 Satz 4, 315 insbesondere Abs. 1 Satz 5 HGB.

Auch in verschiedenen Abschlussposten und für Anhangangaben sind Prognosen unerlässlich. Wesentliche Beispiele sind Rückstellungen und deren nach kaufmännischer Beurteilung notwendigen Erfüllungsbetrag[854] sowie die Abzinsung über die erwartete Restlaulaufzeit[855]. Auch die voraussichtliche Nutzungsdauer des Anlagevermögens, die Bewertung bei voraussichtlich dauernder Wertminderung[856] und die Risiken und Vorteile von nicht in der Bilanz enthaltenen Geschäften[857] basieren auf Prognosen, um nur einige Aspekte zu nennen.

Zusammenfassend ist festzuhalten, dass Prognosen für Managemententscheidungen unerlässlich sind, seien sie strategischer, operativer oder bilanzieller Natur. Die Prognosen können nur so zutreffend sein wie ihre zugrunde gelegten Annahmen und Daten. Hier liegt eine der größten Herausforderungen für das Management und auch für die Prüfer.

Vielen Dank für Ihre Aufmerksamkeit.

Eva Romatzeck Wandt

---

[854] Vgl. §§ 249 i.V.m. 253 Abs. 1 Satz 2 HGB, auch IAS 37.36 ff.
[855] Vgl. § 253 Abs. 2 HGB, IAS 37.45.
[856] Vgl. § 253 Abs. 3 Satz 2 und 3 HGB. IAS 36.
[857] Vgl. §§ 285 Nr. 3, 314 Abs. 1 Nr. 2 HGB.

3.2 Aufbau und Methoden eines Risikomanagementsystems

Guten Tag, sehr geehrte Kommission,

für meinen Vortrag habe ich das Thema „Aufbau und Methoden eines Risikomanagementsystems" gewählt und habe meinen Vortrag wie folgt gegliedert: einleitend erhalten Sie eine **Einführung** zum Thema mit wesentlichen Begriffsdefinitionen. Danach gehe ich auf **Rechtliche und weitere Grundlagen** des Risikomanagementsystems ein um dann einen Schwerpunkt beim **Aufbau und den Methoden** zu setzen. Mit einem kurzen **Ausblick** werde ich den Vortrag schließen.

Seit mehreren Jahren gewinnt Risikomanagement immer mehr an Bedeutung, sowohl in Unternehmen und anderen Organisationen als auch durch den Gesetzgeber.

Eine der größten Herausforderungen für Management ist sicherlich, ein optimales Gleichgewicht zwischen einzugehende Risiken und damit verbundenen Chancen herzustellen. Ein **Risikomanagementsystem** wird eingerichtet, um dieser Herausforderung besser zu begegnen und unterstützt Vorstände und Aufsichtsräte bei der Erfüllung ihrer Sorgfalts- und Überwachungspflichten.

Um den Bedarf an einem anerkannten Rahmenwerk zur wirksamen Bestimmung, Bewertung und Steuerung von Risiken abzudecken, wurde das COSO ERM, „Unternehmensweites Risikomanagement – Übergreifendes Rahmenwerk"[858] mit Kernprinzipien und -konzepte, eine einheitliche Terminologie sowie klare Richtlinien und Hilfestellungen als Ergänzung zum Rahmenwerk „Interne Kontrolle – Übergreifendes Rahmenwerk"[859] entwickelt.

COSO ERM definiert das unternehmensweite Risikomanagement als einen Prozess über die gesamte Organisation, der auf jeder Ebene – d.h. durch Überwachungs- und Leitungsorgane, Führungskräfte und Mitarbeiter – ausgeführt wird.

Es soll Ereignisse mit potentiellen Risiken als solche erkennen, und eine Steuerung dieser Risiken ermöglichen. So soll hinreichende Sicherheit bezüglich des Erreichens der Ziele der Organisation gewährleistet werden.

---

[858] The Committee of Sponsoring Organizations of the Treadway Commission (COSO), USA; Enterprise Risk Management – Integrated Framework, Stand: September 2004, auch COSO II oder COSO ERM genannt.
[859] Internal Control — Integrated Framework, Stand: Mai 2013, auch COSO I genannt.

Der Begriff Risiko ist dabei als eine negative Auswirkung auf das Erreichen von definierten Zielen strategischer oder operativer Art zu verstehen. Auch die Zuverlässigkeit der Berichterstattung sowie Compliance im Sinne von Einhalten anwendbarer Gesetze und Vorschriften gehören hierzu.

Das Risikomanagement bezeichnet alle Tätigkeiten, die darauf ausgerichtet sind, Risiken frühzeitig und systematisch zu erfassen, zu steuern und zu überwachen. Die wesentlichen Schritte sind die Risikoidentifikation, die Analyse und Risikobewertung, die Implementierung geeigneter Risikosteuerungsmaßnahmen und deren Kontrolle sowie die regelmäßige Berichterstattung und die fortlaufende Überwachung des Prozesses.

Ein Risikomanagementsystem ist als der aufbau- und ablauforganisatorische Rahmen zur Umsetzung des Risikomanagements zu verstehen.

Die vielfältigen **rechtlichen und weiteren Grundlagen** zur Einrichtung sowie zur Überwachung variieren je nach Branche und Rechtsform. Allgemeine gesetzliche Regelungen lassen sich vor Allem im HGB und im Aktiengesetz finden. Beispielsweise MaRisk[860] stellen die spezifischen Mindestanforderungen für die Finanzbranche dar und für den öffentlichen Bereich ergibt sich die entsprechende Verpflichtung aus dem Haushaltsgrundsätzegesetz[861], worauf ich jedoch nicht weiter eingehe.

Aus dem HGB ergeben sich Berichtspflichten über das Risikomanagementsystem im Lagebericht bzw. im Konzernlagebericht[862]. Das Aktiengesetz schreibt die Einrichtung eines Risikofrüherkennungssystems vor[863]. Die Regelung umfasst lt. Gesetzesbegründung[864] auch die Verpflichtung des Vorstands, für ein angemessenes Risikomanagement und eine interne Revision zu sorgen.

Zu beachten ist, dass das Risikofrüherkennungssystem auf bestandsgefährdende Entwicklungen ausgerichtet ist und damit einen Teilaspekt des gesamten Risikomanagements darstellt[865].

---

[860] Vgl. Mindestanforderungen an das Risikomanagement (MaRisk) von der Bundesanstalt für Finanzdienstleistungsaufsicht (BaFin).
[861] Vgl. § 53 HGrG.
[862] Vgl. §§ 289 und 315 HGB, DRS 20 Konzernlagebericht.
[863] Vgl. § 91 Abs. 2 AktG.
[864] Vgl. Regierungsbegründung zum Gesetz zur Kontrolle und Transparenz im Unternehmensbereich (KonTraG) und insbesondere 4.1.4 DCGK.
[865] Vgl. IDW PS 340 Die Prüfung des Risikofrüherkennungssystems nach § 317 Abs. 4 HGB (Stand: 11. 09. 2000), Tz 5 ff.

Die Verantwortung für das Risikomanagementsystem, wie auch für das interne Kontrollsystem liegt stets bei der Geschäftsleitung Die Überwachungspflichten des Aufsichtsrats sind im Aktiengesetz und im Deutschen Corporate Governance Kodex [866] konkretisiert, mit Ausstrahlungswirkung auf andere Rechtsformen. Eine Bestätigung zur Wirksamkeit der risikorelevanten Systeme ist jedoch nicht gesetzlich gefordert, anders als nach dem US-amerikanischen Gesetz Sarbanes Oxley Act 2002

Nach COSO ERM besteht das Risikomanagementsystem aus **acht wechselseitig verknüpften Komponenten**, die sich aus den Führungsprozessen ableiten. Die Komponenten umfassen als Grundlage für die Risikophilosophie die Risikokultur und das interne Umfeld. Die Zielfestlegung erfolgt, damit Führungskräfte Einflussfaktoren für die Zielerreichung bestimmen können. Im Rahmen der methodischen Ereignisidentifikation werden Risiken und Chancen, die das Erreichen der Ziele beeinflussen, bestimmt. Darauf folgt die strukturierte und priorisierte Risikobeurteilung und -bewertung unter Berücksichtigung von Auswirkung und Eintrittswahrscheinlichkeit.

Diese stellt die Grundlage für die **Risikosteuerung** im Sinne der Risikostrategie durch geeignete Instrumente je nach Risikobereitschaft dar. Die Risikobereitschaft beeinflusst stark die Methodenwahl und die Risikoreaktionen die Risikovermeidung, Risikoverringerung, Risikoverteilung und Risikoübernahme umfassen. Kontrollaktivitäten sollen sicherstellen, dass Risikoreaktionen festgelegt und wirksam ausgeführt werden. Information und Kommunikation ermöglichen es Mitarbeitern, ihre Verantwortlichkeit wahrzunehmen.

Am Ende des Risikomanagementprozesses erfolgt die Überwachung und daraus erkannte erforderliche Anpassungen des Systems werden vorgenommen. Ein unternehmensweites Risikomanagement ist jedoch kein streng linearer Ablauf, es ist vielmehr ein Wechselspiel zwischen definierten Zielen und den jeweiligen Komponenten, bei dem nahezu alle Bestanteile sich wechselseitig beeinflussen.

---

[866] Vgl. § 107 Abs. 3 AktG und insbesondere 5.3.2 DCGK.

Die Funktionsfähigkeit des Risikomanagementsystems wird primär dadurch bestimmt, ob die Komponenten in unternehmensindividueller und angemessener Ausprägung vorhanden und dokumentiert sind und, ob dieses auch wirksam sind. Für die Beurteilung können die Ergebnisse der internen Revision hilfreich sein[867]. Zur Dokumentation gehört die angemessene, systematische und für sachkundige Dritte nachvollziehbare Beschreibung der Komponenten und deren operativen Umsetzung in verschiedenen Organisationseinheiten.

Die Komponenten müssen so ausgestaltet und umgesetzt sein, dass die Risikomanagementphasen aufeinander aufbauend durchlaufen werden. Es darf keine wesentliche Systemschwäche vorliegen, und das vorhandene Risiko muss im Bereich der festgelegten Risikobereitschaft liegen. Sollten wesentliche Schwächen vorliegen, besteht Berichtspflicht für einen Abschlussprüfer[868].

Das wesentliche Ziel der Risikoberichterstattung und -kommunikation ist erreicht, wenn den Entscheidungsträgern zeitnah die Risikolage widergespiegelt wird. Die Risikoberichterstattung ist auch ein wichtiges Instrument zur Überwachung der Aufsichtsorgane, die sich mit den Merkmalen und der Wirksamkeit des Risikomanagementsystems zu befassen hat.

Als **Ausblick** lässt sich zusammenfassen, dass die Befassung mit dem Risikomanagementsystem keine einmalige Aktivität ist, sondern ein Prozess zur Weiterentwicklung und Verbesserung der Unternehmensführung.

Eine klare Abgrenzung zwischen dem Risikofrüherkennungssystem, dem übrigen Risikomanagementsystem, dem Compliance Management System und dem internen Kontrollsystem kann durchaus schwierig werden und die parallele Etablierung der jeweiligen Systeme ist sicherlich nur selten zielführend.

Vielmehr sollte eine vernetzte Gesamtbetrachtung erfolgen, um die definierten Unternehmensziele möglichst sicher und effizient zu erreichen.

Vielen Dank für Ihre Aufmerksamkeit.

Eva Romatzeck Wandt

---

[867] Vgl. DIIR Revisionsstandard Nr. 2, Tz 21; URL: http://www.diir.de/fileadmin/fachwissen/standards/downloads/Revisionsstandard_Nr._2.pdf (Abrufdatum: 07.04.2015).
[868] Vgl. § 317 Abs. 4 HGB bei börsennotierten Aktiengesellschaften, § 171 Abs. 1 Satz 2 AktG, 7.2.3 DCGK, § 289 Abs. 5 HGB.

3.3 Auswirkungen von Steuern auf Finanzierungsentscheidungen

Sehr geehrter Herr Vorsitzender, sehr geehrte Prüfungskommission,

aus den mir zur Verfügung gestellten Themen habe ich das Thema „Auswirkungen von Steuern auf Finanzierungsentscheidungen" gewählt und meinen Vortrag wie folgt gegliedert: Nach einer kurzen Einführung in die Thematik werde ich zunächst auf die **Berücksichtigung von Steuern im Rahmen der Finanzierungslehre** eingehen. Im Anschluss werde ich mich mit den **finanzierungsrelevanten Aspekten der jüngsten Steuerreform** und dem **Einfluss von Steuern auf verschiedene Finanzierungsformen** beschäftigen. Meinen Vortrag werde ich mit einem kurzen Fazit schließen.

Die Ermittlung der optimalen Kapitalstruktur ist eines der klassischen Problemfelder der Unternehmensfinanzierung. Hierbei sind die Auswirkungen von Steuern ein bedeutender Aspekt. Zudem muss durch die stetigen Änderungen des Steuerrechts die steueroptimale Kapitalstruktur einer permanenten Prüfung unterliegen.

Im Rahmen der Finanzierungslehre muss der Einfluss von Steuern sowohl auf Gesellschaftsebene als auch auf Anteilseignerebene betrachtet werden. Die Berücksichtigung von Steuern erfolgt zum einen über den Ansatz eines Steuersatzes im Kalkulationszins – in der Regel wird hier ein pauschalierter Steuersatz angewendet – und zum anderen über das sog. Tax-Shield. Das Tax-Shield ist der Wert des steuerlichen Vorteils der Fremdfinanzierung und berücksichtigt die steuerliche Abzugsfähigkeit von Fremdkapitalzinsen bei der steuerlichen Bemessungsgrundlage und damit deren steuermindernde Auswirkung.[869]

Ziel der **jüngsten deutschen Steuerreform** war, die Unternehmenssteuersätze insgesamt zu senken, um europaweit wettbewerbsfähig zu bleiben, die Bemessungsgrundlage zu erweitern und somit zu vereinheitlichen, so dass sie weniger missbrauchsanfällig wird und die Besteuerung von Personen- und Kapitalgesellschaften anzugleichen.[870]

---

[869] Vgl. zur Berechnung des Tax-Shields z.B. Kruschwitz/Husmann, Finanzierung und Investition, 7. Auflage, 2012, Seite 409 ff.

[870] Vgl. Begründung zum Entwurf eines Unternehmensteuerreformgesetzes 2008, Deutscher Bundestag Drucksache 16/5377 vom 18.05.2007.

Im Rahmen der Steuerreform sind der Körperschaftsteuersatz auf 15,0%[871] und die Steuermesszahl zur Gewerbesteuer auf 3,5%[872] abgesenkt worden. Zudem ist eine Thesaurierungsbegünstigung für Personengesellschaften eingeführt worden.[873] Die Thesaurierungsbegünstigung soll die Steuerneutralität der Gesellschaftsformen herstellen und führt zu einer Thesaurierungssteuer bei der Personengesellschaft von knapp 30,0% (inkl. Solidaritätszuschlag). Allerdings sieht die Thesaurierungsbegünstigung komplizierte Entnahmeregelungen vor und ist damit schwer handhabbar. Mit der Steuerreform ist außerdem die Abgeltungssteuer auf Kapitalerträge eingeführt worden. Die Abgeltungssteuer beträgt 25,0% auf Kapitalerträge,[874] das bisher geltende Halbeinkünfteverfahren ist abgeschafft worden.

Um das Ziel der Vereinheitlichung der Bemessungsgrundlage zu erreichen, sind das Instrument der Zinsschranke[875] eingeführt und die Hinzurechnungen zur Gewerbesteuer im Bereich der Zinsen grundlegend geändert worden. Die Zinsschranke sieht eine Deckelung der Abzugsfähigkeit von Fremdkapitalzinsen vor und soll einen Abfluss von unversteuertem Kapital ins Ausland verhindern. Im Bereich der gewerbesteuerlichen Hinzurechnungen von Fremdkapitalzinsen ist die bisherige Hinzurechnung von Dauerschuldzinsen zugunsten einer Hinzurechnung aller Fremdkapitalzinsen und sämtlicher Finanzierungsanteile in Mieten, Leasing- und z.B. Lizenzgebühren eingeführt worden. Zur Vermeidung von ungerechtfertigten Härten wurde ein Freibetrag i.H.v. 100.000 EUR festgelegt.[876]

Welchen **Einfluss** haben Steuern und insbesondere die Unternehmenssteuerreform **auf die verschiedenen Finanzierungsformen?**

Zunächst müssen die Finanzierungsformen nach Kapitalherkunft und Rechtsstellung des Kapitalgebers unterschieden werden. Bei der Kapitalherkunft wird in Innen- und Außenfinanzierung, bei der Rechtsstellung des Kapitalgebers in Eigen- und Fremdfinanzierung unterschieden.

Bei der Innenfinanzierung[877] werden finanzielle Mittel im Rahmen der betrieblichen Geschäftstätigkeit erwirtschaftet. Kapital, das bisher gebunden war, wird in frei verfügbare Finanzmittel umgewandelt.

---

[871] Vgl. § 23 Abs. 1 KStG.
[872] Vgl. § 11 Abs. 2 GewStG.
[873] Vgl. § 34a EStG.
[874] Vgl. § 32d EStG.
[875] Vgl. § 4h EStG.
[876] Vgl. § 8 Nr. 1 GewStG.
[877] Vgl. u.a. Pape, Grundlagen der Finanzierung und Investition, 3. Auflage, 2015, Seite 223 ff.

Abschreibungen und die Bildung von Rückstellungen führen durch ihre steuerliche Abzugsfähigkeit zu einer verminderten steuerlichen Bemessungsgrundlage. Der zahlungsunwirksame Aufwand hat verminderte Zahlungsabflüsse durch eine geringere Steuerlast zur Folge. Die verfügbaren Finanzmittel steigen somit zum einen um den zahlungsunwirksamen Aufwand und zum anderen um die verminderten Steuerzahlungen. Positiv wirken sich zudem Zinseffekte durch das Verlagern von Steuerzahlungen in spätere Veranlagungszeiträume und mögliche Steuereffekte bei sinkenden Steuersätzen aus.

Die Innen- oder auch Selbstfinanzierung wird wiederum in die offene und die stille Innenfinanzierung unterschieden. Zur offenen Innenfinanzierung zählt die Bildung von Rücklagen aus versteuerten Gewinnen, zur stillen Innenfinanzierung die Bildung stiller Reserven. Die stillen Reserven werden erst im Zeitpunkt der Realisierung, z.B. durch Verkauf eines Vermögensgegenstands, versteuert, wodurch wiederum Zinseffekte und möglicherweise Steuereffekte durch sinkende Steuersätze entstehen können.

Bei der Außenfinanzierung müssen die steuerlichen Effekte der Fremdfinanzierung mit denen der Eigenfinanzierung verglichen werden.

Bei der Fremdkapitalaufnahme ist die steuerliche Abzugsfähigkeit der Fremdkapitalzinsen ein großer Vorteil, allerdings sind die Restriktionen der Zinsschranke und der gegenteilige Effekt der Hinzurechnungen bei der Gewerbesteuer zu beachten.

Bei der Eigenfinanzierung durch Einlagen ist zunächst kein steuerlicher Effekt zu beobachten. Der Steuervorteil kann hier aber in der Besteuerung der Kapitalerträge auf der Anteilseignerebene liegen, wenn der persönliche Einkommensteuersatz des Anteilseigners über dem Abgeltungssteuersatz von 25,0% liegt. Bei Personengesellschaften kann es zu Zinseffekten durch die Inanspruchnahme der Thesaurierungsbegünstigung kommen, wenn der persönliche Steuersatz des Anteilseigners über dem Thesaurierungssteuersatz liegt.

Modigliani/Miller gehen von der Irrelevanz der Kapitalstruktur aus, nach Modigliani/Miller ist der Marktwert eines Unternehmens unabhängig von seiner Kapitalstruktur.[878] Diese Annahme gilt allerdings unter der Voraussetzung, dass keine Steuern anfallen. Durch die eben dargestellten vielfältigen Auswirkungen von Steuern auf die verschiedenen Finanzierungsalternativen ist die Kapitalstruktur steuerlich nicht unerheblich. Im Gegenteil, Steuern haben einen erheblichen Einfluss auf die Finanzierungsentscheidung. Es gilt, die steueroptimale Kapitalstruktur unter Betrachtung sowohl der Gesellschaftsebene als auch der Anteilseignerebene zu finden.

Mit diesen Worten möchte ich meinen Vortrag schließen. Ich danke für Ihre Aufmerksamkeit.

Anja Chalupa

---

[878] Vgl. Modigliani/Miller: The Cost of Capital, Corporation Finance and the Theory of Investment; in: The American Economic Review, Volume 48, 1958; Seite 216 ff.

Ausgearbeitete Vorträge – BWL

3.4 Die Zinsschranke im Rahmen der Unternehmensfinanzierung

Sehr geehrter Herr Vorsitzender, sehr geehrte Prüfungskommission,

aus den mir zur Verfügung gestellten Vortragsthemen habe ich das Thema „die Zinsschranke im Rahmen der Unternehmensfinanzierung" gewählt und meinen Vortrag wie folgt gegliedert: Ich werde zunächst auf die Regelungen der **Zinsschranke** nach § 4h EStG erläutern, bevor ich mich mit dem **Einfluss der Zinsschranke auf die Unternehmensfinanzierung** und die **steueroptimale Unternehmensfinanzierung** beschäftige. Zum Ende meines Vortrags werde ich kurz auf den **Zinsvortrag bei Unternehmenstransaktionen** eingehen und meinen Vortrag mit einem kurzen **Fazit** schließen

Nach § 4h EStG ist der Zinsaufwand nur in Höhe des Zinsertrags unbeschränkt abziehbar. Ein übersteigender Betrag ist in Höhe von 30% des steuerlichen Gewinns vermindert um die Zinserträge und erhöht um Abschreibungen und Zinsaufwendungen, dieser Betrag ist das sog. verrechenbare „earnings before interest, taxes, depreciation and amortisation", kurz EBITDA.[879]

Das verrechenbare EBITDA ist, sofern es nicht durch Zinsaufwendungen „genutzt" wird, auf die nächsten fünf Wirtschaftsjahre vorzutragen, der sog. EBITDA-Vortrag.[880]

Zinsaufwand, der steuerlich nicht abzugsfähig ist, wird ebenfalls vorgetragen, der sog. Zinsvortrag, der Vortrag erfolgt zeitlich unbeschränkt.[881]

Die Regelungen der Zinsschranke sind nicht anzuwenden, sofern der Zinssaldo, d.h. der die Zinserträge übersteigende Zinsaufwand, nicht größer als 3 Mio. EUR ist. Dies ist die sog. Nichtaufgriffsgrenze. Die Regelungen sind auch dann nicht anzuwenden, wenn der Betrieb nicht oder nur anteilsmäßig zu einem Konzern gehört, dies ist die sog. stand-alone- oder Konzern-Klausel. Auch wenn die Eigenkapitalquote nicht mehr als 2% unter der Eigenkapitalquote des Konzerns liegt, auch Escape-Klausel, finden die Regelungen der Zinsschranke keine Anwendung.[882]

---

[879] Vgl. § 4h Abs. 1 Satz 2 EStG.
[880] Vgl. § 4h Abs. 1 Satz 3 EStG.
[881] Vgl. § 4h Abs. 1 Satz 5 EStG.
[882] Vgl. § 4h Abs. 2 EStG.

Welchen **Einfluss** hat diese komplizierte steuerliche Regelung der **Zinsschranke auf die Unternehmensfinanzierung**?

Durch die Zinsschranke werden Unternehmen, die keinen großen Finanzierungsspielraum haben und sich durch Banken – und nicht durch ausländische Konzerngesellschaften – finanzieren, mit höheren Steuerbelastungen zusätzlich belastet.

Folge dieser höheren Steuerbelastung sind niedrigere Gewinne und eine daraus resultierende niedrigere Eigenkapitalquote. Dieses hat wiederum ein schlechteres Bonitätsranking durch die finanzierenden Banken mit höheren Finanzierungskosten zur Folge.

Die höheren Finanzierungskosten führen zu noch höheren nichtabzugsfähigen Zinsaufwendungen und somit zu einer noch höheren Steuerbelastung durch die Zinsschranke. Dieses wiederum wirkt sich negativ auf das Ergebnis der Gesellschaft aus, der Kreislauf beginnt von vorn.

Diesem unerwünschten Kreislauf wurde durch Nachbesserungen an der Zinsschranke entgegengewirkt. Zum einen wurde die Nichtaufgriffsgrenze von 1 Mio. EUR auf 3 Mio. EUR heraufgesetzt, zum anderen wurde die maßgebliche Grenze der Escape-Klausel von 1% auf 2% mögliche Unterschreitung der Konzerneigenkapitalquote angehoben.[883]

Im Rahmen einer **steueroptimalen Unternehmensfinanzierung** sollen negative steuerliche Folgen durch die Zinsschranke vermieden werden. Hierfür kann an zwei Stellschrauben angesetzt werden. Zum einen kann die absolute Höhe der Zinsen, zum anderen die Eigenkapitalquote der Gesellschaft im Vergleich zur Konzerneigenkapitalquote beeinflusst werden.

Bei der Strategie der Verminderung der absoluten Höhe des Zinsaufwands ist das generelle Ziel der Unternehmensfinanzierung ein minimaler Zinsaufwand. Unter Berücksichtigung der Zinsschranke ist der optimale Zinsaufwand gleich dem minimalen Zinsaufwand.

Zinsaufwand im Sinne der Zinsschranke sind Vergütungen für Fremdkapital inkl. Gebühren und sonstige Kosten – z.B. Vorfälligkeitsentschädigungen. Kein Zinsaufwand i.S.d. § 4h EStG sind Dividenden und Leasing-gebühren.[884]

---

[883] Der § 4h EStG wurde geändert durch das Wachstumsbeschleunigungsgesetz vom 22.12.2009, das insbesondere der weltweiten Finanz- und Wirtschaftskrise entgegenwirken sollte.

[884] Vgl. BMF-Schreiben vom 04.07.2008 (BStBl. I, Seite 718), Tz. 15 ff.

Aus diesem Grund sollten alternative Finanzierungsmöglichkeiten in Betracht gezogen werden. Hierzu gehören Sale-and-Lease-Back Geschäfte, Leasing statt Kauf und Eigenfinanzierung durch Kapitalerhöhungen statt Fremdfinanzierungen. Im Rahmen der Strategie der Erhöhung der Eigenkapitalquote im Vergleich zur Konzerneigenkapitalquote kann durch Sale-and-Lease-Back-Geschäfte und Leasing statt Kauf bei Investitionen eine günstigere Eigenkapitalquote erreicht werden. Ziel ist jeweils die Bilanzierung der Leasinggegenstände beim Leasinggeber, d.h. Vereinbarung von Mietleasingverträgen.

Ein anderer Ansatz sind Kapitalerhöhungen statt Gesellschafterdarlehen durch die Muttergesellschaft. Eine Verlagerung von Zinsaufwendungen im Konzernverbund kann sinnvoll sein, um Zinsaufwand durch Eigenkapitalzuführung bei „gefährdeten" Unternehmen zu vermeiden. Die – notwendige – Fremdkapitalaufnahme sollte dann bei nicht gefährdeten Unternehmen erfolgen. Eine weitere positive Folge einer solchen Umstrukturierung kann die konzernweite Senkung von Kapitalkosten sein, das die notwendige Kapitalaufnahme i.d.R. durch Konzernunternehmen mit höherer Eigenkapitalquote erfolgt, die möglicherweise günstigere Konditionen erhalten.

Eine besondere Problematik ist ein bestehender **Zinsvortrag bei Unternehmenstransaktionen**. Es besteht die Gefahr des vollständigen Untergangs des Zinsvortrags bei Aufgabe oder Übertragung des Betriebs bzw. des teilweisen Untergangs bei Ausscheiden eines Gesellschafters einer Personengesellschaft.

Bei geplanten Transaktionen sollte daher im Hinblick auf den Untergang des Zinsvortrags versucht werden, durch Steuerung von Zinserträgen und Zinsaufwendungen den Zinsvortrag rechtzeitig zu nutzen.

Das **Konstrukt** der Zinsschranke ist an sich sehr komplex und muss im Rahmen von Finanzierungsentscheidungen und einer optimalen Unternehmensfinanzierung aufgrund ihrer unter Umständen gravierenden steuerlichen Folgen unbedingt berücksichtigt werden. Zudem wurden die Regelungen zur Zinsschranke schon mehrfach geändert, jüngst hat der BFH in zwei Beschlüssen verfassungsrechtliche Bedenken an der Zinsschranke geäußert.[885]

Mit diesen Worten möchte ich meinen Vortrag schließen. Ich danke für Ihre Aufmerksamkeit.

Anja Chalupa

---

[885] Vgl. BFH, Beschlüsse vom 18.12.2013 – I B 85/13 und vom 13.03.2012 – I B 111/11.

3.5 Basel III

Guten Tag, sehr geehrte Prüfungskommission,

für meinen Vortrag habe ich mich für das Thema „Basel III" entschieden und werde diesen wie folgt gliedern. Zunächst werde ich den **Begriff „Basel III"** einordnen und die Ziele des Rahmenwerkes darstellen. Im Hauptteil meines Vortrags werde ich einen Überblick über die wesentlichen Inhalte des **Rahmenwerkes** geben. Mit einem Ausblick der **Auswirkungen auf die Mittelstandsfinanzierung** werde ich meinen Vortrag beenden.

Basel III bezeichnet ergänzende Empfehlungen des Baseler Ausschusses für Bankenaufsicht bei der Bank für Internationalen Zahlungsausgleich (BIZ) in Basel zu den im Jahr 2004 beschlossenen Eigenkapitalanforderungen für Banken, dem sog. Basel II.

Als Reaktion auf die schwere globale Finanzmarkt- und Wirtschaftskrise, die 2008 ausbrach, einigten sich die größten Wirtschaftsnationen (G-20-Staaten) auf eine strengere Regulierung der Kreditinstitute. Das in diesem Zusammenhang von Baseler Ausschuss ausgearbeitete Konzept „Basel III" soll das Finanzsystem stabilisieren, um das Risiko neuer Krisen einzugrenzen.

Das Basel-III-Rahmenwerk[886] sollte ursprünglich zum 1. Januar 2013 in Kraft treten. Da das EU-Parlament keine rechtzeitige Einigung finden konnte, wurde der Starttermin auf den 1. Januar 2014 verschoben. Dabei wird es Übergangsfristen geben, die eine schrittweise Einführung der Neuregelungen bis spätestens 1. Januar 2019 vorsehen.

Das **Rahmenwerk** enthält eine Vielzahl von Maßnahmen[887], auf die ich nun im Einzelnen eingehen werde. Ich möchte hierbei insbesondere auf die Eigenkapital- und Liquidationsvorschriften sowie auf die Verschuldensquote, das Leverage Ratio, eingehen.

---

[886] Vgl. „Basel III. A global regulatory for more resilient banks and banking systems", URL: http://www.bis.org/publ/bcbs189.pdf (Abrufdatum: 04.05.2015).
[887] Vgl. „Basel III – Leitfaden zu den neuen Eigenkapital- und Liquiditätsregeln für Banken", URL: https://www.bundesbank.de/Redaktion/DE/Downloads/Veroeffentlichungen/Buch_Broschuere_Flyer/bankenaufsicht_basel3_leitfaden.pdf?__blob=publicationFile (Abrufdatum: 04.05.2015).

Die geltenden Eigenkapitalvorgaben werden mit den ergänzenden Beschlüssen von Basel III hinsichtlich der Zusammensetzung des Eigenkapitals deutlich verschärft. Zugleich wird die Eigenkapitalquote von 8,0% auf mindestens 10,5% erhöht. Die Eigenkapitalquote setzt sich aus 6,0% Kernkapital, 2,5% Kapitalerhaltungspuffer und 2,0% Ergänzungskapital zusammen.

Die Kernkapitalquote, das sog. Tier-1, soll von 2013 an stufenweise von derzeit 4,0% auf 6,0% der sog. risikogewichteten Aktiva steigen. Bei risikogewichteten Aktiva handelt es sich um vergebene Kredite und gekaufte Wertpapiere, die ausfallen können und für die Banken das Risiko der Zukunft darstellen.

Die Kernkapitalquote bezeichnet das Verhältnis vom Kapital einer Bank zu ihren risikobehafteten Geschäften. Das Kernkapital kann in Finanzkrisen die Verluste abfangen, die es durch Kreditausfälle und Kursabstürze gibt. Die zentrale Größe für Banken wird das harte Kernkapital, das sog. Core Tier-1, sein. Dieses besteht ausschließlich aus dem Kapital, das die Eigentümer der Bank zur Verfügung gestellt haben sowie aus einbehaltenen Gewinnen. Bei Instituten, die als Aktiengesellschaften firmieren, werden somit nur ausgegebene Aktien sowie das zugehörige Aufgeld und die einbehaltenen Gewinne als hartes Kernkapital akzeptiert; bei Genossenschaften werden neben den thesaurierten Gewinnen die Genossenschaftsanteile anerkannt.

Die Quote für das harte Kernkapital soll bis 2015 von bisher 2,0% auf 4,5% steigen und macht somit den größten Anteil des gesamten Kernkapitals aus. Das weitere Kernkapital kann dann nur noch 1,5% betragen, damit die 6,0% der risikogewichteten Aktiva erreicht werden.

Weiterhin wird ein Kapitalerhaltungspuffer von 2,5% eingeführt, welcher auch aus dem harten Kernkapital bestehen soll. Damit stehen den Banken 7,0% Core Tier-1-Kapital zur Verfügung, d.h. 4,5% hartes Kernkapital und 2,5% Kapitalerhaltungspuffer.

Das bereits vorhandene Ergänzungskapital verliert zukünftig an Bedeutung und muss künftig nur noch 2,0% an der Eigenkapitalquote aufweisen.

Den Finanzinstituten stehen grundsätzlich drei verschiedene Möglichkeiten zur Verfügung, Eigenkapital aufzubauen. Zum einen können sie Gewinne thesaurieren, anstatt sie auszuschütten. Möglich ist auch eine Kapitalerhöhung. Zum anderen lässt sich die Eigenkapitalquote erhöhen, indem nicht Eigenkapital aufgebaut wird, sondern Risikoaktiva abgebaut werden. Natürlich ist auch eine Kombination dieser Maßnahmen denkbar und in der Praxis wohl auch die wahrscheinlichste Umsetzung.

Mit Basel III wurden international einheitliche Liquiditätsvorschriften für die Banken eingeführt. Banken müssen die Anforderungen folgender zwei Überwachungskennziffern erfüllen: das Liquidity Coverage Ratio (kurz LCR) und das Net Stable Funding Ratio (kurz NSFR). Das LCR soll dafür sorgen, dass die Banken in extremen Stresssituationen zumindest für die nächsten 30 Tage ausreichend liquide Aktiva vorhalten und dadurch sicher zahlungsfähig bleiben. Das NSFR verfolgt das Ziel, dass illiquide Vermögenswerte – dazu gehören auch Firmenkredite – der Bank mindestens für die nächsten zwölf Monate durch stabile Finanzierungsquellen refinanziert werden.

Mit Basel III ist weiterhin eine neue Verschuldensobergrenze für die Banken, das Leverage Ratio, eingeführt worden. Die Verschuldensobergrenze besagt, dass das Eigenkapital einer Bank in das Verhältnis zu den nicht risikogewichteten Aktiva und den außerbilanziellen Geschäften gesetzt wird. Damit soll zum einen der Verschuldensgrad eines Instituts generell begrenzt werden, zum anderen soll die Kapitalunterlegung in wirtschaftlich guten Zeiten nicht unter ein Minimum sinken. Die Ausgestaltung des Leverage Ratios ist im Januar 2014 final verabschiedet worden. Ab 2018 gilt es als verbindliche Mindestgröße. Diese besagt, dass Banken von 2018 an Eigenkapital in Höhe von mindestens 3% der Bilanzsumme und außerbilanzieller Verpflichtungen vorhalten müssen.[888]

---

[888] Vgl. https://www.bis.org/publ/bcbs270.htm (Abrufdatum: 30.05.2015).

Die Basel III-Regelungen haben **Auswirkungen auf die Mittelstandsfinanzierungen**. In Deutschland spielen Banken eine besonders wichtige Rolle für die Finanzierung von Unternehmen. Nach wie vor ist in Deutschland der Bankkredit zentraler Finanzierungsbestandteil für Unternehmen aller Größenklassen und Branchen.

Die Regeln aus Basel III ersetzen die Regeln aus Basel II nicht, sondern ergänzen diese nur. Das heißt für die Unternehmen, dass insbesondere die Risikogewichtung der Banken bei Mittelstandskrediten beibehalten bleibt; insbesondere die Einführung eines Ratings besteht auch in Zukunft fort.

Angesichts der verschärften Eigenkapitalausstattungsregeln für die Kreditwirtschaft haben jedoch gerade Betriebe mit mittlerem Rating und somit die meisten KMU mit höheren Finanzierungskosten oder Anforderungen an Sicherheiten zu kämpfen.

Mit diesen Worten schließe ich meinen Vortrag und bedanke mich für Ihre Aufmerksamkeit.

Maren Hunger

3.6 Abgrenzung von internem und externem Rechnungswesen

Guten Morgen, sehr geehrte Kommission,

für meinen Vortrag habe ich das Thema „Abgrenzung von internem und externem Rechnungswesen" gewählt und habe mein Thema wie folgt gegliedert: Zunächst werden die **Begriffe** internes und externes Rechnungswesen erläutert. Danach werden die jeweiligen **Grundlagen** sowie die **Verzahnung** der beiden Teilbereiche und anschließend die typischen **Abgrenzungskriterien** dargestellt. Meinen Vortrag schließe ich mit einem kurzen **Ausblick**.

Das Rechnungswesen dient der Erfassung und Dokumentation der Zahlungs- und Leistungsströme der Geschäftsprozesse, die in einem Unternehmen oder in einer Organisation anfallen. Die **Begriffe** internes und externes Rechnungswesen sind insbesondere durch ihren jeweiligen Zweck geprägt.[889]

Das interne Rechnungswesen, oder Management Accounting, wird von der Geschäftsleitung für die Planung, Steuerung und Kontrolle der Geschäftsprozesse eingesetzt. Die Gestaltung wird dementsprechend durch interne Anforderungen geprägt und nach betriebswirtschaftlichen Grundsätzen aufgebaut.

Das externe Rechnungswesen, oder Financial Reporting, dient primär unternehmensexternen Zwecken und wird durch externe Faktoren wie die Gesetzgebung geprägt. Die gesetzlichen Regelungen greifen sowohl für die laufende Erfassung von Geschäftsvorfällen, sprich die Buchhaltung, als auch für die Jahres- und Zwischenabschlüsse, die grundsätzlich offengelegt werden müssen.

Beide Teilbereiche basieren auf dem gesamten Rechnungswesen, in dem die Geschäftsvorfälle nur einmal erfasst, aber unterschiedlich verdichtet und ausgewertet werden. Die Datensteuerung erfolgt durch die Kontierung bzw. Kodierung der Transaktionen; die Verdichtung ist in den IT-Systemen nach vordefinierten Kriterien konfiguriert. Die **Grundlagen** für die Gestaltung der jeweiligen Bereiche unterscheiden sich erheblich.

Das interne Rechnungswesen unterliegt nur in Ausnahmefällen rechtlichen Restriktionen, das externe Rechnungswesen hingegen ist stark reglementiert.

---

[889] Vgl. Wöhe, Einführung in die Allgemeine Betriebswirtschaftslehre, 25. Auflage, 2013, Seite 641 ff.

Das Handelsgesetzbuch regelt das externe Rechnungswesen für alle Kaufleute mit ergänzenden Vorschriften für Kapitalgesellschaften und haftungsbeschränkte Personenhandelsgesellschaften. Für Konzerne gelten die nationalen Vorschriften nach HGB oder die internationalen Standards nach IFRS. Je nach Rechtsform haben Kapitalgesellschaften und Konzerne weitere Vorschriften z.b. des Aktien- oder GmbH-Gesetzes zu beachten. Für kommunale Betriebe und bestimmte Branchen wie z.b. Kreditinstitute oder Krankenhäuser sind weitere Regelwerke einschlägig. Auch das Steuerrecht hat einen erheblichen Einfluss auf das externe Rechnungswesen, um einige wesentliche Rechtsgrundlagen zu nennen.

Alle Geschäftsvorfälle werden im gemeinsamen Rechnungswesen erfasst und der interne bzw. externe Teilbereich beleuchten verschiedene Aspekte. Naturgemäß sind die Teilbereiche eng **miteinander verzahnt**.

Das interne Rechnungswesen stellt beispielsweise die Daten zur Bewertung von Beständen an selbst erstellten Halb- und Fertigfabrikaten zur Verfügung, die in das externe Rechnungswesen, sprich in der Finanzbuchhaltung, einfließen.

Das externe Rechnungswesen wiederum übermittelt die Bestände und die Veränderungen von Produktions- und weiteren Verbrauchsfaktoren an das interne Rechnungswesen, sprich an die Kostenrechnung.

Das interne Rechnungswesen wird in der Regel nach Funktionen und Geschäftsbereichen organisiert; die Auswertungen erfolgen häufig nach Kostenstellen oder per Kostenträger bzw. nach Budgetvorgaben oder für bestimmte Zeiträume. Die Verdichtung der Daten erfolgt in der Kostenrechnung oder in wertorientierten Steuerungsrechnungen.

Das externe Rechnungswesen hingegen betrachtet grundsätzlich Kostenarten, die auf Sachkonten und ergänzend in Nebenbüchern systematisch und chronologisch erfasst werden. Die verdichteten Zahlen werden in der Bilanz und Gewinn- und Verlustrechnung dargestellt, dabei ist die Bilanz eine Zeitpunktrechnung und die GuV eine Zeitraumrechnung.

Die **Abgrenzungskriterien** zwischen dem internen und dem externen Bereich sind vielschichtig und nicht in allen Fällen ganz eindeutig. Zu den typischen Kriterien gehört der Adressatenkreis.

Die internen Daten und Analysen dienen der Geschäftsleitung und den jeweiligen Geschäftsbereichen mit den dort tätigen Managern und Mitarbeitern. Auch die Eigentümer können zu den Adressaten zählen. Betriebsfremde haben in der Regel keinen Zugriff auf das interne Rechnungswesen.

Zu dem externen Adressatenkreis zählen Betriebsfremde wie z.b. Gläubiger, der Fiskus und Wettbewerber. Da die externen Zahlen grundsätzlich öffentlich sind, haben auch Betriebszugehörige Zugriff auf diese.

Die Zielsetzungen von internem und externem Rechnungswesen unterscheiden sich. Die internen Daten sollen relevante Informationen über die Geschäftsprozesse liefern, um Managemententscheidungen zu ermöglichen. Wesentliche Entscheidungsgrundlagen sind dabei die Kosten- und Erlösrechnung, die Finanzplanung und die Investitionsplanung.[890]

Die externen Zahlen sollen unter Beachtung der Grundsätze ordnungsmäßiger Buchführung primär ein den tatsächlichen Verhältnissen entsprechendes Bild der Vermögens-, Finanz- und Ertragslage des Unternehmens vermitteln und stellen die Bemessungsgrundlagen für Ausschüttungen und die Besteuerung dar. Je nach Ziel werden Handels- und/oder Steuerbilanzen aufgestellt.[891]

Der sachliche und zeitliche Bezugsrahmen unterscheiden sich ebenfalls. Für interne Zwecke werden Unternehmensbereiche wie z.b. Kostenstellen, Profit Center oder Produkte überwiegend monatlich betrachtet; das externe Rechnungswesen umfasst grundsätzlich das gesamte Unternehmen oder den gesamten Konzern in jährlichen bzw. vierteljährlichen Jahres- oder Konzernabschlüssen.

Auch die Rechengrößen und die Ausrichtung der Analysen unterscheiden sich. Die Folge der unterschiedlichen Rechengrößen sind abweichende Periodenergebnisse in den internen und externen Berechnungen.

Intern fließen pagatorische, also zahlungswirksame, und zusätzlich kalkulatorische Größen in die Berechnungen ein, die sowohl vergangenheits- als auch zukunftsorientiert sind.

Für externe Zwecke basieren die Auswertungen ausschließlich auf pagatorischen Größen in der eher vergangenheitsorientierten Betrachtung.

---

[890] Vgl. Wöhe, Einführung in die Allgemeine Betriebswirtschaftslehre, 25. Auflage, 2013, Seite 868 ff.
[891] Vgl. Wöhe, Einführung in die Allgemeine Betriebswirtschaftslehre, 25. Auflage, 2013, Seite 656 ff.

Die Unterschiede der Teilbereiche des Rechnungswesens ergeben sich aus den abweichenden Zielsetzungen und Aufgaben. Allerdings kann ein Trend zur Harmonisierung des internen und externen Rechnungswesens beobachtet werden. Eine Harmonisierung hätte eine reduzierte Komplexität des gesamten Rechnungswesens zur Folge. Ein möglichst einheitliches Rechnungswesen würde Insbesondere international tätigen Unternehmen eine zielorientierte Führung erleichtern. Sofern eine Kapitalmarktorientierung angestrebt oder bereits gegeben ist, gleichen sich auch die externen und internen Ziele des Rechnungswesens in Richtung Wertorientierung immer mehr an.

Jedoch ist eine weitgehende Konvergenz der beiden Teilbereiche des Rechnungswesens nicht **zu erwarten**; das Rechnungswesen wird weiterhin unterschiedliche interne und externe Zwecke erfüllen. Eine teilweise Vereinheitlichung mit wenigen Überleitungsrechnungen ist zwar bedingt möglich, die Abgrenzungskriterien werden jedoch ihre Relevanz über absehbare Zeit behalten.

Im Rahmen der Verlässlichkeit der Daten, des internen Kontrollsystems und der Dokumentation zur aussagekräftigen Beurteilung der Lage des Unternehmens ist jedoch Potenzial für eine weitergehende Harmonisierung sicherlich vorhanden.

Vielen Dank für Ihre Aufmerksamkeit.

Eva Romatzeck Wandt

3.7 Outsourcing

Sehr geehrte Damen und Herren,

für meinen Vortrag habe ich das Thema „Outsourcing" gewählt. Beginnen möchte ich mit der Erläuterung des **Begriffs Outsourcing**. Anschließend werde ich sowohl auf die **Vorteile** als auch auf die **Nachteile des Outsourcings aus der Sicht des outsourcenden Unternehmens** eingehen. Meinen Vortrag werde ich mit einem **Fazit** schließen.

Der **Begriff des Outsourcings** ist die Zusammenfassung der englischen Begriffe outside resource using und bedeutet ökonomisch die Abgabe von Unternehmensaufgaben und -strukturen an andere Einheiten. Diese Einheiten übernehmen dauerhaft die Verantwortung für den ausgelagerten Bereich. Ursprünglich bezeichnete Outsourcing nur die Informationsversorgung durch den externen Anbieter, bezog sich aber im Laufe der Zeit auf alle ausgelagerten Bereiche einer Wertschöpfungskette. Insgesamt geht der Begriff des Outsourcings auf die klassische Make-or-Buy-Entscheidung zurück. Man kann zwei Formen des Outsourcings unterscheiden: das unternehmensinterne Outsourcing und das unternehmensexterne Outsourcing.

Das unternehmensinterne Outsourcing bezeichnet die Auslagerung innerhalb eines Konzerns in einen anderen Betrieb, in eine neu gegründete Konzerngesellschaft oder die Fremdvergabe im eigenen Betrieb. Seine Vorteile sind die Kostentransparenz sowie eine höhere Daten-, Qualitäts- und Terminsicherheit im Vergleich zum externen Outsourcing. Allerdings werden Economies of Scale regelmäßig weniger genutzt als beim externen Outsourcing. Das unternehmensexterne Outsourcing hingegen bezeichnet die Vergabe der Leistungserbringung an Fremdfirmen.

Was sind die **Vorteile** des Outsourcings? Die Auslagerung von Leistungen ermöglicht es den Unternehmen, die Prozesskomplexität zu reduzieren und Kapazitäten frei zu setzen. Das Unternehmen kann flexibler gestaltet werden und sich auf seine Kernkompetenzen konzentrieren.

Durch zum Beispiel die Auslagerung einzelner Aufgaben innerhalb der Geschäftsprozesse an externe Dienstleister kann die Prozesskomplexität reduziert werden, ohne dass das outsourcende Unternehmen die Prozesskontrolle verliert. So können für die Produktion weniger wichtige und standardisierte Teile zugekauft anstatt selbst erstellt werden.

Durch die neue Verteilung der Aufgaben werden interne Ressourcen – also auch Management-Kapazität – frei gesetzt, die andere strategische Projekte übernehmen können, ohne dass mehr Budget oder zusätzliches Personal benötigt wird. Wird zum Beispiel das Kreditorenmanagement ausgelagert, so können die frei gewordenen Mitarbeiter in anderen Bereichen eingesetzt werden.

Outsourcing kann es dem Unternehmen ermöglichen, flexibler auf Änderungen des Markts zu reagieren. Es kann somit die Bezugsmengen und Qualitäten variieren, ohne dass Probleme nicht ausgeschöpfter oder zu geringer eigener Kapazitäten oder nicht erreichter Qualitäten bei Eigenherstellung hervorgerufen werden.

Ebenso können ressourcenintensive Routineaufgaben identifiziert werden, die keinen strategischen Mehrwert für die Kernkompetenz des Unternehmens haben und daher ausgelagert werden sollten. Ein Beispiel hierfür ist das Facility Management.

Die Auslagerung kann außerdem aus Qualitäts-, Sicherheits- und Know-How-Gründen erfolgen. So steht dem Unternehmen bei der Wahl des Outsourcingpartners das gesamte Angebotsspektrum des Markts zur Verfügung. Es bekommt Zugang zu Spitzentechnologien und kann im Idealfall Leistungen von außen beziehen zu einer deutlich besseren Qualität, als es sie selbst erstellen könnte.

Das Unternehmen kann zudem einen höheren Grad an Sicherheit hinsichtlich einzelner Leistungen gewinnen. So wird das Risiko des Ausfalls der IT regelmäßig vom externen IT-Dienstleister getragen.

Sofern das Unternehmen einen Mangel an Know-How oder qualifizierten Mitarbeitern hat, kann es ebenfalls Leistungsbereiche auslagern. Auch hierbei steht ihm der gesamte Markt zur Auswahl zur Verfügung. So kann die Anpassung an aktuelle Standards und Anforderungen auch für kleinere Unternehmen möglich werden.

Die größte Motivation zur Auslagerung von Leistungserstellungen dürfte jedoch das Kosteneinsparungspotential sein. Das Outsourcing ermöglicht es, eigenes Personal abzubauen und die Leistungen zum Beispiel ins Ausland zu verlagern, wo die Löhne geringer sind.

Was sind die **Nachteile** und Risiken des Outsourcings? Ein großes Risiko ist, dass das Unternehmen vom Drittunternehmen abhängig wird. So könnte das Drittunternehmen diese Abhängigkeit auf Dauer dazu nutzen, um höhere Preise durchzusetzen. Zudem ist ein Schutz des Know-Hows bei der Vergabe an Drittunternehmen oft nicht sichergestellt. Auch werden Kernkompetenzen vom Outsourcenden preisgegeben.

Selbst wenn diese Leistungen zunächst nicht zum Kern des Unternehmens gehören, können sie sich im Lauf der Zeit in Kombination mit Kernkompetenzen als höchst relevant erweisen.

Stellt das Unternehmen nach einiger Zeit fest, dass es sinnvoll ist, die bisher ausgelagerten Leistungen wieder selbst zu erstellen, ist ein Backsourcing regelmäßig schwierig und kostenaufwändig.

Unternehmen, die Outsourcing anstreben, unterschätzen oft die verborgenen Kosten wie Transaktionskosten. Zu diesen gehören die Kosten der Suche nach externen Lieferanten, der Übertragung von Prozessen, der laufenden Abstimmung sowie der Anpassung der Verträge. Häufig kommt hinzu, dass die Unternehmen durch das Outsourcing weniger Kosteneinsparungspotential haben, als zunächst angenommen. So kann zum Beispiel der Widerstand der Belegschaft beim Abbau von Arbeitsplätzen dazu führen, dass dieser nicht im angestrebten Umfang realisiert wird.

Deshalb sollte die Durchführung einer Wirtschaftlichkeitsberechnung die Basis jeder Outsourcing-Entscheidung sein. Ebenso sollte die tatsächliche Entwicklung laufend überprüft werden. Jedoch sind Outsourcing-Entscheidungen immer Entscheidungen unter Unsicherheit und eine Wirtschaftlichkeitsberechnung ist sehr komplex. Tatsächlich werden in der Praxis solche Berechnungen selten durchgeführt.

Der Begriff des Outsourcings wurde einst als Unwort des Jahres in Erwägung gezogen mit der Begründung, dass es der Auslagerung und Vernichtung von Arbeitsplätzen einen seriösen Anstrich zu geben versucht. Meiner Meinung nach hat die Jury hierbei die **zahlreichen Vorteile** für die outsourcenden Unternehmen übersehen, die es diesem ermöglichen können, wirtschaftlich zu arbeiten, wettbewerbsfähig zu bleiben und somit Arbeitsplätze dauerhaft zu sichern.

Vielen Dank für Ihre Aufmerksamkeit.

Alexandra Langusch

Vortragsthemen in Stichpunkten

Im Folgenden werden einige Beispiele für Konzeptpapiere, wie sie regelmäßig in der Prüfung aussehen, dargestellt. Die Konzeptpapiere bestehen in der Regel aus der Gliederung und aus Aufzählungen, da die Vorbereitungszeit nicht viel mehr erlaubt.

Die Gliederung kann auf einem gesonderten Konzeptpapier vorangestellt oder – wie hier – deutlich anders eingerückt und unterstrichen werden.

Als Faustregel gilt: neuer Gliederungspunkt → neues Papier. Das verschafft Überblick und Orientierung durch den Vortrag. So entstehen auch natürliche Pausen beim Blättern und somit „rhetorische Überschriften" für den Zuhörer.

Das Thema sollte wortwörtlich aus der Aufgabenstellung genannt werden. Hilfreich ist häufig auch, den ersten und insbesondere den letzten Satz auszuformulieren.

1. Die Haftung des Wirtschaftsprüfers

Berufspflichten
- § 43 ff. WPO: unabhängig, gewissenhaft, verschwiegen, eigenverantwortlich, unparteiisch
- § 54 WPO: Berufshaftpflichtversicherung

Haftung gegenüber Auftraggebern
- gesetzlich vorgeschriebene Prüfungen:
  - § 323 Abs. 2 HGB greift bei vorsätzlicher oder fahrlässiger Pflichtverletzung
  - Haftung beschränkt auf 1 Mio. EUR, 4 Mio. EUR für börsennotierte AG
- freiwillige Prüfungen, Gutachten, andere Aufträge:
  - allgemeine Regelungen des BGB → grundsätzlich unbeschränkt
  - Begrenzung nach § 54a WPO gem. Einzelvereinbarung 1 Mio. EUR, mit Allgemeinen Auftragsbedingungen und Versicherungsschutz 4 Mio. EUR
- Delikthaftung: gem. § 823 BGB

Haftung gegenüber Dritten
- Pflichtprüfungen: grundsätzlich Haftung gegenüber Geprüften und nicht Dritten
- aus Vertrag:
  - konkludenter Auskunftsvertrag
  - i.S.v. § 328 BGB Vertrag mit Schutzwirkung zugunsten Dritter WENN Weitergabe an Dritte erkennbar, bekannt oder zugestimmt wurde
  → Haftung grundsätzlich unbeschränkt, Begrenzung durch Abbedingen § 334 BGB auf Anspruch des Auftraggebers möglich
- aus Gesetz: über gesetzliche Verweise greift § 323 Abs. 2 HGB
- als Garant: § 311 Abs. 3 BGB bei besonderer Vertrauensposition

Möglichkeiten der Haftungsbeschränkung
- Rechtsform
- Einzelvereinbarung
- Weitergabe von Berichten und Ergebnissen ausdrücklich regeln

Fazit
- Haftung des Wirtschaftsprüfers ist vielschichtig
- Haftungsrisiken stets vor Auftragsannahme beurteilen

2. Das Konsolidierungspaket IFRS 10, IFRS 11 und IFRS 12

Begriff
- Konsolidierungspaket: die neuen und überarbeiteten Standards zur Konzernrechnungslegung nach IFRS

Umfang
- IFRS 10 Konzernabschlüsse: ersetzt und vereinheitlicht Konsolidierungsleitlinien in IAS 27 und SIC12
- IFRS 11 Gemeinsame Vereinbarungen: Nachfolgevorschrift zu IAS 31 und SIC 13
- IFRS 12 Angaben zu Anteilen an anderen Unternehmen
- IAS 27 (rev.) Einzelabschlüsse: Vorschriften zur Konsolidierung entfernt
- IAS 28 (rev.) Anteile an assoziierten Unternehmen und Gemeinschaftsunternehmen: Folgeänderungen

Wesentliche Inhalte
IFRS 10
- Festlegung von Kriterien zur Einbeziehung in den Konsolidierungskreis, i.d.R. Ausweitung
- Festlegung der relevanten Geschäftstätigkeiten
- einheitliches Konsolidierungsmodell mit identischer Beherrschungsdefinition:
  - praktisch ausübbare Macht
  - variable Rückflüsse
  - Zusammenhang zwischen Macht und den variablen Rückflüssen.

IFRS 11
- Vereinheitlichung der Bilanzierung bei allen an gemeinsamen Vereinbarungen (joint arrangements) beteiligten Unternehmen
- gemeinsame Vereinbarung: Arrangement, bei dem zwei oder mehr Parteien gemeinschaftlich die Führung ausüben
- nur noch Equity-Methode, keine Quotenkonsolidierung mehr vorgesehen

IFRS 12
- erweiterte Anhangangaben zu
  - allen konsolidierten Beteiligungsunternehmen
  - nicht konsolidierte Zweckgesellschaften
- ermöglicht Beurteilung des Wesens der Beteiligung, Risiken sowie Auswirkungen auf die Vermögens-, Finanz- und Ertragslage

Ausblick
- Umstellung für viele Konzerne
- hohes Maß an Ermessensentscheidungen nach IFRS 10
- Kompensation durch erweiterte Angabepflichten, insbesondere für nicht konsolidierte Zweckgesellschaften

3. Entwicklung der Corporate Governance

Entstehung
- Bedeutung des Begriffes Corporate Governance: gute Unternehmensführung
- kodifiziert seit etwa 20 Jahren
- Kodifizierung der Sorgfaltspflichten der Vorstände und Aufsichtsorgane, in Deutschland primär börsennotierte AG
- Ausstrahlungswirkung auf GmbH-Geschäftsführer und weitere Formen der Unternehmensleitung

Entwicklung in Deutschland
- Deutscher Corporate Governance Kodex eingeführt i.v.m. KonTraG/TransPuG durch Regierungskommission; „Cromme-Kommission"
- Kodex erste Fassung 2002
- auch Konkretisierung der Zusammenarbeit Abschlussprüfer und Aufsichtsrat
- laufende Ergänzungen und Änderungen im Kodex, z.B. Vergütungen Vorstand und Aufsichtsrat, Compliance, Qualifikation im Aufsichtsrat, Diversity
- starke Verankerung im Gesetz, auch durch BilMoG, insbesondere für börsennotierte AG

Heutiger Stand
- Erklärung gem. § 161 AktG nach „comply or explain"-Ansatz
- Anhang §§ 285 Nr. 16, 314 Nr. 8 HGB
  - zu beachten: „dass"-Vorschrift und nicht „ob"-Vorschrift
- Erklärung zum Kodex ist Bestandteil der Erklärung zur Unternehmensführung im Lagebericht gem. § 289a HGB
  - zu beachten: Inhalt nicht Prüfungsgegenstand gem. § 317 Abs. 2 HGB
- Offenlegung der Erklärung im elektronischen Bundesanzeiger gem. § 325 Abs. 1 HGB, im Lagebericht und dauerhaft im Internet gem. § 161 Abs. 2 AktG

Ausblick
- immer größere Bedeutung der Corporate Governance, sowohl praktisch als auch formal
- verstärkt durch Compliance als Thema im Fokus
- Tendenz setzt sich fort
- auch für Abschlussprüfer bleibt Kodex bedeutsam, durch neuere EU Entwicklungen ggf. stärker als bisher

4. Die Währungsumrechnung im Abschluss

Einführung
- § 244 HGB: Aufstellung des Jahresabschlusses in EUR, Geltung über § 298 HGB für Konzernabschluss, IAS 21
- Problemkreise:
  - Umrechnung von Fremdwährungstransaktionen im Zeitpunkt des Geschäftsvorfalls
  - Folgebewertung
  - Umrechnung der in Fremdwährung lautenden Jahresabschlüsse von Tochtergesellschaften

Währungsumrechnung im HGB-Jahresabschluss
- Umrechnung Vermögensgegenstand/Verbindlichkeit: Devisenkassakurs im Zugangszeitpunkt: Briefkurs/Geldkurs;
  - GuV-Positionen folgen der Bilanzposition
- Folgebewertung nach § 256a HGB: Vermögensgegenstände/ Verbindlichkeiten zum Devisenkassamittelkurs am Bilanzstichtag
- außer Acht lassen von Realisations-, Imparitäts- und Anschaffungskostenprinzip bei Restlaufzeiten von weniger als einem Jahr
- Bewertungseinheiten von § 256a HGB ausgenommen

Währungsumrechnung im HGB-Konzernabschluss
- § 308a HGB: modifizierte Stichtagsmethode
  - Eigenkapital: historische Anschaffungskosten
  - übrige Bilanzpositionen: Devisenkassamittelkurs
  - GuV-Positionen: Durchschnittskurs
- erfolgsneutrale Erfassung von Umrechnungsdifferenzen im Eigenkapital

Währungsumrechnung nach IFRS
- IAS 21: Konzept der funktionalen Währung
- Umrechnung mit Devisenkassakurs zum Transaktionstag
- Folgebewertung:
  - monetäre Posten: Umrechnung zum Stichtagskurs
  - nicht monetäre Posten:
    - Anschaffungs-/Herstellungskosten-Bewertung: Kurs am Transaktionstag
    - „fair value"-Bewertung: Erfassung mit Kurs bei Neubewertung
- Umrechnung des Einzelabschlusses in Berichtswährung:
  - Eigenkapital: historische Kurse
  - übrige Bilanzpositionen: Stichtagskurs
  - GuV-Positionen: Transaktionskurs
- erfolgsneutrale Erfassung der Umrechnungsdifferenzen
- Ausnahme bei Rechnungslegung in Hochinflationsländern (IAS 29)

Fazit
- Unterschiede Währungsumrechnung HGB und internationale Rechnungslegung
- Nichtaufgreifen des internationalen Konzepts der funktionalen Währung im HGB

5. Vorjahreszahlen im handelsrechtlichen Jahres- und Konzernabschluss

Vorjahreszahlen im handelsrechtlichen Jahresabschluss
Allgemein
- Bilanzidentität § 252 Abs. 1 Nr. 1 HGB
- Angabe geregelt im § 265 Abs. 2 Satz 1 HGB, ergänzt durch IDW RS HFA 39
- Prüfung der Vorjahreszahlen im IDW PS 318, für Erstprüfungen im IDW PS 205

Angabe Vorjahreswerte durch wen
- Bilanzidentität: alle Kaufleute
- Kapitalgesellschaften, haftungsbeschränkte Personenhandelsgesellschaften i.S.d. § 264a Abs. 1 HGB in Bilanz und Gewinn- und Verlustrechnung zu jedem Posten sowie Angaben im Anhang und im Lagebericht
- Angabepflicht bedeutet: Vorjahreswerte Bestandteile des Jahresabschlusses

Ermittlung Vorjahreswerte
- Vorjahreswerte dem festgestellten Jahresabschluss des Vorjahres entnehmen
- sofern nicht festgestellt, dann aus aufgestelltem Jahresabschluss
- nur ohne Erläuterung übernehmen, wenn mit aktuellen Angaben vergleichbar

Beeinträchtigung der Vergleichbarkeit
- wesentliche Umgliederungen/Ausweisänderungen
- Auswirkungen einer Verschmelzung oder Spaltung
- aber nicht: Rechtsformänderungen
- Folge: Erläuterung im Anhang oder Anpassung und Erläuterung im Anhang

Vorjahreszahlen im handelsrechtlichen Konzernabschluss

Allgemein
- Angabe geregelt in §§ 298 Abs. 1 i. V. m. 252 Abs. 1 Nr. 1, 265 Abs. 2 HGB, ergänzt durch IDW RS HFA 44
- Anwendungsbereiche: erstmalige Pflicht zur Konzernrechnungslegung, wesentliche Änderungen des Konsolidierungskreises

Erstmalige Pflicht zur Konzernrechnungslegung
- Mutter-Tochter-Verhältnis erstmalig entstanden
- bisherige Befreiung von Konzernrechnungslegungspflicht entfällt
  - dann keine Pflicht zur Angabe Vorjahreszahlen
  - freiwillige Angabe möglich
- anders, wenn Pflicht zur Konzernabschlusserstellung bereits im Vorjahr, aber Aufstellung unterlassen; dann Pflicht zur Angabe Vorjahreszahlen

Wesentliche Änderungen des Konsolidierungskreises
- Pflicht aus § 294 Abs. 2 HGB bei wesentlichen Änderungen
- Änderung Konsolidierungskreis in Zusammensetzung; auch Wechsel der Konsolidierungsmethode
- Angaben im Anhang oder Drei-Spalten-Form
- Problem: fehlende Informationen für Vergleichsangaben bei Zugängen zum Konsolidierungskreis → zusätzliche Angaben im Konzernanhang

Besonderheit: Umfang Aufwendungen/Erträge bei unterjähriger Änderung des Konsolidierungskreises
- § 297 Abs. 3 Satz 1 HGB Einheitsgrundsatz – Vollständigkeitsgebot
- alle einbeziehen, die während Konzernzugehörigkeit angefallen
- Abweichung Abschlussstichtage bei erstmaliger Konsolidierung, dann Erstellung Zwischenbilanz auf Konzernabschluss notwendig
- bei Entkonsolidierung Schätzung erlaubt

Fazit
- IDW RS HFA 39, 44 klären Zweifelsfragen

6. Wesentlichkeit bei der Abschlussprüfung

Konzept der Wesentlichkeit
- Bedeutung: Konzentration auf entscheidungserhebliche Sachverhalte
- Festlegung im Zusammenhang mit risikoorientiertem Prüfungsansatz
- Wesentlichkeitskonzept: 4 verschiedene Arten von Wesentlichkeiten
  - für den Abschluss im Ganzen
  - Toleranzwesentlichkeit
  - spezifische Wesentlichkeit
  - Teilbereichswesentlichkeit bei Konzernabschlussprüfungen
- Nichtaufgriffsgrenze keine Wesentlichkeitsgrenze
- Wesentlichkeit bezieht sich auf Angaben in der Rechnungslegung und auf sonstige Prüfungsgegenstände
  - Beurteilung der Bedeutung auf Prüfungsaussagen im Prüfungsbericht und Bestätigungsvermerk
  - Festlegung der Wesentlichkeitsgrenze nach pflichtgemäßem Ermessen

Wesentlichkeit und Prüfungsrisiko
- Prüfungsplanung: wechselseitiger Zusammenhang zwischen Genauigkeitsgrad und Prüfungsrisiko
- Prüfungsdurchführung:
  - Festlegung der Präzision einzelner Jahresabschlussposten bzw. des Jahresabschlusses im Ganzen durch Bestimmung Genauigkeitsgrad
  - hoher Genauigkeitsgrad → niedrige Wesentlichkeit
- Grundsatz: je geringer das Prüfungsrisiko, desto höher die Wesentlichkeitsgrenze

Wesentlichkeit für den Jahresabschluss im Ganzen
- einheitlich für alle im Abschluss enthaltenen Informationen
- Festlegung nach pflichtgemäßem Ermessen
- Möglichkeit der Festlegung niedrigerer spezifischer Wesentlichkeitsgrenzen für einzelne Arten von Geschäftsvorfällen, Kontensalden etc.
- geeignete Bezugsgröße z.B.:
  - Gewinn vor Steuern
  - Umsatzerlöse
  - Eigenkapital
  - Summe der Aufwendungen
  - Bilanzsumme
- Auswahl eines geeigneten Prozentsatzes nach pflichtgemäßem Ermessen (keine Vorgabe eines bestimmten Prozentsatzes)

Toleranzwesentlichkeit
- Betrag unterhalb der Wesentlichkeit für den Abschluss als Ganzes, um Wahrscheinlichkeit zu reduzieren, dass Summe aus nicht korrigierten und nicht aufgedeckten falschen Darstellungen Wesentlichkeit für den Abschluss als Ganzes überschreitet
- keine Berücksichtigung des Aggregationsrisikos
- Berücksichtigung auch von Fehlern in ungeprüften Elementen (Schätzung)
- Festlegung nach pflichtgemäßem Ermessen
- Festlegung als einheitlicher Betrag für den Abschluss als Ganzes oder auch in unterschiedlichen Beträgen für verschiedene Prüffelder
- keine Vorgaben für Prozentsätze (Praxis: Bandbreiten als Orientierungshilfen, z.B. 70-80% der Wesentlichkeitsgrenze als Toleranzwesentlichkeit)

7. Die Bürgschaft

Allgemeines
- Mittel der personalen Kreditsicherung und häufiges Sicherungsmittel
- Gläubigerzugriff neben Zugriff auf das Vermögen des primären Schuldners auf das Vermögen des Bürgen

Bürgschaftsvertrag und Wesen der Bürgschaft
- einseitig verpflichtender Vertrag
- Verpflichtung des Bürgen gegenüber dem Gläubiger des Hauptschuldners für die Erfüllung dessen Verbindlichkeit, § 765 Abs. 1 BGB
- Notwendigkeit der Schriftform (§ 766 Abs. 1 BGB)
  → Grund: Übereilungsschutz
- Schriftformmangel → Nichtigkeit nach § 125 BGB
- Heilung Mangel der Form → durch Zahlung des Bürgen
- Inhalt Bürgschaftserklärung:
  - wesentliche Merkmale einer Bürgschaft, z.B.
    - Benennung der Hauptschuld
    - Bürgschaftsbetrag
    - Bezeichnung des Gläubigers
- Zahlung durch Bürge:
  - Erfüllung der eigenen Bürgschaftsschuld, nicht Erfüllung der Hauptschuld
  - Rückgriffsrecht des Bürgen gegenüber Hauptschuldner
- Abgrenzung formbedürftiger Bürgschaft vom formlosen Schuldbeitritt: eigenes unmittelbares wirtschaftliches Interesse des Beitretenden an der Erfüllung der Verbindlichkeit
- Akzessorietät der Bürgenschuld gegenüber Hauptschuld
- Bürgschaft auch bei Übernahme für künftige oder bedingte Verbindlichkeiten

- Möglichkeit einer Höchstbetragsbürgschaft
- Abtretung Hauptforderung durch Gläubiger → Übertragung der Forderung gegen den Bürgen (Einredemöglichkeit des Bürgen)
- Möglichkeit der Einrede der Anfechtbarkeit und Aufrechenbarkeit der Hauptverbindlichkeit durch den Hauptschuldner
- Erfüllung Hauptschuld → Löschung der Bürgenschuld, §§ 765 Abs. 1 und 767 Abs. 1 BGB
- Haftung des Bürgen nur subsidiär, daher Möglichkeit der Einrede der Vorausklage
- Ausschluss der Einrede der Vorausklage (selbstschuldnerische Bürgschaft)
- Befriedigung durch den Bürgen: Rückgriffsrecht des Bürgen gegenüber Hauptschuldner

Besonderheiten Bürgschaftsübernahme als Handelsgeschäft
- keine Geltung der Formvorschriften der Bürgschaft nach BGB bei Bürgschaft eines Kaufmanns, sofern ein- oder beidseitiges Handelsgeschäft, § 350 HGB
- Bürgschaft als Handelsgeschäft: Möglichkeit des mündlichen Vertragsabschlusses, § 343 HGB
- Bürgschaft des Kaufmanns stets selbstschuldnerisch, § 349 HGB

8. Organe der EU – Zuständigkeiten und Aufgaben bzgl. der Finanz- und Steuerpolitik

Vertrag von Lissabon
- 01.12.2009/EUV und AEUV
- stärkere Einbeziehung der nationalen Parlamente:
  - Kontrolle des „Subsidiaritätsprinzips"
  - Schaffung des freiwilligen Austritts aus der Union
  - Modernisierung der EU-Institutionen
  - Charta der Grundrechte
  - Europäische Union erhält Rechtspersönlichkeit

Organe der EU (Art. 13 ff. EUV)
- Europäisches Parlament/Europäischer Rat/Rat/Kommission
- Gerichtsbarkeit: EuGH/Gericht/Fachgerichte
- Europäische Zentralbank: EZB-Rat/Direktorium
- Europäischer Rechnungshof
- Nebenorgane der Europäischen Union: Wirtschafts- und Sozialausschuss

Zuständigkeiten und Aufgaben bzgl. der Finanz- und Steuerpolitik (Art. 223 ff. AEUV)
- Europäisches Parlament (Ausschuss für Wirtschaft und Währung):
  - Rechtsetzungsbefugnis
  - Haushaltskontrolle
  - Kontrolle der Exekutive
- Europäischer Rat:
  - Erlass von Rechtsakten
  - Koordination Wirtschaftspolitik
  - Abschluss internationaler Übereinkünfte
  - Haushaltsplan

- Kommission:
  - Initiativrecht
  - Umsetzung der Politik, Ausführung des Haushaltsplans
  - Überwachung der Anwendung des Gemeinschaftsrechts; Sanktionsmöglichkeiten, Vertragsvertragsverletzungsverfahren
  - Vertretung der Gemeinschaft
- EuGH und Gericht:
  - Vertragsverletzungsverfahren
  - Anfechtungs-/Untätigkeits-/Schadensersatzklage
  - Vorabentscheidung
- Europäischer Rechnungshof:
  - Gewährleistung Haushaltsvorschriften
  - Einhaltung der Verwaltungs-, Rechnungslegungsgrundsätze
  - Wirtschaftlichkeitsprüfung
- Wirtschafts- und Sozialausschuss:
  - beratende Aufgabe
- Europäische Zentralbank:
  - Kern der Wirtschafts- und Währungsunion
  - Geldpolitik der Union
  - Kontrolle der Liquidität
  - Aufsicht über die Kreditinstitute
  - beratende und Rechtsetzungsaufgabe
  - Initiativrecht

Fazit
- durch Vertrag von Lissabon gravierende Änderungen innerhalb Institutionen der EU/„Einheit Europa"

9. c.i.c. und pVV

Einführung

c.i.c.: culpa in contrahendo (Verschulden bei/vor Vertragsabschluss)
pVV: positive Vertragsverletzung
- Normierung durch die Schuldrechtsreform im BGB, vormals: Gewohnheitsrecht
- einzuordnen in das System des allgemeinen Leistungsstörungsrechts

c.i.c. – culpa in contrahendo
- § 311 Abs. 2 BGB
- kein vertragliches Schuldverhältnis vorhanden; aber Entstehung eines vorvertraglichen Schuldverhältnisses durch Aufnahme von Vertragsverhandlungen/Anbahnung eines Vertrags, bei welcher ein Partner dem anderen Partner im Hinblick auf eine rechtsgeschäftliche Beziehung diesem die Möglichkeit zur Einwirkung auf seine Rechte, Rechtsgüter und Interessen gewährt oder diese anvertraut/ähnliche geschäftliche Kontakte
- bei Entstehung eines vorvertraglichen Schuldverhältnisses obliegen den Beteiligten Sorgfaltspflichten aus § 241 Abs. 2 BGB
- Begründung: Entstehung eines Vertrauensverhältnisses mit Einwirkungsmöglichkeit in die Sphäre des Vertragspartners, daher derselbe Schutz für das vorvertragliche Schuldverhältnis wie für das vertragliche Schuldverhältnis
- bei Pflichtverletzung des Schuldners aus dem vorvertraglichen Schuldverhältnis hat Gläubiger Anspruch auf Schadensersatz neben Leistung/Aufwendungsersatz/Rücktrittsrecht
- Schutz gilt auch für Personen, die nicht selbst Vertragspartei werden sollen, aber ebenfalls in einem zu schützenden Vertrauensverhältnis mit dem Schuldner stehen (ungeregeltes Rechtsinstitut des Vertrags mit Schutzwirkung zugunsten Dritter)

pVV – positive Vertragsverletzung
- auch: positive Forderungsverletzung
- ursprüngliche Entwicklung dieses Rechtsinstituts wegen Lückenhaftigkeit der gesetzlichen Regelung
- seit der Schuldrechtsreform normiert in § 280 Abs. 1 BGB, aber durchaus weiterhin Gebrauch des Begriffs
- vertragliche Nebenpflichten/Schutzpflichten des § 241 Abs. 2 BGB
- Tatbestandsmerkmale:
  - Bestehen Schuldverhältnis
  - Pflichtverletzung des Schuldners
  - Verschulden des Schuldners
  - Kausalität des Schadens
- bei Erfüllung der Tatbestandsmerkmale hat der Gläubiger Anspruch auf Schadensersatz neben der Leistung/Aufwendungsersatz/Rücktrittsrecht

Fazit
- seit der Schuldrechtsreform gesetzliche Regelung aller Formen der Leistungsstörung, nämlich Nichtleistung/Schlechtleistung/verspätete Leistung/Verletzung von Nebenpflichten

10. Instrumente der strategisch orientierten Kosten- und Leistungsrechnung

Einführung
- traditionelle Kosten- und Leistungsrechnung: operativ/kurzfristig orientiert
- Paradigmenwechsel: strategische/langfristige Orientierung

Prozesskostenrechnung
- Ziele:
  - verursachungsgerechtere Kostenverteilung auf betriebliche Prozesse
  - stärkere Kostentransparenz Gemeinkosten
  - Kostensenkungspotenzial
- Arbeitsschritte:
  - Einteilung vorhandener Aktivitäten in Haupt- und Teilprozesse
  - Einordnung der Teilprozesse in leistungsmengenneutrale und leistungsmengeninduzierte Prozesse
  - Ermittlung von Bezugsgrößen bei leistungsmengeninduzierten Prozessen (Cost Driver)
  - Ermittlung Prozesskostensätze
- Nachteile:
  - Fixkostenproportionalisierung leistungsmengenneutraler Kosten
  - keine Unterscheidung fixe- vs. variable Kosten, Vollkostenrechnung

Target Costing
- Zielkostenrechnung:
  - Ermittlung optimaler Kostenstruktur ausgehend vom Zielpreis
  - Berücksichtigung Kosteneinflussfaktoren frühestmöglich
- Methoden der Zielpreisbestimmung:
  - Market into Company
  - Out of Company
  - Into and out of Company
  - Out of Competitor
  - Out of Standard Costs

- Arbeitsschritte:
  - Ermittlung max. zulässiger Kosten
  - Produkt ausgehend vom Zielpreis:
    - Ermittlung relative Bedeutung Produktfunktionen
    - Ermittlung Kosten Produktfunktionen
    - Bestimmung Kostenanteil je Produktkomponente ausgehend vom Zielpreis
    - Zielkostenspaltung (Bestimmung Funktionsteilgewichte/Ermittlung Zielkostenindizes/Erstellung Zielkostendiagramm)
    - Berechnung Kostensenkungsbedarf pro Kostenkomponente
  - Festlegung Zielkosten
- Nachteile:
  - hoher Arbeitsaufwand
  - Kosten durch Marktforschung

Life-Cycle-Costing
- Ziel:
  - Mindestrendite während des gesamten Produktlebenszyklus
  - Produktlebenszyklus: Produktentwicklungsphase/Marktzyklusphase: Einführungs-, Wachstums-, Reife-, Sättigungs-, Degenerationsphase/Nachsorgezyklus
- Nachteile:
  - Mangel an Planungssicherheit
  - hohe Kosten

Ausblick
- Entwicklungen wie Behavioral Accounting/Lean Management, Lean Production
- Konzentration auf strategische Ausrichtung, Nischen, Stärken aufgrund von schnelllebigen Produkten, Dienstleistungen

11. Corporate Governance Reporting

Einführung
- Verabschiedung in 2002
- Primärziele des Deutschen Corporate Governance Kodex:
  - Kapitalmarktkommunikation (Abbau von Informationsasymmetrien zwischen Unternehmen und (potentiellen) Kapitalgebern)
  - Ordnungsfunktion (Verbesserung Qualität deutscher Unternehmen)

Deutscher Corporate Governance Kodex
- Deutscher Corporate Governance Kodex: wesentliche Vorschriften zur Leitung und Überwachung deutscher börsennotierter Gesellschaften
- enthält Empfehlungen und Anregungen international und national anerkannter Standards guter und verantwortungsvoller Unternehmensführung
- jährliche Prüfung und ggf. Überarbeitung der Empfehlungen durch die Regierungskommission „Deutscher Corporate Governance Kodex"
- drei Regelungsstufen:
  - Wiedergabe gesetzlicher Vorschriften „muss"
  - Empfehlungen „soll"
  - Anregungen „kann"

Gesetzliche Verankerungen
- gesetzliche Grundlage über § 161 AktG:
  - jährliche Erklärung des Vorstands und Aufsichtsrats über DCGK-Entsprechung (abgelaufenes Geschäftsjahr und Zukunft)
  - Nennung und Begründung der Abweichungen vom DCGK
- „Comply or explain"
- Besetzung des Aufsichtsrats:
  - bei kapitalmarktorientierten Kapitalgesellschaften mindestens „Finanzexperte" mit Kenntnis auf den Gebieten Rechnungslegung oder Abschlussprüfung (§ 100 Abs. 5 AktG)

- Überwachungsaufgaben des Aufsichtsrats:
  - Konkretisierung der Überwachungsaufgaben in Hinblick auf Finanzberichterstattung/Abschlussprüfung/unternehmerische Kontrollsysteme (vgl. § 107 Abs. 3 AktG)
- Einrichtung eines Prüfungsausschusses (Audit Committee):
  - verpflichtend für kapitalmarktorientierte Kapitalgesellschaften, die keinen Aufsichts- oder Verwaltungsrat i.S.d. § 100 Abs. 5 AktG haben (§ 324 Abs. 1 HGB)

Reporting
- § 161 Abs. 2 AktG: dauerhafter Zugang auf der Internetseite der Gesellschaft für fünf Jahre
  - vor BilMoG nur Vorschrift der Zugänglichmachung, aber keine zwingende Angabe wo
  - Empfehlung des DCGK: Aufbewahrungsfrist von fünf Jahren
- Beschreibung der wesentlichen rechnungslegungsrelevanten Merkmale des IKS und des RMS im Lagebericht
  - kapitalmarktorientierte Kapitalgesellschaften: IKS und RMS im Hinblick auf den Rechnungslegungsprozess (§ 289 Abs. 5 HGB)
  - gilt über § 315 Abs. 2 Nr. 5 HGB auch für den Konzernlagebericht
- Bericht zur Unternehmensführung und Entsprechungserklärung
  - börsennotierte und Aktiengesellschaften, die andere Wertpapiere als Aktien am organisierten Markt zum Handel ausgegeben haben, müssen die Adressaten der Rechnungslegung umfangreich über die Corporate Governance und die Unternehmensführungspraktiken in einer sog. "Erklärung zur Unternehmensführung" informieren (§ 289a HGB)
  - Mindestinhalte der Erklärung gem. § 161 AktG:
    - relevante Angaben zu Unternehmensführungspraktiken, die über die gesetzlichen Anforderungen hinaus angewandt werden
    - Beschreibung der Arbeitsweise von Vorstand und Aufsichtsrat

Kritische Würdigung und Ausblick
- Vertrauensverlust durch weltweite Finanzkrise; umfassendes Corporate Governance Reporting = geeignetes Mittel um Vertrauen wieder herzustellen
- geplante Kodexänderungen 2015:
  - unternehmensspezifische Begrenzung der Aufsichtsratszugehörigkeitsdauer
  - verbesserte Transparenz über den Zeitaufwand für die Aufsichtsratsmandatswahrnehmung

12. Break-Even Analyse

Einführung
- auch Gewinnschwellen-Analyse
- Break-Even Punkt (Gewinnschwelle) als betriebliche Kennzahl – wie weit kann Absatz bei Deckung Gesamtkosten sinken
- mathematisch:
  - Gleichsetzung zweier Funktionen
  - im Break-Even-Point sind Umsatzfunktion und Kostenfunktion identisch
  - ab Break-Even-Point Gewinnerzielung

Zentrale Fragestellungen
- Ein-Produkt-Betrachtung:
  - Wie viel muss produziert und abgesetzt werden, um Gesamtkosten zu decken?
- Mehr-Produkt-Betrachtung:
  - Wie viel Umsatz muss durch produzierte und abgesetzte Produkte erzielt werden, um Gesamtkosten zu decken?

Zweck
- wichtiges Instrument zur Unternehmensplanung und -steuerung
- Hilfestellung bei Analyse von Änderungen der Kostenstruktur und Anforderungen an die Absatzmenge
- Wirtschaftlichkeitsberechnungen – wichtig bei Einführung neuer Produkte
- auch Gefahrensignal

Vorteil
- formale Abbildungen durch mathematische Berechnungen
- hohe Komplexitätsreduktion
- Prämissen:
  - Aufteilung der Kosten in variable und fixe Kosten
  - Produktionsmenge = Absatzmenge, Lagerhaltung additiv berechnet
  - konstante Verkaufspreise im Laufe der Abrechnungsperiode
  - konstantes Produktionsprogramm im Laufe der Abrechnungsperiode
  - Gegenüberstellung von positiver und negativer Wirkung

Kritik
- Betrachtung rein statistischer Natur
- Unterstellung proportionaler Gesamtkostenverläufe
- Außerachtlassen der sich stetig ändernden Umsatzverläufe während des Produktlebenszyklus
- zeitliche Konstanz der Fixkosten und Preise nicht immer gegeben

Fazit
- trotz negativer Kritik zur näherungsweisen Abschätzung der Erfolgsträchtigkeit eines Produkts geeignet
- wird in Praxis häufig angewandt

Literaturverzeichnis

Adler/Düring/Schmaltz, Rechnungslegung und Prüfung der Unternehmen, 6. Auflage, Stuttgart, 1995.
Budde/Förschle/Winkeljohann (Hrsg.), Sonderbilanzen, 4. Auflage, Frankfurt a.M./Hannover, 2008.
Deutscher Corporate Governance Kodex (in der Fassung vom 24. Juni 2014), Regierungskommission Deutscher Corporate Governance Kodex.
Deutsches Rechnungslegungs Standards Committee e.V. (Hrsg.), Deutsche Rechnungslegungsstandards (DRS), 20. Ergänzungslieferung Juni 2014, Stuttgart, 2014.
Ellrott/Förschle/Grottel/Kozikowski/Schmidt/Winkeljohann (Hrsg.), Beck'scher Bilanzkommentar Handels- und Steuerbilanz, 9. Auflage, München, 2014.
Goette/Habersack/Kalss (Hrsg.), Münchener Kommentar zum Aktiengesetz, Band 9a, 2. Auflage, München, 2004.
Graumann, Wirtschaftliches Prüfungswesen, 2. Auflage, Herne, 2007.
Hartmann-Wendel/Schmidt, Zur Reform des IAS 17: Ist der Right-of-Use-Approach dem Risk-Reward-Approach überlegen?, WPg 6/2010, Seite 278-285
IDW (Hrsg.), WP Handbuch 2014, Wirtschaftsprüfung, Rechnungslegung Beratung, Band II, Düsseldorf, 2013.
IDW (Hrsg.), IDW Prüfungsstandards IDW Stellungnahmen zur Rechnungslegung, Band I-III, 52. Ergänzungslieferung, Stand: Februar 2015, Düsseldorf, 2015.
IDW Textausgabe, International Financial Reporting Standards IFRS, 8. aktualisierte Auflage, Düsseldorf, 2014.
Kruschwitz/Husmann, Finanzierung und Investition, 7. Auflage, München, 2012
Laubach/Findeisen/Murer, Leasingbilanzierung nach IFRS im Umbruch – der neue Exposure Draft „Leases", Der Betrieb Nr. 44/2010, Seite 2402-2410.
Marx/Dallmann, Problembereiche und Anwendungsfragen der außerbilanziellen Ausschüttungssperre des § 268 Abs. 8 HGB, Die Steuerberatung 10/2010, Seite 453-464.
Modigliani/Miller: The Cost of Capital, Corporation Finance and the Theory of Investment; The American Economic Review, Volume 48, 1958.
Pape, Grundlagen der Finanzierung und Investition, 3. Auflage, Berlin/München/Boston, 2015.
Pfitzer/Scharpf/Schaper, Voraussetzungen für die Bildung von Bewertungseinheiten und Plädoyer für die Anerkennung antizipativer Hedges (Teil 1), WPg Nr. 16/2007, Seite 675-685.
Schimansky/Bunte/Lwowski (Hrsg.), Bankrechts-Handbuch, 4. Auflage, München, 2011.
Schmidt (Hrsg.), Münchener Kommentar zum Handelsgesetzbuch, Band 2, 3. Auflage, Hamburg und München, 2011.
Stibi/Kirsch/Ewelt-Knauer, DRS 19: Pflicht zur Konzernrechnungslegung und Abgrenzung des Konsolidierungskreises, WPg 16/2011, Seite 761-772.
Wöhe: Einführung in die Allgemeine Betriebswirtschaftslehre, 25. Auflage, München, 2013.